독자의 1초를 아껴주는 정성!

세상이 아무리 바쁘게 돌아가더라도
책까지 아무렇게나 빨리 만들 수는 없습니다.
인스턴트 식품 같은 책보다는
오래 익힌 술이나 장맛이 밴 책을 만들고 싶습니다.

땀 흘리며 일하는 당신을 위해
한 권 한 권 마음을 다해 만들겠습니다.
마지막 페이지에서 만날 새로운 당신을 위해
더 나은 길을 준비하겠습니다.

독자의 1초를 아껴주는
정성을 만나보십시오.

미리 책을 읽고 따라해 본 베타테스터 여러분과
무따기 체험단, 길벗스쿨 엄마 기획단,
시나공 평가단, 토익 배틀, 대학생 기자단까지!

믿을 수 있는 책을 함께 만들어주신 독자 여러분께 감사드립니다.

(주)도서출판 길벗 www.gilbut.co.kr
길벗스쿨 school.gilbut.co.kr

아파트
한 채부터
시작하는
부동산 절세

아파트 한 채부터 시작하는 부동산 절세

초판 1쇄 발행 · 2020년 12월 16일
초판 2쇄 발행 · 2021년 1월 19일

지은이 · 우병탁
발행인 · 이종원
발행처 · (주)도서출판 길벗
출판사 등록일 · 1990년 12월 24일
주소 · 서울시 마포구 월드컵로10길 56
대표 전화 · 02)332-0931 | **팩스** · 02)323-0586
홈페이지 · www.gilbut.co.kr | **이메일** · gilbut@gilbut.co.kr

기획 및 책임 편집 · 김동섭(dseop@gilbut.co.kr) | **디자인** · 황애라
제작 · 손일순 | **영업마케팅** · 정경원, 최명주, 전예진 | **웹마케팅** · 김진영, 장세진
영업관리 · 김명자 | **독자지원** · 송혜란, 윤정아

교정교열 · 이정임 | **전산편집** · 김정미 | **CTP 출력 및 인쇄** · 예림인쇄 | **제본** · 예림바인딩

ISBN 979-11-6521-390-9 13320
(길벗 도서번호 070449)
정가 17,000원

강해진 규제에도 살아남는
미래 부동산 투자 지침서

아파트 한 채부터 시작하는 부동산 절세

우병탁 지음

길벗

3장 | 부동산 보유 단계에서 내는 세금

4장 | 부동산 처분 단계에서 내는 세금

5장 | 부동산 양도의 다양한 사례

6장 | 임대주택과 세금

7장 | 부동산의 상속과 증여

부동산 세금,
아는 만큼 느끼고, 느낀 만큼 보인다

'아는 만큼 느끼고, 느낀 만큼 보인다.'는 전 문화재청장 유홍준 교수의 명저 《나의 문화유산답사기》 서문에 나온 유명한 문장이다. 이 문장은 20여 년 전 전국에 유적답사의 열풍을 일으켰다. 조선 정조시대 문인 유한전의 '사랑하면 알게 되고, 알면 보이나니, 그때 보이는 것은 전과 같지 않다.'를 차용한 말이다. 부동산을 향한 관심과 걱정이 어느 때보다 뜨거운 지금, 다시 이 문장을 인용하고자 한다.

정보가 많아질수록 좋은 스승이 필요하다

정보가 넘쳐나는 시대다. 책과 TV 외에도 온·오프라인 강의와 인터넷에 떠도는 것들까지 정보는 정말 많다. 이때문인지 많은 사람들이 스스로 부동산 공부를 열심히 하고 있다고 생각한다.

하지만 정보의 많고 적음은 중요하지 않다. 넘쳐나는 정보 속에서 의미 있는 정보를 골라내기 위한 공부를 해야 한다. 모름지기 어떤 한 분야를 제대로 공부하려면 수년 혹은 수십 년이 필요하다. 좋은 스승(멘토)도 필요하고 말이다.

부동산 투자를 성공적으로 하기 위해서는 세금의 영역에서도 좋은 스승을 만나 공부해야 한다. 반드시 내야 하는 세금을 줄여주겠다고 자신하는 사람, 인맥을 자랑하는 사람은 결코 훌륭한 스승이 될 수 없다.

평생 공부가 필요한 부동산 절세

지금까지 세법은 구조상 과세관청과 납세자와의 두뇌게임이었다. 세금을 걷으려는 정부와 세금을 적게 내고자하는 납세자 사이의 신경전으로 세법은 필연적으로 복잡해졌다.

한번 복잡해진 세법이 단순해지기는 어렵다. 거기에 더해 과거보다 세상이, 경제가 너무 복잡해졌다. 세금도 이에 따라 복잡해질 수밖에 없는 것이다.

부동산 관련 세금도 마찬가지다. 1주택에 대한 비과세, 다주택자에 대한 중과세, 미분양주택에 대한 감면, 농지 등에 대한 감면 등 예외사항이 셀수 없이 많다. 과세표준 금액에 따라 세율도 다르다. 다주택 중과세도 과거의 규정과 지금의 규정이 또 다르다.

미분양주택의 양도세 감면도 언제 어떤 아파트에 미분양이 났느냐에 따라 다르다. 타워팰리스를 감면해주던 때가 있었고, 지방에 있는 것만 대상이 되던 때도 있다. 이처럼 부동산과 세금은 복잡하고 시대의 변화를 따라 평생을 공부해야 한다.

敏而好學不恥下問(민이호학 불치하문), 배움에는 나이가 없고, 아랫사람에게 묻기를 부끄러워하지 않는다고 했다. 현 세금의 흐름만 쫓아가지 말고, 흐름에 앞서 움직이려면 좋은 스승을 두고, 공부에 매진해야 한다. 부지런히 부동산과 세금을 공부해 나가면 막연한 걱정을 덜 수 있고, 전체 흐름을 보는 안목이 생길 것이다.

이 책이 부동산 투자를 염두에 두고 투자와 세금을 공부하려는 사람들에게 작은 단초를 제공할 수 있기를 바란다. 어렵고 복잡한 길에서 방향을 찾는다면, 아는 만큼 느끼고 느낀 만큼 볼 수 있을 것이다.

이 책을 집필하기까지 힘이 되어준 사랑하는 아내 박보경과 딸 서현이, 어머님과 처부모님, 양가 가족들께 감사를 전한다. 미숙한 글이 책이 되어 나올 수 있었던 건 존경하는 고부자아카데미 고준석 대표님 덕분이다. 그리고 인내와 관심을 갖고 지도해준 도서출판 길벗의 고마운 분들 덕이다. 아울러 아낌없는 격려를 보내준 신한은행 부동산투자자문센터 센터장님 이하 센터 식구들 그리고 마음으로 응원해준 이춘우, 김상훈, 서동욱, 이영진 님과 세무팀 직원들, 선후배 동문들에게 감사의 인사를 전한다.

2020년 12월

우병탁

1장

절세란
'중요한 세금'을
아는 것부터

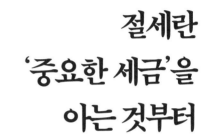

우리가 내는
수많은 세금

우리는 많은 종류의 세금을 내고 산다. 사업을 하거나 근로를 제공하고 소득이 생기면 소득세를 내고, 물건을 사면서는 부가가치세와 특별소비세를 낸다. 자동차와 부동산을 사면 취득세를, 법인을 설립할 때는 등록면허세를 내야 한다.

또한 부동산을 팔면 양도세를 내고 부동산을 보유하고 있으면 재산세와 종합부동산세(이하 종부세)를 낸다. 심지어 술을 마시거나 담배를 피울 때도 세금을 낸다.

대체 우리가 내는 세금의 종류는 몇 가지나 될까? 세금은 어떤 체계로 부과되고 징수될까? 그리고 다양한 종류의 세금을 어떻게 구분하면 좋을까?

헌법 제38조에는 '모든 국민은 법률이 정하는 바에 의하여 납세의 의무를 진다.'라고 나와 있다. 즉 모든 국민은 헌법에 따라 납세할 의무가 있다. 하지만 이 납세의 의무는 국민의 재산권과 때로 상충되기도 한다. 따라서 국가가 국민에게 납세의 의무를 부과할 때는 법률에 의거해야 한다.

헌법 제59조에는 '조세의 종목과 세율은 법률로 정한다.'라고 나와있다. 이를 조세법률주의의 원칙이라고 한다. 이에 우리가 국민으로서 납부하는 세금은 그 종목과 세율을 반드시 국민의 대표기관인 국회가 법률로 규정해야 한다.

이렇게 법률로 정한 세금은 국세와 지방세로 구분된다.

국가가 직접 부과하고 징수하는 국세

먼저 국세는 말 그대로 국가(중앙정부)가 부과하는 세금이다. 국세는 다시 내국세와 관세로 구분된다.

먼저 관세는 수출이나 수입에 관련한 것이므로 무역업 등의 종사자가 아니라면 직접 관련이 없다. 따라서 관세는 이 책에서 다루지 않는다.

내국세는 사용처에 따라 보통세와 목적세로 나뉜다. 보통세는 해당 세금의 사용처가 지정되지 않은 것을 말하고, 목적세는 해당 세금의 지출이 특별한 목적에 사용되도록 지정된 것을 말한다. 농어촌특별세가 대표적인 목적세이다.

국세는 사용처에 따른 분류(보통세와 목적세)와 별개로 조세의무자와 실제 조세부담자가 같은지에 따라서도 나눈다. 이에 소득세, 법인세, 상속세, 증여세, 종부세를 직접세라고 하고, 부가가치세 등은 간접세로 분류

한다.

직접세는 세금을 실제로 부담하는 자와 서류상으로 납세하는 자가 같은 것을 말한다. 간접세는 물품이나 거래 등에 포함되어 발생하기 때문에 세금을 부담하는 자와 서류상으로 납세하는 주체가 다르다. 즉 직접세는 우리가 직접 부담하지만 간접세는 간접적으로 부담한다.

각 분류에 따른 국세의 종류는 다음 표와 같다.

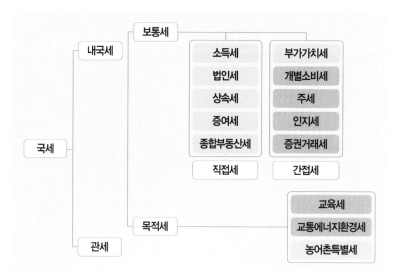

: 국세의 종류와 구분 :

※ 녹색으로 표시된 세금이 중요한 세금

예를 들어 직접세 중 근로소득세는 내가 얻은 근로소득에 대해 내 월급에서 직접 부담한다. 각 근로자 개인에게는 납세의 의무와 실질적인 세금 부담이 함께한다.

그런데 근로소득세는 회사가 이를 떼고 주기 때문에 회사가 낸다고 생각할 수 있다. 하지만 이때 회사는 걷어서 내는 의무(원천징수)만 있을 뿐이고, 납세의무는 어디까지나 근로자인 나에게 있다. 이런 면이 간접세인 부가가치세와 다르다.

1,100원짜리 과자 한 봉지에 붙은 부가가치세 100원은 과자를 사서 먹는 우리가 부담하지만, 그 100원의 세금은 나에게 과자를 파는 사업자가 우리에게 걷어서 납부한다. 부가가치세를 납부할 의무가 사업자에게 있다. 하지만 세금을 부담하는 주체는 과자를 사먹는 '나'이다. 이것이 간접세다.

국세는 총 13개의 세목으로 구성되어 있다. 이 중에서 중요한 세금은 소득세, 법인세 등(표에서 녹색으로 표시된 세금)이다.

지방자치단체가 담당하는 세금은 지방세

국세와 별개로 지방세가 있는데, 지방세는 말 그대로 지방자치단체가 부과하는 세금이다. 그리고 지방세는 다시 도세와 시·군세로 나뉜다.

도세는 지방자치단체 중 광역지자체인 특별시·광역시·도에서 부과하는 세금이고, 시·군세는 기초지자체인 시·군·구에서 부과하는 세금이다. 지방세도 사용 목적에 따라 보통세와 목적세로 구분된다. 지방세에서 중요한 세금은 취득세, 지방교육세, 지역자원시설세, 지방소득세, 재산세(표에서 녹색으로 표시된 세금)이다.

다음 표와 같이 지방세에는 모두 11개의 세금 항목이 있다.

: 지방세의 종류와 구분 :

※ 녹색으로 표시된 세금이 중요한 세금

이렇게 세금 종류가 많다 보니, 매일매일 세금에 둘러싸여 살고 있으면서도 세금에 대해서 잘 모른다. 세금은 종류도 많을뿐더러 그 체계도 복잡하고 하나하나의 계산 방식은 더 복잡하다.

도대체 이 복잡한 세금 중에 꼭 알아야 하는, 절세에 도움 되는 세금은 무얼까?

아파트 한 채부터 시작하는 부동산 절세

세금 걱정을
똑똑하게 하는 법

　부동산 투자 관련 상담을 하다 보면 세금을 걱정하는 사람들이 많다. 부동산 세금은 부동산의 투자 단계별로 발생한다. 취득 시에는 취득세와 지방교육세, 농어촌특별세가 발생한다. 보유하는 동안에는 재산세와 지방교육세, 종부세와 농어촌특별세를 내야 한다. 그리고 처분할 때는 양도세와 증여세가 발생한다.

　이렇게 단계별로 다양한 세금이 발생하다 보니, 부동산 투자 시 세금을 먼저 걱정한다. 투자 단계별로 발생하는 세금을 미리 알아두면 그런 걱정은 덜 수 있다.

　그런데 정말 세금은 머리를 싸매고 걱정까지 할 만한 일인가? 심지어 세금 때문에 투자를 못하겠다는 사람도 있다. 한번 생각해볼 문제이다. 이에 대해서 팩트를 체크해 보자.

취득 전부터 세금 고민을 해야 하나요?

부동산을 취득할 때 세금은 취득 방법과 물건의 종류에 따라 단순하

비례 세율
과세표준에 대해 하나의 율로 고정
된 세율

게 정해진다. 세율 구조도 비례 세율°로 비교
적 단순하다.

취득 방법(매입, 상속, 증여)과 물건의 종류(주택, 농지, 농지 외의 부동산)가 정
해져 있다면 취득세는 이미 확정된 세금이다. 즉 투자자가 미리 고민해
봐야 의미가 없다. 그 부동산을 해당 방법으로 취득하는 한 무조건 내야
하는 세금이기 때문이다. 결국 처음부터 취득세 등을 포함한 금액을 물
건의 가격으로 상정하고 그 범위에서 투자하면 된다.

가만히 가지고 있어도 세금이 나온다던데요?

부동산을 보유할 때의 세금은 크게 두 가지로 나뉜다. 재산세와 종
부세, 그리고 두 세금에 딸려 있는 부가세(Sur-tax, 지방교육세와 농어촌특별세)
이다.

재산세는 취득세와 마찬가지로 고민할 여지가 없다. 해당 부동산에
투자하려고 마음먹은 이상, 낼 수밖에 없기 때문이다. 즉 정해져 있는 금
액이기에 고민한다고 해서 줄이기는 어렵다. 재산세는 명의를 나누어도
물건별로 과세되므로 결국 각 명의자가 내는 재산세의 합은 같다.

다만 종부세는 약간 고려해 볼 여지가 있다. 모든 부동산에 부과되는
세금이 아니기 때문이다. 일반적으로 주택에 투자하거나 나대지 등 종합

합산대상 토지에 투자하면 상업용 부동산에 투자하는 것보다 종부세를 많이 내야 한다. 또한 인별로 과세되기 때문에 명의가 분산될수록 세금이 줄어들 수 있다.

주택은 종부세를 더 꼼꼼하게 체크하라

최근 주택의 증여와 부담부증여가 증가한 것도 종부세 강화의 영향이 크다. 다주택자 입장에서는 계속 보유할 경우 공시가격●의 상승과 세율 인상으로 종부세 부담이 높아진다. 이때 배우

> **공시가격**
> 세금을 매길 때 기준으로 삼는 가격

자 또는 독립한 자녀세대에게 주택을 증여하면 보유세 부담을 줄일 수 있다.

예를 들어 강남 1채(공시가격 15억 원), 강북 1채(공시가격 10억 원) 총 2채의 주택을 남편이나 아내 단독명의로 가지고 있다면, 2020년에 약 3,000만 원의 보유세를 내야 한다. 그런데 같은 집을 부부가 각자 1채씩 가지고 있다면, 약 1,500만 원만 내면 된다. 보유세가 연간 1,500만 원이나 줄어드는 셈이다. 10년이면 1억 5,000만 원이다. 2021년 이후에는 이 차이가 더 커진다.

독립한 무주택 자녀에게 증여할 경우엔 효과가 더 크다. 물론 이때는 증여세와 취득세도 함께 고려해야 한다. 하지만 증여세는 증여세 또는 상속세로 언젠가 발생할 세금이기 때문에 어차피 주택을 장기 보유할 계획이라면 증여세를 부담하더라도 이득일 수 있다.

위와 같은 이슈가 있을 때는 보유 관련 세금 상황을 살펴야 할 뿐이지, 세금 자체는 걱정할 대상이 아니다. 특히 재산세와 종부세는 본인이

나 배우자, 자녀의 연간 가처분 소득 범위 내에서 연간 세금을 부담할 여력이 있는지를 판단하는 것이 더 중요하다.

즉 세금에 대한 고민이 아니라 자신의 소득에 대한 고민이 더 중요하다. 예를 들어 당장은 아니지만 해당 부동산의 보유 기간 중 본인의 은퇴가 예정된 경우에는 반드시 이에 대해 따져보아야 한다. 세법 개정과 공시가격 상승으로 종부세 세부담이 커지고 있기 때문이다. 하지만 이 역시 걱정보다는 계산이 필요할 뿐이다.

도대체 양도할 때는 어떤 세금을 내야 해요?

취득 시 내는 세금이나 보유 시 내는 세금과 달리 양도세는 충분히 고민해볼 만하다. 얼마나 오래 보유할 것인지, 비용 등의 경비 처리는 어떻게 해야 하는지 등에 따라 세금이 큰 폭으로 달라질 수 있기 때문이다. 따라서 적어도 양도세는 절세 방법을 미리 고려해야 한다.

물론 양도세 역시 지나치게 걱정할 세금은 아니므로 양도세 때문에 투자를 미루거나 꺼릴 이유는 없다. 양도세는 부동산을 양도하는 경우에 발생하지만 부동산을 양도한다고 해서 무조건 양도세를 내는 것은 아니다. 양도를 해도 세금이 발생하지 않을 수 있다.

부동산을 샀다가 팔았지만 이득을 본 게 없다면 양도세를 내지 않는다. 다시 말해 가격이 오르지 않았다면 세금이 없다. 이익이 있어야 세금이 발생한다. 그리고 그 이익의 일정 비율만큼 세금이 나올 뿐이다.

양도세 중과세도 마찬가지다. 양도세 중과세는 주택에 적용되는데,

그렇다고 이 때문에 상가에 투자하지 않는 한 절세하기 위한 대안이 없다. 즉 고민할 일이 아니라는 말이다.

중과세를 내더라도 내가 번 것 이상으로 떼어가는 세금은 존재하지 않는다. 비록 그 부담이 작지는 않겠지만 그래도 번 만큼 내는 게 세금이다.

투자 시 세금 계산은 필수, 과한 걱정은 금물!

결국 투자자는 부동산 투자를 잘할 걱정을 해야 하지, 세금이 많아질 것을 걱정할 필요는 없다. 부동산에 투자했는데도 세금 낼 일이 없는 것, 즉 수익을 내지 못한 것을 걱정해야 한다는 이야기다. 세금에 대한 지나친 걱정은 접어두고 내야 할 세금을 내면 되기 때문이다.

그저 그 과정에서 필요한 범위 내의 절세법을 활용하면 된다. 내야 할 세금을 정당하게 내면서 부동산을 사면 투자다. 반면 불법이 아니고서는 줄일 수 없는 세금을 억지로 줄일 방법을 찾으면 투기다.

투자자라면 세금을 떼고 단 1원이라도 남는 것에 자신있게 투자해야 한다. 절세는 농구에서 슛을 쏠 때 왼손이 하는 일과 같다. 투자를 거들 뿐이다.

중요한 세금에 집중하면
돈이 보인다

우리가 부담하는 모든 세금이 다 중요하다. 다만 앞에서 설명한 것처럼 같은 세금이라도 더 중요한 세금과 덜 중요한 세금이 있다. 중요한 세금과 상대적으로 덜 중요한 세금은 납세자 또는 투자자의 입장에서 구분해야 한다.

상대적으로 더 중요한 세금이란 다른 세금보다 규모가 크고, 세법을 공부하거나 연구함으로써 줄일 수 있는 여지가 큰 것을 의미한다.

절세의 근원지가 되는 세금: 양도소득세

소득세의 일종인 양도세를 보자. 양도세는 다른 세금보다 더 중요하다. 그 이유가 뭘까?

우선 발생하는 세금의 크기가 다른 세금보다 크다. 개별소비세나 주

아파트 한 채부터 시작하는 부동산 절세

세, 주민세나 자동차세는 그 금액이 작다. 재산세의 경우에도 그 금액은 양도세에 비하면 소액이다.

또한 양도세는 복잡하다. 때에 따라 중과세(다주택 중과, 비사업용토지 중과)되거나 비과세(1주택 비과세)된다.

예를 들어 5억 원을 주고 구입한 집을 10년 후에 10억 원에 파는 경우를 보자. 만약 이 집을 1주택 비과세로 판다면 내야 하는 양도세는 약 50만 원이다. 그런데 파는 순서를 잘못 맞추거나, 비과세의 요건을 갖추지 못해서 2주택으로 중과세 될 경우 양도세는 약 2억 5,000만 원으로 늘어난다.

집 한번 잘못 팔았다가 수억 원에 달하는 세금을 낼 수도 있다. 반대로 말하면 비과세에 대한 학습과 연구를 통해 수억 원의 세금을 절감할 수 있다.

이처럼 양도세는 다른 세금보다 복잡해서 자세히 알아두어야 한다. 워낙 복잡하다 보니 실수할 확률도 높고, 반대로 복잡한 틈 속에서 절세의 방법을 찾아낼 수도 있다. 만약 양도세가 복잡하지 않았다면 역설적으로 절세의 방법은 제한적이었을 것이다.

부동산 시장에서 가장 뜨거운 세금: 종부세

양도세와 더불어 중요한 세금 중에 하나가 종부세다. 종부세의 경우 과거에는 그렇게 중요한 세금이 아니었다. 종부세는 재산세와 마찬가지로 매년 1회 부과되는 세금이다.

종부세 대상은 1주택의 공시가격이 9억 원 이상, 다주택은 공시가격 합계 6억 원 이상이어야 한다. 토지의 경우에도 나대지가 아니라면 공시가격이 80억 원 이상이어야 한다.

그런데 최근 두 가지 변화가 생겼다. 첫째, 부동산 가격이 단기간에 많이 상승했고, 종부세를 계산하는 기준 가격인 공시가격도 빠른 속도로 오르고 있다. 공시가격은 오르는데 종부세 기준은 동일하다 보니 이제는 부동산 자산가가 아니라도 종부세 대상이 될 수 있다.

둘째, 종부세 세율이 크게 올랐다. 2018.09.13 대책에서 한 번 올랐던 종부세 세율은 2020년 세법 개정으로 더 크게 올랐다. 조정대상지역 내 2주택 이상 다주택자에 대한 세율이 크게 올랐고, 1주택자에 대한 세율도 인상되었다. 특히 다주택자의 경우에는 기존보다 2배 가까이 세율이 올랐다.

이로써 이제 종부세도 매우 중요한 세금이 되었다. 뿐만 아니라 양도세처럼 종부세도 매우 복잡해졌다. 주택수에 따라서 세율이 달라지다 보니, 같은 2주택이라도 어느 지역에 갖고 있는지, 누구의 명의로 가지고 있는지, 임대주택 등록을 했는지에 따라 세금이 천차만별로 달라진다.

예를 들어 시세 15억 원과 10억 원, 2채를 보유한 경우 예상되는 2021년 종부세는 약 2,220만 원이다. 반면 시세 25억 원 1채인 경우 종부세는 720만 원이다. 같은 가격의 집을 가지고 있는데 종부세는 연간 약 1,500만 원이나 차이가 난다.

다만 양도세와 마찬가지로 기존보다 더 복잡해졌기 때문에 절세의 여지도 생겼다. 명의 안분에 따라 세금이 달라지는 폭이 커졌기 때문이다.

같은 다주택자여도 누구의 명의로 가지고 있느냐에 따라 종부세가 크게 달라진다.

예를 들어 남편이나 아내 한 사람 명의로 강남에 시세 20억 원의 아파트와 마포에 시세 15억 원의 아파트를 가진 경우 2021년에 내야 하는 보유세는 약 6,800만 원이다. 만약 부부가 한 채씩 가지고 있다면 똑같은 집인데 보유세는 약 1,500만 원으로 줄어든다. 연간 약 5,300만 원의 세금이 차이 날 수 있다.

중요한 세금의 법칙

① 세액의 크기가 큰 것
② 관련 세법과 조건이 복잡한 것

재미있게도 앞서 중요하다고 구분한 세금은 주로 부동산과 연관되어 있다. 즉 소득세나 법인세도 중요하지만 특히 부동산과 연관된 세금이 중요하다. 소득세에서도 부동산 양도소득세가 중요하고, 보유세 중에서도 부동산의 보유세인 종부세가 중요하다.

즉 부동산 거래나 투자를 할 때 중요한 세금은 반드시 고려해야 한다. 복잡하고 금액이 커서 연구를 통해 줄일 수 있기 때문이다.

부동산의
거래 단계별 세금

본세와 부가세는 같이 생각하라

부동산을 사서, 보유하고, 파는 각 단계마다 어떤 세금이 발생하는지 알아보자. 먼저 취득 시에는 취득세, 상속세, 증여세가 발생한다. 보유 시에는 재산세와 종부세, 종합소득세가 발생하고 처분할 때는 양도소득세, 종합소득세, 상속세, 증여세가 발생한다.

여기서 끝이 아니다. 위에서 언급한 세금을 본세(주된 세금, Principal tax)라고 한다. 본세에는 부가세(Sur-tax)가 붙는다. 이때의 부가세는 부가가치세(VAT, Value Added Tax)와는 다른 개념이다. 주된 세금에 일정한 비율로 과세되는 것을 부가세라 한다. 부가세는 본세가 아니고 다른 세금에 딸려 나오는 세금이기 때문에 간과하기 쉽지만, 투자자는 항상 이를 염두에 두어야 한다.

아파트 한 채부터 시작하는 부동산 절세

예컨대 소득세의 세율이 오르면 소득세의 부가세인 지방소득세까지 늘어난다. 그래서 본세와 부가세는 항상 같이 생각해야 한다. 투자자는 '그래서 실제로 내가 내야 하는 세금이 얼마인가'를 생각해야 한다.

취득세와 재산세도 마찬가지다. 취득세에는 지방교육세와 농어촌특별세가 부가세로 붙는다. 재산세에는 지방교육세와 도시지역분재산세, 지역자원시설세(도시지역분재산세와 지역자원시설세는 엄밀한 의미에서 본세에 해당하지만 납세자는 부가세처럼 인식한다.)가 붙는다. 그리고 종부세에는 농어촌특별세가 붙는다.

⠿ 부동산의 거래 단계별 세금 ⠿

취득	보유	처분
부가가치세	재산세 (지방교육세, 지역자원시설세)	양도소득세 (지방소득세)
취득세 (지방교육세, 농어촌특별세)	종합부동산세 (농어촌특별세)	상속 · 증여세
무상취득인 경우 상속세 또는 증여세	임대를 놓는 경우 종합소득세	부동산 매매를 주업으로 하면 종합소득세

단순했던 취득 관련 세금마저 복잡해졌다

특히 취득세와 취득세의 부가세인 지방교육세, 농어촌특별세의 경우 전보다 그 중요성이 커졌다. 전에는 보유한 주택수와 상관없이 가격에 따라 1.1~3.5%의 고정된 세금을 냈다. 이제 세법이 개정되어 세대별로 보유한 주택수에 따라 취득세와 부가세가 많게는 13.4%까지 늘어났기 때문이다.

지방세법 중 취득세법이 개정되면서 취득세가 복잡해졌다. 이 때문에 비슷한 상황에서 취득세를 더 내야 하는 경우와 덜 내는 경우가 생겼다. 결국 강화된 규제 때문에 취득세도 전보다 조금 더 중요해진 것이다.

보유하는 동안 내는 세금인 재산세와 종부세도 같은 이유로 전보다 더 중요해졌다. 그리고 2019년부터 본격적으로 과세 대상이 되면서 주택의 임대소득세도 중요한 세금이 되었다.

양도소득세와 상속·증여세도 마찬가지다. 원래도 중요하고 복잡했지만, 이제 더 복잡하고 중요한 세금이 되었다. 이것이 부동산 투자를 하면서 세금을 공부해야 하는 이유다.

세금을 줄이는
가장 쉬운 방법

부동산 세금은 타이밍이다

사람들은 세법이 너무 복잡하고 어렵다고 말한다. 특히 부동산 관련 세금은 더욱 복잡하다고 하소연한다. 왜 그럴까? 어려운 정보만 보고 어려운 방법만 찾기 때문이다. 어렵고 복잡한 상황을 깨고 파헤쳐야 세금도 많이 줄일 수 있다고 생각한 것이다.

세법이 복잡하지만 의외로 절세의 해답은 쉽고 간단하다. 세금을 줄이는 방법도 5,205쪽에 달하는 세법을 파헤친다고 알 수 없다. 본인의 상황에 맞춰 할 수 있는 방법만 찾으면 된다. 가장 간단한 방법 중 하나가 타이밍을 살피는 것이다. 살 때뿐만 아니라 팔거나 증여할 때도 타이밍이 중요하다.

2020년 초 서울과 수도권 일부 지역을 중심으로 가격이 인하된 매물이 다소 증가했다. 그런데 대부분 조건이 붙어 있었다. 5월 31일 전 또는 6월 30일 전까지 잔금을 지급하는 조건이었다. 이런 조건은 무엇을 의미할까?

'5월 31일 전 잔금 지급' 조건이 붙은 이유

2018.09.13 대책에서 다주택자에 대한 종부세 세율이 인상되었다. 그리고 2019.12.16 대책 때 추가 세율 인상안이 발표되었다.

게다가 주택에 대한 공시가격 현실화율이 꾸준히 높아지고 있다. 보유세의 기준이 되는 공시가격이 시세에 점점 근접한다는 뜻이다. 지금까지는 시세와 공시가격의 차이가 커서 시세 대비 낮은 금액으로 재산세와 종부세를 냈지만, 앞으로는 시세에 가깝게 과세될 것이다.

결국 2020년 5월 31일 전에 양도하려고 했던 이유는 보유세 때문이다. 보유세의 과세 기준일은 매년 6월 1일이다. 보유세인 재산세와 종부세는 6월 1일에 소유한 사람이 1년치 세금을 전부 납부한다. 따라서 매도자는 6월 1일을 기준으로 좀 더 보유할 것인지, 그 전에 처분할 것인지 고민하게 된다.

이는 매수자도 마찬가지다. 이왕이면 6월 1일 이후에 매수하면 조금이라도 세금을 아낄 수 있다. 통상 상가나 빌딩은 재산세도 잔금일을 기준으로 매수자와 매도자가 일할(날짜를 일 단위로 갈라서) 계산을 하기도 한다.

다만 주택은 그렇게 하지 않는다. 게다가 종부세는 인별로 과세되기

아파트 한 채부터 시작하는 부동산 절세

때문에 일할 계산을 할 수도 없다. 각자의 조건에 따라 다르기 때문이다. 따라서 매도자나 매수자나 모두 6월 1일을 기억할 필요가 있는데, 이 시기에 매도하려는 사람들은 재산세와 종부세를 피하기 위해 5월 31일에 잔금을 치르는 조건을 제시한다.

정책에 따른 절세의 타이밍이 있다

6월 30일 잔금 지급의 조건도 역시 세금 때문이다. 2019년 12월 17일부터 2020년 6월 30일까지는 조정대상지역에서 10년 보유한 주택을 양도하는 경우에는 다주택자여도 양도세를 중과하지 않고 기본세율(6~42%)로 과세되었다. 중과될 경우의 세율(2주택 16~52%, 3주택 이상 26~62%)보다 최대 20% 낮은 세금으로 양도할 수 있었다.

또 20~30%의 장기보유특별공제®도 적용

> 장기보유특별공제
> 자산의 보유 기간에 따라 양도소득 일정액을 공제해 주는 제도

받을 수 있었다. 차익에 따라 다르지만 하루 차이로 양도세가 수억 원까지 달라지기도 했다. 예를 들어 시세차익 5억 원, 10년 보유 2주택일 때 양도세는 1억 원이나 차이가 났다. 따라서 이 시기를 전후하여 10년 이상 보유한 주택을 매각하려던 사람은 타이밍을 살펴 그 전에 양도하려했던 것이다.

증여할 때도 타이밍이 중요하다

부동산의 증여도 양도와 마찬가지로 타이밍이 중요하다. 2019년 12월 17일부터 2020년 6월 말까지는 증여 거래도 늘어났다. 이 중 상당수

는 주택 증여일 것이다. 다주택자가 전세로 임대하고 있는 주택이고 10년 이상 보유했다면 이때 증여하는 것이 유리했기 때문이다.

전세를 끼고 부동산을 증여하는 것을 부담부증여라 하는데 전세보증금을 반환할 채무를 같이 넘기는 것이다. 이 경우 증여와 양도가 섞여 있다고 본다. 금액이 증여와 양도로 나뉘기 때문에 증여세 세율이 낮아지는 효과가 있다. 양도세도 중과세를 피할 수 있었다. 당시 한시적으로 중과가 면제되었기 때문이다.

이 시기는 6월 1일을 포함하고 있어 종부세를 줄이기 위한 증여도 많았을 것이다. 종부세는 인별로 부과되기 때문이다.

아파트 등 공동주택을 4월 말 전에 증여하면 취득세도 줄어들 수 있다. 취득세는 공시가격을 기준으로 계산하는데 공동주택의 인상된 공시가격은 매년 4월 말에 확정되기 때문이다.

양도소득세의 연 단위 부과를 이용한 절세 타이밍

이런 한시적인 세법과 마찬가지로 타이밍에 따라 절세가 유리한 경우가 또 있다. 양도소득세는 달력을 기준으로 연 단위로 부과하고, 누진세율에 따라 과세한다. 같은 연도에 일반세율이 적용되는 부동산 2건을 양도하면 더 높은 세율이 적용된다는 뜻이다. 이것을 이용하면 세금을 쉽게 효과적으로 줄일 수 있다.

2건의 부동산을 비슷한 시기에 양도해야 할 때, 1건의 양도 시기를 늦추거나 당겨서 연도를 달리하면 된다. 2건의 양도 연도가 달라지면 각각 따로 계산한다. 누진세율에 따라 낮은 구간의 세율을 한 번 더 적용받을 수 있다는 뜻이다.

게다가 금액은 작지만 양도에 대해 1년에 한 번씩 적용해주는 기본공제 250만 원도 받을 수 있다. 양도차익이 각각 1억 원일 때 해를 달리해서 줄어드는 세금의 크기는 약 2,000만 원이다. 특히 연초나 연말에 두 건의 부동산을 양도해야 하는 경우 이를 활용할 수 있다.

중요한 점은 언제를 양도 시기로 보느냐 하는 점인데, 소유권이전등기일과 잔금일 중 빠른 날을 양도한 날로 본다. 따라서 이 시기를 기준으로 연도를 조절하면 된다. 계약서만 변경한다고 되는 것이 아니라 실제로 잔금이나 소유권이전을 그때로 해야 한다.

연단위로 합산되는 규정을 역으로 이용할 수도 있다. 이익이 발생한 부동산과 손해가 발생한 부동산이 있다면 두 건을 같은 연도에 양도하면 손해와 이익을 합해서 소득 금액을 결정한다. 결과적으로 양도세가 줄어들 수 있다.

취득과 양도 사이 보유 기간을 이용한 절세

양도세를 줄이는 쉬운 방법 중에 또 다른 하나는 취득 시점에 따라 양도 시점을 조절하는 것이다. 앞에서 설명한 것과 비슷하게 보유 기간에 따라 양도소득세율이 달라진다.

단기양도는 피할 것

주택 외의 부동산을 취득한 후 1년 이내에 양도할 경우 단기양도에 해당되어 차익의 55%(지방소득세 포함, 이하 같음), 1년 이상 2년 이내에 양도할 경우 44%가 양도세로 부과된다.

주택과 입주권의 경우에는 2021년 6월 1일부터 1년 미만 77%, 1년 이상 2년 이내 66%로 더 높게 부과된다.

장기보유특별공제는 보유 기간이 길수록 높아진다

일단 보유 기간 3년이 넘어야 장기보유특별공제를 받는다. 그리고 보유 기간 1년이 늘어날수록 공제액이 커진다(최장 15년, 1주택은 10년). 이때 주의할 점은 앞의 양도세 계산 때와는 달리 특정한 날짜 혹은 연도에 따라 판단하는 것이 아니라 만(滿, 정해진 기간의 꽉 참)으로 계산한다는 점이다.

계약서를 쓰면서 잔금 및 소유권 이전일을 정할 때 하필 그 시점이 만으로 계산하여 1~2개월이 부족하다면, 날짜를 조정하여 만으로 1년을 더 채워야 세금을 줄일 수 있다. 일반적으로 계약일부터 잔금일까지는 몇 개월간 간격이 생기기 때문에 미리 협의해서 유연하게 조절하면 좋다.

부동산 절세는 이처럼 가깝고 쉬운 포인트부터 찾으면 된다. 부동산을 사는 것도 그렇지만, 팔거나 증여하는 것도 타이밍이 중요하다. 부동산 절세는 타이밍을 활용하라. 그렇게 하면 절세의 방법은 의외로 쉽다.

국가가 세금을
부과할 수 있는 기간

세금을 내지 않고 오래 지나면 어떻게 될까?

세법은 일정한 기간 내에서만 세금을 부과할 수 있도록 한다. 이것을 세금(국세, 지방세) 부과의 제척기간*이라 한다.

> **제척기간**
> 법률상 정한 어떤 권리에 대한 존 손기간

제척기간이 지나면 국가는 세금을 부과할 수 없다. 이 기간 후에 납세자에게 어떤 소득이나 상속, 증여, 취득이 있다는 사실을 알더라도 세금을 부과할 수 없다. 이는 납세자의 안정성을 확보하기 위한 장치이다.

부과된 지 5년이 지나면 세금을 안 내도 된다?

이 제척기간을 일괄 5년으로 잘못 알고 있는 경우가 많다. 세금의 제척기간은 최대 15년(단, 상속·증여세 고액탈루의 경우 과세관청이 안 날부터 1년)이다.

⋮ 세금별 제척기간 ⋮

상속세 및 증여세	납세자가 사기, 기타 부정행위로 상속·증여세를 포탈하거나 환급·공제받은 경우, 무신고, 허위신고 또는 누락신고는 15년, 그 외의 경우 10년이다.
이외의 세금	양도세 등은 제척기간이 좀 더 짧다. 납세자가 사기, 기타 부정한 행위로 포탈하거나 환급·공제받은 경우 10년의 제척기간을 적용한다. 무신고의 경우에는 7년, 그 외의 경우에는 5년으로 한다. 다만 국제거래로 부정행위를 했을 경우 2015년 1월 1일 거래부터 15년을 적용한다.

결국 국가가 세금을 부과할 수 있는 기간은 일괄적으로 5년이 아니다. 예를 들어 부동산을 차명으로 거래하여 양도하는 미등기양도의 경우는 사기 및 기타 부정한 행위로 보아 10년의 제척기간이 적용될 수 있다.

특히 재산가액이 50억 원 이상인 고액 상속·증여의 경우와 국외 부동산을 증여한 경우에는 제척기간이 강화된다. 구체적으로 상속·증여 이후 시간이 얼마나 지났든 상관없이, 그 사실을 과세관청이 안 날부터 1년 이내에 언제든지 세금을 부과할 수 있다.

그러면 위의 제척기간은 언제부터 계산하는가? 해당 세금의 신고기한 다음 날부터 계산한다. 증여세의 경우에는 증여일이 속하는 달의 말일부터 3개월이 되는 날의 다음 날이며, 상속세는 상속 개시일이 속하는 달의 말일부터 6개월이 되는 날의 다음 날이다.

그런데 양도세의 경우에는 예정신고를 하고 다음 연도 5월 말일까지 확정신고를 한다. 따라서 예정신고기한 다음 날이 아니라 확정신고의 다음 날부터 제척기간을 계산한다. 그러므로 예정신고일부터 계산해서 10년이 지났다고 제척기간이 끝난 것은 아니다.

2장

부동산
취득 단계에서
내는 세금

부동산 투자의 시작:
취득세와 부가가치세

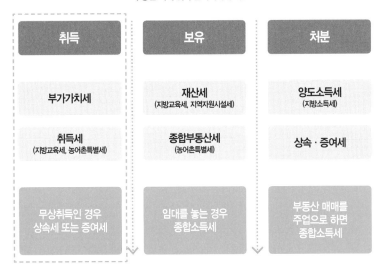

: 부동산 거래 취득 단계에서의 세금 :

취득	보유	처분
부가가치세	재산세 (지방교육세, 지역자원시설세)	양도소득세 (지방소득세)
취득세 (지방교육세, 농어촌특별세)	종합부동산세 (농어촌특별세)	상속·증여세
무상취득인 경우 상속세 또는 증여세	임대를 놓는 경우 종합소득세	부동산 매매를 주업으로 하면 종합소득세

아파트 한 채부터 시작하는 부동산 절세

부가가치세(VAT, Value Added Tax)는 무엇일까?

부가가치세는 재화나 용역을 공급하면서 새로 부가한 가치에 과세하는 세금이다. 예를 들어 1,500원어치의 재료를 사고 물건을 만들어서 1,800원에 파는 경우, 새로 생긴 부가가치 300원에 대해 10%의 세율인 30원의 부가가치세가 붙는다.

이때 사업자는 각 생산과 판매 단계에서 자신이 창출한 부가가치의 10%를 걷어서 내게 된다.

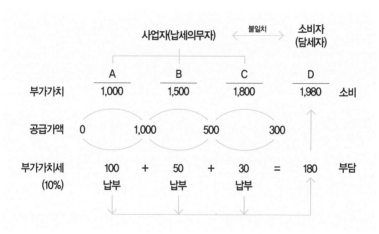

: 부가가치세의 구조 :

부가가치세가 과세되려면 재화나 용역이 공급되어야 한다. 부동산의 경우에는 부동산 그 자체를 공급하는지 또는 부동산을 쓰도록 하는 권리, 즉 용역을 공급하는지에 따라 과세 대상이 달라진다.

부동산의 종류, 임대 여부, 부가가치세의 관계

토지는 면세, 건물은 부과

우선 토지와 건물 그 자체를 공급하는 경우 부동산은 재화에 해당한다. 우리 법률상 부동산은 토지와 건물로 구분된다. 그런데 건물은 부가가치세법상 재화로 보지만, 토지는 그렇지 않다. 토지 그 자체는 인위적인 부가가치가 창출되지 않는 고정된 것으로 보고 부가가치세를 면세한다.

반면 건물의 공급은 부가가치세법상 과세 대상이다. 다만 국민주택

규모 이하의 주택 공급은 부가가치세법상

국민주택 규모
전용 85㎡, 수도권 외 읍·면 지역
은 100㎡로 규정

면세 대상이다. 주택은 국민주거안정에 필수적인 재화나 용역으로 보기 때문에 일정 면적 이하의 주택 공급은 면세한다. 반면 국민주택 규모를 초과하는 평수의 주택을 분양받을 때는 분양대금 속에 주택 건물에 대한 부가가치세가 포함되어 있다.

임대는 용역의 공급으로 부가가치세가 부과된다

토지와 건물의 공급이 아닌 임대는 재화가 아닌 용역의 공급으로 본다. 토지 그 자체의 공급과 달리 토지의 임대(용역)는 부가가치세 과세 대상이다. 따라서 토지를 임대하는 경우 임대료에 10%의 부가가치세를 더하여 받는다. 건물의 임대도 용역 공급에 해당하므로 당연히 부가가치세 과세 대상이다. 다만 주택의 임대는 부가가치세법상 면세 대상이다. 이때는 주택을 공급하는 것과는 달리 국민주택 규모를 초과해도 부가가치

세 과세 대상이 아니다.

: 부동산 유형별 부가가치세 과세 여부 :

구분	공급(거래)	임대
토지	면세	과세
건물	과세 (국민주택 이하 면세)	과세 (주택 임대는 면세)

※ 국민주택 규모를 초과하는 대형 평수의 아파트 분양 시 분양 대금에 부가가치세가 포함됨
※ 대형 평수의 아파트를 개인에게 매입하면 매도자가 부가가치세법상 사업자가 아니므로 면세

부가가치세는 우리 생활 전반에 걸쳐 영향을 미치는 중요한 세금이다. 그럼에도 우리가 부가가치세를 잘 느끼지 못하는 이유는 부가가치세가 간접세이기 때문이다. 물건이나 용역값에 덧붙여 있기 때문에 간과하기 쉽고 사업자가 아닌 개인이 주택을 임대하거나 국민주택 규모 이하에 대해 면세 규정이 있어 더욱 이를 알기 어렵다. 일반적으로 부가가치세를 알지 못하더라도 큰 문제가 생기지 않지만, 부동산을 거래하는 경우(매도 또는 임대)에는 이를 이해하면 좋다.

취득세는 스스로 공부해야 아낄 수 있다

취득세는 부동산 취득 시 거래 금액의 일정 비율로 단순 과세되는 세금이기 때문에 절세의 여지가 적다. 금액도 양도세나 상속·증여세보다 작은 편이다. 이 때문에 취득세는 세무사들이 잘 다루지 않는다. 보통은 부동산 등기를 하는 과정에서 법무사나 법무사 사무실 직원들에게 안내

를 받고 단순 납부한다.

따라서 세무사에게 취득세에 대한 절세 팁을 얻거나 관련 상담을 하기 쉽지 않다. 다만 특정한 사안에는 분명히 절세의 여지가 있으니 알아두어야 한다.

우선 취득세의 구조를 살펴보자. 부동산의 취득 방법은 크게 2가지로 나눈다. 대금을 지급하고 구입(유상취득)하는 방법과 무상으로 취득하는 경우다.

무상으로 취득하는 경우는 원인에 따라 다시 2가지로 나눈다. 상속에 의한 취득과 증여에 의한 취득이다. 무상취득의 경우 각각 상속세와 증여세가 과세될 수 있다. 하지만 상속과 증여는 일정한 금액 이상일 때만 부과된다. 결국 취득 시 가장 먼저 고려해야 하는 세금은 어쨌거나 취득세다.

취득세 부과 대상과
계산법

부동산의 종류와 취득 원인에 따라 세율이 달라진다

취득세를 쉽게 계산하기 위해 부동산을 주택과 상가·토지로 구분한다. 이렇게 구분하는 이유는 주택의 경우 국민주택 규모를 초과했을 때 앞에서 설명한 부가세 중 농어촌특별세가 붙기 때문이다. 이렇게 구분한 주택과 상가·토지 각각은 취득 원인에 따라 세율이 정해진다.

상속으로 취득했을 때 세율은 2.8%이고, 증여로 취득했을 때는 3.5%다. 만약 상속된 물건이 농지라면 세율이 2.3%로 낮아진다. 농지의 특성상 1차 산업의 근간을 이루고 있으므로 상속으로 농지를 취득하는 일은 보호해야 한다고 본 것이다.

그리고 신축으로 부동산을 취득한 경우, 즉 직접 그 부동산을 건축한 경우에는 2.8%의 세율이 취득세로 부과된다. 매매의 경우엔 다시 종류에 따라 세율이 달라지는데 상가는 4%, 주택은 금액에 따라 각각 1%(6억 원 이하), 1~3%(6억 원 초과~9억 원 이하), 3%(9억 원 초과)가 부과된다.

: 주택의 취득세율 :

취득 원인	규모	취득세	농어촌 특별세*	지방 교육세	합계(%)
상속	면세	2.8	0.2	0.16	3.16
증여	비조정지역 조정 1주택, 조정 3억 원 이하	3.5	0.2	0.3	4
	조정 3억 원 이상	12	0.2	1.2	13.4
신축(상가도 동일)		2.8	0.2	0.16	3.16
매매	6억 원 이하	1	0.2	0.1	1.3
	6억 원 초과 ~ 9억 원 이하	1 ~ 3	0.2	취득세× 0.1	1.3 ~ 3.5
1주택 비조정 2주택	9억 원 초과	3	0.2	0.3	3.5
	조정 2주택, 비조정 3주택	8	0.6	0.4	9
	조정 3주택, 4주택 이상, 법인(1주택부터)	12	1	0.4	13.4

* 국민주택 규모 이하는 농어촌특별세 없음

주택 취득세율의 기준이 되는 규모는 해당 규모까지 부동산을 취득했을 때 세율을 뜻한다. 예를 들어 비조정지역에 1주택을 가진 사람이 비조정지역의 6억 원 이하 주택을 추가 매매해서 2주택이 된 경우 세율은 1%

이다. 같은 사람이 비조정지역에 주택을 추가 구입해서 3주택이 됐다면 세율은 8%가 된다.

: 상가, 토지의 취득세율 :

취득 원인	취득세	농어촌특별세	지방교육세	합계(%)
상속	2.8	0.2	0.16	3.16
농지상속	2.3	0.2	0.06	2.56
증여	3.5	0.2	0.3	4
매매	4	0.2	0.4	4.6
농지 매매	3	0.2	0.2	3.4

농어촌특별세와 지방교육세

이제 각 취득세 본세에 농어촌특별세와 지방교육세가 붙는다. 농어촌특별세는 취득세의 세율을 2%로 보고 거기에 10%, 즉 0.2%가 붙는다. 세율 2%로 본다는 표현은 취득세 과세 체계가 바뀌면서 생긴 표현이다.

이전에 취득세는 취득세와 등록세 2가지로 구성되어 있었다. 취득세는 2%였고, 농어촌특별세는 취득세의 10%로 부과되었다. 취득세와 등록세가 통합되면서 취득세의 세율을 기준으로 농어촌특별세를 부과하기 위해 '2%로 본다.'는 문구가 쓰인 것이다. 납세자 입장에서는 그냥 부동산 금액의 0.2%가 농어촌특별세로 부과된다고 이해하면 쉽다.

이때 주택의 경우 국민주택 규모 이하라면 서민주택에 해당되어 농어촌특별세를 비과세한다. 지방교육세의 경우 이전에는 등록세의 20%가 부과되었는데, 역시 취득세와 등록세가 통합되면서 별다른 의미가 없어졌다.

예를 들어 주택 상속의 경우 이전 등록세의 세율이 0.8%였기 때문에 0.8% × 20% = 0.16%로 부과된다. 지금은 쉽게 취득 원인과 물건별로 앞에 표의 지방교육세율과 같이 고정된 값으로 보면 된다. 이해하기 어렵다면 그냥 표를 보고 판단하면 된다.

앞으로 다주택자는 취득세가 중과된다

2020년 7월 10일 시행된 부동산 대책에서 다주택자는 취득세를 중과하기로 했다. 이후 2020년 8월 12일 지방세법 취득세 개정안이 통과되어 다주택의 경우에는 주택수에 따라 취득세가 중과된다.
또한 조정대상지역에서 증여로 공시가격 3억 원 이상의 주택을 취득하는 경우에도 세율 12%로 중과되도록 했다. 이는 종부세 부담을 피하기 위해 가족간 증여하는 것을 막기 위한 조치로 2020년 8월 12일부터 시행되었다.

아파트 한 채부터 시작하는 부동산 절세

2020년 취득세 개정, 궁금해요!

1차 개정: 6억 원~9억 원에 대한 세율 조정과 4주택 중과

6억 원~9억 원에 대한 세율 조정

2019년 12월 취득세가 부분 개정되었다. 개정 전 취득세율은 3단계 단순누진세율이었다. 1단계인 6억 원 이하인 경우 취득세율은 1%, 2단계인 6억 원 초과~9억 원 이하의 경우는 2%, 그리고 3단계인 9억 원 초과의 경우는 3%였다. 2020년 1월 1일부터는 2단계 6억 원 초과~9억 원 이하의 세율이 '주택 매입 가격 × 2 / 3 - 3'으로 구체적으로 변경되었다.

만약 매입 가격이 8억 원이라면 취득세율은 2.33%가 되고, 취득세는 1,864만 원이다. 개정 전 취득세율은 2%, 취득세는 1,600만 원이었다. 취득세가 264만 원 증가한 것이다. 매입 가격이 7억 5,000만 원인 경우에는 세율이 2%로 개정 전과 동일하다. 즉 7억 5,000만 원을 기준으로

7억 5,000만 원~9억 원 구간은 개정 전보다 세율이 높아졌다.

반면에 6억 원~7억 5,000만 원 구간은 개정 전보다 세율이 낮아졌다. 예를 들어 매입 가격이 7억 원인 경우 세율은 1.67%다. 개정 전 2%보다 약 0.33%p 낮아졌다. 취득세액은 개정 전 1,400만 원에서 1,169만 원으로 231만 원 감소한다.

매입 가격 6억 원 이하와 9억 원 초과는 전과 같이 각각 1%, 3%로 변동이 없다. 취득세율 개정 전 금액별로 세율을 정리하면 다음과 같다.

： 매입 금액별 개정 전·후 취득세율 ：

① 매입 가격이 8억 원인 경우
- 개정 전 취득세율 = 2%
- 개정 후 취득세율 = 8×2 / 3 − 3 = 2.33% → 증가

② 매입 가격이 7.5억 원인 경우
- 개정 전 취득세율 = 2%
- 개정 후 취득세율 = 7.5×2 / 3 − 3 = 2% → 동일

③ 매입 가격이 7억 원인 경우
- 개정 전 취득세율 = 2%
- 개정 후 취득세율 = 7×2 / 3 − 3 = 1.67% → 감소

4주택 이상에 대한 중과

6억 원~9억 원 구간의 세율 변경과 함께 1세대 4주택 이상에 대한 취득세 세율도 인상되었다. 세대를 기준으로 3주택 보유자가 추가로 취득하는 주택은 구간별로 1~3%로 적용되던 세율이 4%가 된다. 지방교육세와

농어촌특별세를 합하면 최대 4.6%의 취득세를 내야 한다. 따라서 4주택 취득 시 세율은 최대 3.5%p 증가한다. 4주택 세율 인상의 경우 3개월(분양은 2023년 1월 1일)의 경과 규정을 두어 2020년 4월 1일부터 적용되었다.

이번에 취득세율을 개정해서 기존에 매입 가격이 6억 원 초반이면 취득세 부담이 1%나 높아지고, 9억 원 이하면 1%나 낮아지는 현상이 개선되었다. 즉 매입 금액 구간별 과세 형평성이 실현되었다.

장기적으로 시세 6억 원~7억 5,000만 원인 주택은 취득세 인하 효과만큼 수요(거래)가 증가할 것이다. 반대로 7억 5,000만 원~9억 원인 주택은 취득세 인상 효과만큼 수요(거래)가 감소하는 현상이 예상된다.

마찬가지로 4주택 이상에 대한 취득세 인상도 다주택자의 매수 수요를 취득세 인상만큼 감소하는 효과로 나타날 것이다. 특히 4주택인지 여부를 판단할 때는 상속주택과 임대주택까지 포함한다는 점도 알아야 한다. 또한 4주택 판단 시에는 조정대상지역인지 여부도 상관없다. 즉 집이 3채인 사람이 이 시기에 추가로 구입하여 4채가 되었다면 4.6%의 취득세를 내야 한다. 다만 이 4주택 세율은 아래의 2020년 취득세 2차 개정으로 삭제되었다. 따라서 4주택의 취득세 중과 규정은 2020년 4월 1일부터 2020년 8월 11일 사이에 취득한 경우에만 적용되었다.

개정 이전 계약된 부동산은?

| 사례 |　A 씨는 2019년 아파트 일반분양(전용 114㎡)을 받았다. 분양가는 약 7.5억 원이었지만 옵션 비용을 더하면 총 8억 원이 되었다. 그런데 A 씨는 최근 취득 금액이 6억 원 초과~9억 원 이하인 주택 취득 시 세율이 2020년부터 바뀐다는 말을 들었다. 준공 및 입주 예정

일은 2021년 중순으로 10개월가량 남았다. A 씨는 본인과 같이 개정 전에 분양을 받은 경우에도 취득세율이 인상되는지 궁금하다.

개정 전에 7억 5,000만 원 이상으로 계약된 것을 일반 매매하는 경우 2019년 12월 3일 이전에 계약한 것은 잔금이 2020년 3월 31일 전이면 기존과 같이 2%를 적용한다. 아파트 등 공동주택 분양의 경우엔 잔금이 2022년 12월 31일 전이면 기존과 같이 2%를 적용한다. 따라서 A 씨는 기존 세율대로 취득세를 내면 된다.

2차 개정: 다주택자, 법인, 조정대상지역의 취득세율 인상

1차 개정에 이어 2020년 8월 11일 취득세법이 또 개정되었다. 먼저 개정된 취득세 중과 규정을 한번 더 살펴보자. 개정된 규정은 2020년 8월 12일부터 적용되는데 다주택자의 매입, 증여, 법인의 취득에 대한 세율이 큰 폭으로 인상되었다.

또, 비조정대상지역에서 3주택으로 취득하는 경우와 조정대상지역에서 2주택으로 취득하는 경우 8%(부가세 포함 시 8.4% 또는 9%), 4주택으로 취득하는 경우와 조정대상지역에서 3주택으로 취득하는 경우 12%(부가세 포함 시 12.4% 또는 13.4%)로 중과세된다.

개인	1주택	금액별 1.1 ~ 3.5%
	2주택	
	3주택	
	4주택 이상	4.4%(4.6%)
법인	1주택부터	금액별 1.1 ~ 3.5%

개인	1주택 비조정 2주택	금액별 1.1 ~ 3.5%
	조정 2주택 비조정 3주택	8.4% (9%)
	조정 3주택	
	4주택 이상	
법인	1주택부터	12.4% (13.4%)

(조정대상지역 공시 3억 원) 증여 1주택은 3.8%(4%)

※ 지방교육세와 농어촌특별세 포함(괄호 안은 국민주택 규모 초과 시)
※ 주거용 오피스텔, 분양권, 입주권도 주택수에 포함(다만 2020. 8. 12 이후 취득한 오피스텔, 분양권, 입주권만 해당함)
※ 신탁한 주택도 주택수에 포함

오피스텔, 분양권, 입주권도 주택수에 포함된다

중요한 점은 주거용 오피스텔과 분양권, 입주권도 다른 집을 살 때 주택수에 포함되었다는 점이다. 즉 분양권, 입주권 자체는 완공되기 전에는 취득세 대상이 아니고 주거용 오피스텔은 중과 대상이 아니지만, 다른 집을 살 때는 주택수에 포함시켜서 집의 수를 계산한다.

다만 경과 규정을 두었다. 2020년 8월 12일까지 구입한 오피스텔과 분양권, 입주권은 주택수에 포함시켜서 계산하지 않는다. 또한 2020년 7월 11일 이전에 분양계약을 한 것은 공사 기간이 3~4년 소요되어 시행 이후 취득(등기)하더라도 기존 세율을 적용받는다.

입주권, 분양권, 주거용 오피스텔 분양권을
살 때 주의해야 할 점

입주권, 분양권과 주거용 오피스텔 분양권은 준공될 때까지는 주택이 아니다. 따라서 권리인 분양권을 취득하는 시점에는 취득세를 내지 않는다. 다만 입주권의 경우 승계조합원은 토지에 대한 취득세를 낸다. 문제는 세법 개정으로 2020년 8월 12일 이후 분양권 등을 계약하고 이후 준공되어 취득세를 낼 때는 준공 시점에 주택수를 따지는 것이 아니라 해당 분양권을 취득하는 시점의 주택수에 따라 취득세를 중과세한다는 점이다.

예를 들어 집이 2채 있는 사람이 2020년 8월 12일 이후에 새로 분양권을 취득한 경우 집이 준공되기 전에 미리 앞의 2주택을 다 팔아도 취득시점의 주택수에 따라 3주택으로 12.4%(국민주택 규모 초과는 13.4%)의 취득세를 내야 한다. 따라서 다주택자는 이제 분양권 등을 취득할 때도 취득세를 고려해야 한다. 다만 다주택자가 아닌 무주택자나 일시적 2주택인 경우에는 괜찮다.

취득세도 주택수를
알아야 잡을 수 있다

전에는 취득세가 주택수에 따라 달라지지 않았지만, 이제는 주택수에 따라 세율이 달라진다. 따라서 다주택자는 주택 취득 전에 본인세대의 주택수를 미리 검토해야 한다. 다음 쪽의 표는 주택수를 판단하는 기준이다.

우선 취득세에서 주택수의 경우 임대주택이나 감면주택은 제외해주지 않는다. 양도세나 종부세에서는 일정한 요건을 갖춘 임대주택이나 감면주택을 주택수에서 제외해주는 것과 다르다.

상속주택의 경우에는 상속일부터 5년 이내라면 주택수에서 제외된다. 그러나 5년이 지났다면 주택수에 포함되므로 주의가 필요하다. 이때 5년의 기간은 상속개시일(=피상속인의 사망일)부터 계산한다. 공동상속으로 생긴 지분 중 일부만 소유한 경우에도 5년이 지나면 주택수에 포함된다. 다만 이때는 지분이 가장 큰 상속인의 주택수로 들어간다. 나머지 소수

구분	양도세	취득세	종합부동산세
세대 구분	(실질) 생계를 같이하는 일정 범위의 가족	(형식) 주민등록법상 세대[1]	(실질) 생계를 같이하는 일정 범위의 가족
자녀	(실질) 소득 있고 생계를 따로 하고 있으면 별도 세대	30세 미만+미혼이면 같은 세대[2](만 18세 이하는 무조건)	(실질) 소득 있고 생계를 따로 하고 있으면 별도 세대
임대주택 감면주택	주택수 제외	주택수 포함	(기 등록한 합산배제 임대주택은) 주택 수 제외
상속주택	다른 주택 양도 시: 조건 갖추면 비과세 상속 주택 양도 시: 5년간 중과 제외	주택수 포함 (5년간 주택수 제외)	상속주택이면서 지분 20% 이하&지분상당액 3억 원 이하 제외
상속 외의 지분소유주택	주택수 포함	주택수 포함	주택수 포함
주거용 오피스텔	주택수 포함	• 기축: 재산세 부과 주택이면 포함 • 신축: 주택수 제외	

1) 실거주 무관
2) 중위소득(월 70만 원) 이상 독립생계 시 예외 인정
※ 일시적 2주택인 경우 1주택 세율 적용하되, 기간내 미처분 시 추징
※ 65세 이상 부모봉양 합가 시에는 주택수 제외(합산하지 않음)

지분자는 괜찮다. 만약 지분이 같은 상속인이 2인 이상이라면 거기에 거주하는 사람 또는 연장자의 집으로 본다.

　상속이 아닌 증여나 매매로 취득한 경우의 주택건물은 다른 사람의 명의이고 부수토지만 가지고 있어도 주택수에 포함한다. 다만 시가표준액 1억 원 이하인 오피스텔과 주택은 취득세 중과대상이 아니며 주택수에서도 제외된다. 하지만 도시 및 주거환경정비법 또는 빈집 및 소규모

주택 정비에 관한 특례법에 의한 정비·사업구역이라면 아무리 작은 집이라도 중과대상이고, 주택수에도 포함된다.

취득 자금 조사 시 취득세까지 대상이 된다

이제 취득세 강화되었지만, 취득세는 여전히 고정값이다. 즉 취득하는 부동산 금액의 일정 값을 내면 된다. 결과적으로 취득세와 이에 딸린 세금(부가세)의 절세 측면에서는 큰 의미가 없다. 주택수에 따라 정해진 세금을 낼 뿐이기 때문이다. 즉 취득세가 부과되는 체계 자체가 단순하기 때문에 이를 이용하여 절세를 도모할 수는 없다.

다만 부동산을 취득할 때 구입자금조달과 자금출처를 입증할 때는 고려해야 한다. 부동산취득자금에 대한 조사 과정에서는 취득세 납부 비용까지 그 대상으로 하고 있기 때문이다. 단순히 부동산 매입가격만 놓고 자금조달과 출처를 준비해서는 안 된다는 이야기다.

결국 부동산의 취득 단계에서 취득세만큼 증여세와 자금출처 조사가 중요하다. 부동산을 취득하는 경우 취득세 비용을 포함한 구입자금에 대해 자금출처 조사의 가능성을 염두에 두어야 한다.

어떤 사람이 부동산을 취득하였을 때 그 사람의 능력(자력)만으로 그 재산을 취득했다고 보기 어려운 경우에는 그 취득자금을 다른 사람에게 증여받았다고 보아 증여세를 부과한다. 채무를 상환한 경우도 마찬가지다. 이를 '재산취득자금 등의 증여추정'이라고 한다. 구체적으로 상속증여세법 제45조에서 이를 규정하고 있다.

자금조달계획서와
증여추정

정부가 증여했다고 추정하는 거래를 모두 조사하기는 어렵다. 그래서 자금출처 조사는 선별적으로 한다. 이때 대상을 선별하기 위해 부동산 거래신고 등에 관한 법률에서는 부동산의 거래 시 자금조달계획서를 제출하도록 하고 있다. 따라서 부동산 투자자(=납세자)는 자금조달계획서와 관련된 내용과 증여추정의 규정을 잘 숙지해야 한다.

거래 증명 관련 법률이 강화되고 있다

부동산거래신고 등에 관한 법률(시행령, 시행규칙)이 점점 강화되고 있다. 이 법은 기존의 부동산거래신고에 관한 법률상 부동산거래신고, 외국인토지법상 토지취득의 신고와 허가, 국토의 계획 및 이용에 관한 법률상 토지거래허가 등 부동산거래 관련 허가 제도의 근거를 일원화하기 위

아파트 한 채부터 시작하는 부동산 절세

해 2017년 1월에 제정되었다.

이 중 자금조달계획 및 입주계획서는 2017.08.02 대책에 따라 2017년 9월에 주택에 대한 단기 투기수요를 억제하고 주택시장의 안정을 도모하기 위해 투기과열지구에서 3억 원 이상의 주택을 거래하는 경우에 제출하도록 하였다(이 법의 제정 이유).

자금조달계획서는 왜 작성해야 할까?

자금조달계획에는 부동산의 취득자금 중 자기자금과 차입금을 구분하여 기재해야 한다. 자기자금은 예금과 부동산매도액, 주식·채권의 매각대금과 보증금, 그리고 현금으로 구분하여 기재한다. 차입금은 금융기관과 사채, 기타 자금으로 구분하여 적는다. 입주계획에는 본인이나 본인 외 가족의 입주여부와 입주 예정일, 그리고 임대를 줄 경우 전·월세 여부를 적는다.

2018년 12월 주택 가격이 급등하자 증여 등 자금의 신고 누락을 막기 위해 자금조달계획서에 증여 또는 상속으로 조달하는 자금을 구분하여 적도록 개정되었다. 그리고 대출의 경우 주택담보대출이 포함되어 있는지 여부도 표시하도록 했다. 2018.09.13 대책에 따른 대출 규제로 다주택자의 과다 대출과 증여 등의 조사를 강화하기 위한 것이다.

조정대상지역은 앞으로 반드시 제출해야 한다

자금조달계획서는 비규제지역에서도 6억 원 이상인 주택을 구입하면 의무 제출해야 한다. 법인의 경우엔 규제가 더 강력하다. 법인은 지역과 금액 상관없이 제출대상이고 법인은 법인용 양식을 따로 제출해야 한다.

2020.06.17 대책에서 조정대상지역의 경우 거래 금액과 상관없이 모두 자금조달계획서를 제출하도록 하고, 투기과열지구에서는 역시 거래 가액과 상관없이 모든 증빙자료를 제출하도록 강화했다. 이는 2020년 9월부터 적용된다. 이전에는 자금조달계획서에 기재한 금액을 바탕으로 고가이거나 저연령층에 대해서 선별적으로 조사를 했다. 그러나 이제는 해당 증빙까지 확인하여 전수에 가까운 조사를 하겠다는 뜻이다.

증빙할 서류는 약 15가지이다. 잔액잔고증명서, 주식거래내역서, 증여·상속신고서나 납세증명서, 소득금액증명원이나 원천징수영수증, 부동산매매계약서와 임대차계약서, 부채증명서나 대출신청서, 차용증 등이다.

자금출처를 입증해야 하는 취득재산의 크기

자금조달계획서가 중요한 이유는 부동산을 취득할 때 자금출처가 불분명한 금액이 있을 경우, 증여추정 규정에 따라 자금출처조사의 대상이 될 수 있기 때문이다. 직업·연령·소득 및 재산 상태 등으로 볼 때 재산을 자력으로 취득하였다고 인정하기 어렵거나 출처를 입증하지 못한 금액

아파트 한 채부터 시작하는 부동산 절세 ─────

이 취득재산의 20%와 2억 원 중 작은 금액보다 큰 경우에는 증여받은 것으로 추정한다(상속세 및 증여세법 제45조, 동법 시행령 제34조 참조).

반대의 경우에는 입증 책임이 납세자에서 과세관청으로 전환된다.

입증하지 못하는 금액 ≥ Min[취득재산가액 × 20%, 2억 원]

→ 증여로 추정

입증하지 못하는 금액 ≤ Min[취득재산가액 × 20%, 2억 원]

→ 입증 책임이 납세자에서 과세관청으로 전환

: 취득재산가액에 따른 입증금액과 증여추정액 :

구분	취득재산가액	입증금액	증여추정액
10억 원 이하[1]	5억 원	3억 원	2억 원
	10억 원	8억 원	없음
	10억 원	7.5억 원	2.5억 원
10억 원 초과[2]	20억 원	18억 원	없음
	20억 원	17.4억 원	2.6억 원

1) 취득재산가액의 80%까지 자금출처를 입증
2) '취득재산가액 − 2억 원'까지 자금출처를 입증

예를 들어 구입한 부동산이 10억 원인 경우 입증금액이 7억 5,000만 원이라면 미입증금액이 2억 5,000만 원으로, 20%인 2억 원보다 크기 때문에 2억 5,000만 원이 증여로 추정된다.

만약 구입한 부동산이 15억 원이고 입증금액이 12억 원이라면 미입증금액이 3억 원으로 20%인 3억 원과 같지만 2억 원보다는 크기 때문에 3억 원을 증여받았다고 추정한다. 앞의 표는 이를 조금 더 쉽게 설명한 것이다.

증여라고 추정하지 않는 경우

한편 이와 같은 증여추정을 모든 납세자에게 적용하는 것은 바람직하지 않고, 실무적으로도 어렵다. 따라서 일정한 금액 이하에는 증여의 추정을 배제하고 있다. 이를 증여추정의 배제라 한다. 세대주의 경우 30세 이상 40세 미만은 주택 구입 시 1억 5,000만 원(세대주가 아닌 경우 7,000만 원), 40세 이상은 3억 원(세대주가 아닌 경우 1억 5,000만 원)이 기준이다. 30세 미만 이라면 5,000만 원이다(상속세 및 증여세 사무처리규정 제38조 참조).

: 증여추정 배제 기준 금액 :

구분		취득재산		채무상환
		주택	기타재산	
세대주인 경우	30세 이상	2억 원	5,000만 원	5,000만 원
	40세 이상	4억 원	1억 원	
세대주가 아닌 경우	30세 이상	1억 원	5,000만 원	5,000만 원
	40세 이상	2억 원	1억 원	
30세 미만인 자		5,000만 원	3,000만 원	3,000만 원

※ 법적 구속력이 없는 세무공무원의 사무처리 지침
※ 증여가 명백한 경우에는 '증여추정 배제기준'이 적용되지 않음

아파트 한 채부터 시작하는 부동산 절세

다만 증여추정의 배제기준은 절대적이지 않다. 앞의 금액 이하라도 증여받은 사실이 확인되면 증여세 과세 대상이 될 수 있다. 자금출처 80%까지 입증도 마찬가지다. 80%를 넘겼다고 안심해선 안 된다.

증여받은 사실이 확인되면 나머지 20%도 증여세 과세 대상이 된다. 다만 이 경우 나머지 금액에 대한 증여 사실의 입증 책임만 과세관청에게로 전환될 뿐이다.

자금출처 입증은 취득세만큼 중요하다

| 사례 | P 씨의 아들은 서울에서 직장을 다니고 있으며 최근 회사 근처인 광진구에 신축 아파트 미분양분을 계약했다. 전용 115㎡로 계약금 10%, 중도금 60% 대출, 잔금 30% 조건이다. 계약금은 본인 자금으로 충당할 수 있는데 잔금은 P 씨에게 증여받아야 한다. 해당 아파트는 30대 이하 당첨자가 많아 세무당국의 자금출처조사가 강도 높게 진행된다는 소식에 걱정이 앞선다.

P 씨 아들의 경우 분양가 15억 원 중 계약금 1억 5,000만 원, 중도금 대출 9억 원, 잔금 4억 5,000만 원이다. 계약금은 그간 저축한 예금으로 충당하면 된다. 그리고 중도금은 대출로 처리할 수 있다. 문제는 잔금이다. 준공까지 남은 기간 동안 1억 원 이상 모으기는 힘들다. 결국 3억 5,000만 원은 부모로부터 증여를 받아야 한다. 이때 증여세가 5,000만 원 정도 발생한다. 자금출처 조사가 진행될 확률이 높으므로 실질적으로 증여받은 자금은 신고·납부하는 편이 좋다. 여기에 취득세 납부자금까지 같이 고려해야 한다.

자금조달계획 및 입주계획서가 중요한 이유는 부동산을 취득할 때 출처가 불분명한 금액이 있으면 증여로 추정되어 자금출처조사의 대상이 될 수 있기 때문이다. 부동산거래가 점점 투명해지고 있고 전산의 발달로 더 이상 숨기기도 어렵다.

결과적으로 부동산 취득 시 투자자 입장에서는 자금출처 입증이 취득세만큼 중요하다. 취득세는 각 종류별로 취득세 세율만 파악하고 있으면 된다. 다른 방법을 통해 쉽게 줄거나 늘어나는 세금이 아니기 때문이다.

사실 이 세율 자체를 몰라도 상관없다. 네이버나 다음과 같은 포털사이트에 검색어 '부동산 취득세 계산'을 넣고 검색하면 아래와 같이 부동산 취득세 계산기를 이용할 수 있다.

: 인터넷 **부동산 취득세 계산기** :

매물종류	농지 외		농지
거래종류	전용 85m²이하 주택	전용 85m²초과 주택	주택 외
거래금액			원

⟳ 초기화   계산하기

ⓘ 부동산 거래 시 부과되는 취득세 예상 금액을 산정하기 위한 참고용 계산기이며, 실제 세액과는 다소 차이가 있을 수 있습니다.
 '개인대개인'의 유상거래인 경우에만 계산이 가능합니다.
 자세한 정보는 **위택스**를 통해 확인하시기 바랍니다.

다만 2020년 11월 25일 기준 네이버 계산기에서는 세대별 주택수에 따른 중과세율은 계산해주지 않으므로 주의해야 한다. 어쨌든 앞으로는 부동산의 취득 단계에서 취득 시 소요된 자금의 출처 입증을 비롯해 미리 증여세 조사에 대비해야 한다.

　법이 허용하는 범위 내에서 투자하는 것이 가장 바람직한 절세 방법임을 명심하자. 게다가 마음이 불편한 투자는 투자가 아니다. 부동산 투자를 할 때도 마찬가지다.

취득세 절세법 ①

대체취득에 따른
비과세를 이용하라

취득세를 절세할 수 있는 첫째 팁은 대체취득에 따른 비과세를 이용하는 것이다. 공익사업 등으로 토지가 수용*

수용
공익사업 등을 위해 법률이 정한 절차에 따라 국가나 지자체 또는 공공단체가 강제로 토지의 소유권을 가져오는 것. 이때 법이 정한 절차에 따라 보상금을 지급한다.

되고, 수용된 부동산을 대체하기 위해 보상받은 자금으로 다른 부동산을 살 때는 취득세가 감면된다.

농지가 수용되는 경우, 농어민이 다시 농사를 짓기 위한 토지를 살 때 취득세가 면제된다는 사실은 많이 알고 있다. 그러나 농지가 수용된 자금으로 꼭 농지를 사야 하는 것은 아니다. 요건에 부합하면 다른 부동산을 구입할 때도 감면받을 수 있다. 예를 들어 농지 수용 보상금으로 빌딩을 구입해도 취득세가 감면될 수 있다.

흔히 농어촌 등 지방에서 도로로 수용되거나 신도시 등이 개발되는 경우에만 비과세가 되는 것으로 알고 있다. 그러나 공익사업에 따른 수

아파트 한 채부터 시작하는 부동산 절세

용뿐만 아니라 국토의 계획 및 이용에 관한 법률, 도시개발법 등의 법률에 근거한 개발사업으로 수용될 때도 대체취득 비과세를 받을 수 있다.

재개발사업 때문에 서울에서도 비과세가 가능하다

서울을 포함한 기존 도시 지역에서도 취득세 비과세가 가능하다. 대표적으로 도시 및 주거환경정비법상의 재개발사업이 있다. 대부분 재개발사업이라고 하면 재개발 조합원으로 참여하여 아파트에 대한 조합원 분양권(=입주권)을 받는 일만 생각한다. 그러나 재개발사업에서도 조합원 지위를 받는 대신 현금 청산[*]을 신청하는 경우도 있다. 이때 재개발의 경우에는 재건축과는 달리 공익사업적 측면이 있기 때문에 현금 청산은 수용의 경우와 같다. 따라서 청산금으로 다른 부동산을 취득할 때 취득세가 면제된다.

> **현금 청산**
> 재개발이나 재건축에서 아파트 입주권을 포기하고 조합으로부터 현금을 받고 기존의 집 또는 땅의 소유권을 넘기는 것

다만 일정한 조건을 충족해야 한다. 우선 사업인정고시일 이후에 대체 부동산을 계약하거나 건축허가를 받아야 한다. 그리고 보상금의 잔금 수용일부터 1년 이내에 취득해야 한다. 참고로 농어촌지역에서 농지가 수용되어 다시 농지를 살 때는 이 기간이 2년이다.

또한 투기 지역에서는 대체취득 비과세가 불가능하다. 2020년 8월 31일 현재 서울 15개구(강남, 서초, 송파, 강동, 용산, 성동, 노원, 마포, 양천, 영등포, 강서, 종로, 중, 동대문, 동작)와 세종시가 투기 지역으로 지정되어 있다. 이 투기 지역은 조정대상지역과는 다르다. 따라서 둘을 혼동해서는 안 된다.

재개발 등 공익사업에 의한 대체취득 비과세 요건

① 공익목적 수용이면서 사업인정고시일 이후 대체 부동산을 계약/
  건축허가를 받을 것
② 보상금의 잔금 수령일부터 1년 이내 취득할 것
③ 수용된 부동산과 동일한 특별시, 광역시, 도나 해당 시·군·구. 단,
  투기 지역 제외(농지는 투기 지역 아닌 전국의 농지 대체취득 가능)
④ 부재부동산소유자(인정고시일 전 1년 이내)가 아닐 것. 단, 상속의 경우
  피상속인의 거주 기간 합산
⑤ 대체취득 부동산이 별장, 골프장, 고급주택, 고급오락장이 아닐 것
⑥ 토지수용확인서를 제출할 것

취득세 감면을 받기 위해서는 대체취득한 부동산이 어느 지역에 있
는지가 가장 중요한 요건이 된다. 수용된 부동산과 동일한 지역에서 대
체취득 부동산을 살 때는 같은 특별시·광역시·특별자치시·도·특별자치도
내에 있으면 된다. 즉 같은 광역지자체에 있는 부동산이면 취득세가 면
제된다.

예를 들어 서울 금천구에서 보상금(청산금)을 받았다면 서울 구로구에
서 사도 된다.

다른 지역 및 조정대상지역에서 대체취득 부동산 구입을 원한다면?

수용된 부동산과 다른 지역에서 대체취득 부동산을 살 때는 광역지자체 또는 기초지자체의 경계가 붙어 있으면 된다. 단 소득세법 제104조의2 제1항에 따른 지정지역은 제외다. 지정지역이란 조정대상지역을 말한다.

2020년 6월 19일 현재 조정대상지역으로 지정된 지역은 서울 25개구, 세종시, 경기도 과천시, 광명시, 성남시, 고양시, 남양주시 일부, 하남시, 화성시(일부), 구리시, 안양시 동안구·만안구, 광교택지개발지구, 수원 팔달구·영통구·장안구·권선구, 의왕시, 용인 수지구·기흥구, 군포시, 안성시 일부, 부천시, 안산시, 시흥시, 용인 처인구, 오산시, 평택시, 광주시 일부, 양주시, 의정부시, 인천광역시 중·동·미추홀·연수·남동·부평·계양·서구, 대전광역시 동·중·서·유성·대덕구, 청주 일부 지역이다. 즉 다른 지역에 있는 부동산을 살 때는 조정대상지역이 아닌 지역으로 보상(청산) 지역과 잇닿아 있는 지역이어야 한다.

지정　해제

지역	16.11.03	17.06.09	18.08.08	18.12.31	19.11.8	20.02.21	20.06.19	20.11.20	20.12.17
서울	서울								
경기	과천 성남 하남 고양 남양주 동탄2	광명	구리 안양 동안구 광교지구	수원 팔달구 용인 수지구 용인 기흥구	고양·남양주 (삼송, 원흥, 지축·향동·덕은·킨텍스 1단계 고양관광문화단지 다산동, 별내동 제외)	수원 영통구 수원 권선구 수원 장안구 안양 만안구 의왕시	고양, 남양주, 군포, 안성, 부천 안산, 시흥, 용인 처인구, 오산, 평택, 광주, 양주, 의정부	김포	파주
부산	동래구 수영구 해운대구 부산진구 남구 연제구 기장군 일광면			부산진구 남구 연제구 기장군 일광면	동래구 수영구 해운대구			남구 연제구 동래구 수영구 해운대구	전체 (기장군, 중구 제외)
인천							중구, 동구, 미추홀구, 연수구, 남동구, 부평구, 계양구, 서구		
대전							동구, 중구, 서구, 유성구, 대덕구		
충북							청주		
세종	세종								
대구								수성구	전체 (달성군 일부지역 제외)
광주									전체
울산									전체 (동구, 북구, 울주군 제외)
충남									천안 동남구, 서북구 동 지역 논산 공주 동 지역
전북									전주 완산구, 덕진구
경남									창원 성산구
경북									포항 남구 경산 동 지역
전남									여수 동 지역 소라면 순천 동 지역, 해룡면, 서면 광양 동 지역, 광양읍

※ 남양주, 안성, 용인처인구, 광주, 청주는 읍·면 소재 지역 일부 제외
※ 2020년 12월 17일 기준

예를 들어 서울 양천구에서 보상금(청산금)을 받았다면 같은 서울시 모든 구는 조정대상지역 여부와 상관없이 취득세가 면제된다. 같은 광역지자체인 서울시에 속하기 때문이다.

그런데 서울 강서구에서 보상금(청산금)을 받고 연접해있는 경기도에서 대체취득을 할 때는 연접해 있고, 조정대상지역이 아닌 김포시에 있는 것을 취득할 때만 취득세가 면제된다.

세종시와 기초지자체인 시·군에서 보상금(청산금)을 받고 해당 기초지자체가 속한 광역지자체가 아닌 다른 광역지자체의 시·군과 세종특별자치시의 부동산을 대체취득할 때는 특별자치시·시·군·구와 경계가 붙어 있어야 한다. 이때 역시 조정대상지역인지 여부는 상관없다.

그런데 연접한 다른 광역지자체에서 구입하는 경우에는 조정대상지역이 아닌 경우에만 가능하다. 세종시의 경우 행정구역상 광역지자체에 속하지 않고 별도로 구분하고 있다. 세종시는 특별자치시로서 충청남도와는 독립된 행정구역이다.

예를 들어 세종시에서 보상금(청산금)을 받은 경우, 세종시 행정구역 내에서는 당연히 취득세가 면제된다. 또한 세종시와 붙어 있는 충청남도와 충청북도 청원군까지 면제가 가능하다.

취득세 절세법 ②
서민주택에 대한
취득세 면제를 활용하라

취득세를 절감할 수 있는 두 번째 방법은 바로 서민주택에 대한 취득세 면제다. 전용면적 40㎡ 이하이면서 취득가액 1억 원 미만인 주택을 서

원시취득
승계취득과 대립되는 독자적으로
권리를 취득하는 일

민주택이라 한다. 이를 거주 목적으로 취득(상속·증여 및 원시취득*은 제외)하여 1가구 1주택이

되는 경우에는 2021년 12월 31일까지 취득세를 면제한다.

면적도 너무 작지만 취득금액조건과 1주택자여야 한다는 조건이 있기 때문에 여기에 해당되기는 매우 어렵다. 따라서 일반적으로 부동산 투자자가 이 항목을 이용하기는 쉽지 않다. 그래도 실수요자라면 한번 고려해볼 만하다. 특히 1인 가구이거나 신혼이라면 실수요자의 입장에서 이용할 여지가 있다.

전용면적 40㎡는 3.3㎡ 기준으로 12평형에 해당한다. 아파트나 빌라(다세대, 연립주택을 뜻함) 중에 여기에 해당하는 면적은 그 수가 적다. 더욱이 서울 및 수도권 지역에서는 해당 면적의 경우에도 1억 원을 상회하는 경우가 대부분이다.

반면 지방에는 1억 원 미만이면서 전용 40㎡ 이하인 주택이 다수 있다. 또한 간혹 경매에서는 유찰로 수도권의 빌라가 1억 원 미만이 되기도 한다. 이때 1주택자여야 한다는 조건은 종전에 주택이 있더라도(그 주택이 매우 크다고 하더라도) 서민주택 취득 후 60일 내에 매각함으로써 1주택자가 되는 경우까지 포함한다.

결과적으로 경매를 통해 살 집을 마련하려는 경우나 기존 집을 팔고 농어촌지역으로 귀농·귀촌 하면서 집을 마련하는 경우, 1인 가구나 신혼부부라면 활용해볼 만하다. 참고로 귀농자의 경우 농지(논, 밭, 과수원 및 목장용지와 농지조성용 임야)를 취득할 때도 취득세를 감면받을 수 있다.

신혼부부, 생애최초 주택구입 취득세 경감을 노려라

취득세를 절감하는 세 번째 방법은 생애최초 주택구입 취득세 경감을 이용하는 것이다. 1억 5,000만 원 이하는 취득세를 전액 면제하고 수도권 4억 원(수도권 밖은 3억 원) 이하는 취득세의 50%를 경감받을 수 있다.

단 주택을 구입하는 연도의 소득이 7,000만 원을 넘지 않아야 하고, 주민등록표등본상의 세대원 모두 주택을 취득한 적이 없어야 한다.

주택 소유로 인정되지 않는 경우를 알아두자

이때 상속주택을 지분으로 소유하다가 처분한 경우나 도시지역이 아닌 지역, 면소재지 지역의 주택으로서 20년 이상 된 단독주택, 전용 85㎡ 이하 단독주택, 상속주택 중 하나에 해당되고 취득일 전에 처분했다면, 다른 주택을 취득한 사실이 있어도 상관없다. 주택 소유 사실 여부 등은 다음 표를 통해 구분할 수 있다.

규정		주택을 소유하는 것으로 보지 않는 경우	주요 확인사항
제1호		상속으로 주택의 공유지분을 소유(부속토지의 지분만 소유한 경우 포함)하다 처분	
제2호	본문	도시지역이 아닌 곳과 면의 행정구역(수도권 제외)에 있는 주택을 가진 자가 타 지역으로 이주한 때 (신규 주택 취득일부터 3개월 내에 그 주택을 처분한 경우로 한정)	통합지방세정보시스템과 대법원등기부등본열람시스템을 통해 상속취득 여부, 행정구역, 과세정보, 면적정보, 주택 소유 여부 등을 확인하여 감면 대상인지를 확인함
	가	사용승인 후 20년 이상이 경과된 단독주택	
	나	85㎡ 이하인 단독주택	
	다	상속으로 취득한 주택 (상속등기를 안 했어도 사망하면 포함)	
제3호		전용면적 20㎡ 이하 주택을 소유하거나 처분한 경우(둘 이상 소유한 경우는 제외)	
제4호		취득일 당시 시가표준액 100만 원 이하 주택을 소유하거나 처분한 경우	
제5호		직계존속(배우자의 직계존속을 포함한다)이 취득일 현재 주택을 소유하고 있거나 처분한 경우	

※ 지방세특례제한법 제36조의3 제3항

소득금액의 기준과 해당하는 면적의 기준

소득 기준인 7,000만 원(홑벌이 5,000만 원)의 계산은 주택을 구입한 전년도 소득금액증명원이나 근로소득원천징수영수증을 기준으로 한다. 따라서 감면을 받으려면 감면신청서와 함께 구청에 제출하면 된다. 기존의 취득세 경감 혜택은 전용면적 60㎡ 이하의 주택에만 해당됐다.

심지어 전용면적 60㎡는 공급면적으로는 85㎡로 흔히 25~26평형이라고 부르는 면적이다. 결코 작은 면적이 아니며 아파트와 연립주택 상당수가 대상이 된다. 2020년 8월 12일부터 2021년 12월 31일까지는 취득 당시의 가액이 1억 5,000만 원 이하인 경우에는 취득세를 100% 면제하도록 했다. 전용면적 60㎡ 이하 조건도 없어졌다. 금액 조건만 갖추면 된다.

취득세 절세법 ④

새로 분양받아서 임대사업을 하면 취득세 감면받는다

네 번째 취득세 절세법은 바로 주택임대사업자로 등록하는 것이다. 절차상으로는 가장 쉽게 취득세를 감면받는 방법이다.

이는 공공주택특별법에 따른 공공주택사업자나 민간임대주택에 관한 특별법에 따른 임대사업자에게 주는 감면인데, 공공주택사업자는 한국토지주택공사나 국토교통부장관의 지정을 받은 건설사업자를 말하므로 일반 투자자는 민간임대주택사업에 따른 감면만 고려하면 된다.

빌라, 오피스텔 임대 중이라면 반드시 챙겨라

감면대상은 공동주택 또는 준주택 중 오피스텔이다. 따라서 공동주택이 아닌 단독, 다가구, 다중주택은 대상에서 제외된다. 또한 2021년 12월 31일까지 신축하거나 최초 분양을 받은 경우여야 한다.

그리고 2020.06.17 대책으로 공동주택 중 아파트에 대해서는 신규 임대사업자등록을 받지 않기로 했다. 또한 단기임대주택의 등록은 중단 되고 의무임대 기간도 10년으로 연장되었다. 결과적으로 아파트는 이제 임대주택등록을 통해 취득세 감면을 받을 수 없다. 반면 빌라 등 연립주 택과 주거용 오피스텔의 경우엔 여전히 이 감면 혜택이 유지된다.

이때 해당 부동산을 취득하고 60일 이내에 임대사업자로 등록해야 한다. 따라서 잔금 또는 소유권이전등기일부터 60일 이내에 구청에 임대 주택으로 등록해야 감면받을 수 있다.

그리고 전용면적을 기준으로 60㎡ 이하여야 한다. 전용 60㎡ 초과 85 ㎡ 이하인 경우 취득세의 50%를 감면받을 수 있는데, 이때는 20호 이상 을 등록해야 하므로 일반적인 경우는 아니다.

임대사업 등록을 통한 취득세 감면은 면적 등 조건만 맞으면 등록만 해도 감면이 된다. 따라서 비교적 절차가 쉽다. 그러나 등록 전 충분히 고 려해야 하는 사항이 있다. 바로 의무임대 기간이다.

임대의무기간은 반드시 숙고할 것

임대사업등록을 통해 취득세의 감면을 받은 경우 임대의무기간 동안 계속 임대해야 한다. 그렇지 않을 경우 감면된 취득세가 추징된다. 2020 년 7월 10일 이전 등록된 임대주택의 경우 단기임대주택은 4년, 장기일 반민간임대주택은 8년이 의무 기간이다. 2020.06.17 대책으로 단기임 대주택의 등록은 중단되고 의무임대 기간도 10년으로 연장됐다.

만약 등록 후 임대 기간 내에 해당 임대주택을 양도하면 추징 대상이 된다. 다만 후속 임대사업자에게 포괄양수하는 경우에는 추징되지 않는다. 즉 계속 임대사업을 이어서 할 사람에게 양도하면 취득세가 추징되지 않는다. 따라서 임대사업자에 대한 양도를 전제로 우선 감면을 받을 수도 있다.

다만 누구도 나중 일은 알 수 없다. 불가피하게 임대주택을 양도하게 된 경우 후속임대사업자를 찾는 일이 쉽지 않을 수도 있다. 따라서 취득세 감면을 위해 임대주택으로 등록할 때는 본인의 향후 여건을 충분히 고려해야 한다.

취득 시 챙겨둔
영수증 한 장으로
세금 1,000만 원이 줄어든다

부동산 취득 시 세금을 줄일 수 있는 또 하나의 방법은 증빙을 보관하는 것이다. 이때 세금은 취득세가 아닌 양도세와 주로 관련되지만, 취득 단계에서 유념하고 있어야 한다. 이 방법은 누구나 할 수 있지만 모두가 하고 있지는 않고, 공부를 해서 아는 사람만 하는 절세의 방법이다. 그래서 배워야 절세도 가능하다.

연예인들의 영수증을 분석해서 소비를 줄이도록 안내하는 TV 프로그램이 인기리에 방영된 적 있다. 그런데 영수증은 소비를 분석할 때만 중요한 게 아니다. 부동산 세금에서도 영수증이 중요하다.

영수증은 취득가액을 줄여 양도세를 낮춘다

양도세는 양도차익에 대한 세금이다. 양도차익은 부동산을 판 금액

아파트 한 채부터 시작하는 부동산 절세

(양도가액)에서 산 금액(취득가액)과 필요 경비를 차감하여 계산한다. 따라서 취득가액에 포함되는 비용과 필요 경비에 해당하는 비용이 늘어나면 양도세는 줄어든다. 취득세와 농어촌특별세, 지방교육세, 인지세와 같은 세금은 취득가액에 포함되어 양도세를 줄이는 역할을 한다. 매입 시 지출한 중개수수료와 법무사수수료와 같은 비용도 취득가액으로 공제된다. 그리고 매각 시 발생한 중개수수료도 필요 경비에 해당되어 양도세를 줄여준다.

수수료, 다툼으로 인한 비용도 취득가액이 된다

그런데 취득세와 같은 세금은 납부영수증이 없더라도 공제해주지만, 다른 비용들은 납세자가 증빙을 잘 갖춰놔야 한다. 취득세 외의 비용들은 증빙이 있어야만 공제를 해주기 때문이다. 중개수수료나 법무사수수료와 같은 비용증빙은 시기가 지나면 다시 확보하기가 어렵다. 그래서 거래가 발생한 시점에 즉시 증빙을 확보해놓는 것이 중요하다.

취득에 관한 다툼이 있었던 경우 소유권의 확보를 위해 소요된 소송비용, 명도비용, 화해비용도 취득비용으로 공제된다(소득세법 시행령 제163조 제1항 제2호 참조). 경매나 공매로 취득한 부동산의 경우 대항력 있는 임차인의 전세보증금으로 경매 매수자가 부담한 임차보증금도 취득가액에 포함된다.

공사비로 지출된 비용 영수증 하나가 1,000만 원에 해당된다

보유 기간 중 공사로 지출한 비용도 공제되는 것이 있다. 공사비 중에서 부동산의 가치를 증가시키기 위한 수선비(자본적 지출이라 한다.)는 비용으로 인정한다. 따라서 해당 증빙을 잘 갖고 있으면 세금이 줄어든다. 대표적인 것이 보일러 교체비용, 발코니샤시 비용이나 확장공사 비용이다.

예를 들어 3억 원을 주고 집을 사서 2,000만 원을 들여 확장과 발코니 샤시 공사 등을 한 집을 8억 원에 판다고 했을 때, 공사비용 영수증이 있다면 세금은 935만 원(서울, 2주택자)이나 줄어든다. 영수증 한 장에 1,000만 원인 셈이다. 이때 지출 사실을 인정받기 위한 보조자료로 금융거래 내역서나 공사 전·후의 사진, 공사계약서나 견적서 등을 같이 보관하는 것도 좋은 방법이다. 반면에 공사비 중에서 부동산의 가치 증가와 무관한 수선비(수익적 지출이라 한다.)는 비용으로 인정이 안 된다. 여기에 해당하는 대표적인 비용은 도배, 장판 등이다.

화장실 공사 비용도 공제될 수 있다

화장실 공사 비용도 공제되는 경우가 있다. 주택을 리모델링하는 경우 통상 내부 인테리어뿐 아니라 화장실도 수리하게 마련이다. 이때 화장실 변기와 타일, 세면대 등을 부분적으로 교체한 경우에는 수익적 지출이 되어 경비 인정이 되지 않는다.

반면 욕실을 전부 뜯어내고 전체적으로 개조하면서 상당한 비용이 소요되었고 이를 통해 해당 주택의 가치를 현실적으로 높이는 정도에 이르렀다면 이때 화장실 전체 수리 비용은 자본적 지출로 인정된다(조심 2017 중2254 참조).

다만 화장실 공사를 어느 범위까지 인정할 것인지 등은 실무적인 판단이 필요하므로 전문가와 상담해야 한다. 그리고 전문가 상담 이전에 더 중요한 것은 화장실 등 공사의 범위와 금액, 해당 주택의 가치 상승에 기여했다는 사실을 인정할 만한 증빙을 갖추는 일이다.

공사는 지금 일어나고 양도는 지금보다 수개월에서 수년 뒤에 있을 일이다. 공사 업체에게 받은 견적서, 공사비의 지출을 입증할 금융거래 내역, 공사 전후의 사진과 공사 중인 사진까지 챙겨놓아야 한다.

지출에 해당하는지 고민하지 말고 일단 모으자

어떤 항목이 어떤 지출에 해당하는지는 납세자가 자세히 알아야 할 사항은 아니다. 공사로 지출한 비용 중 어떤 것이 해당되고 안 되는지는 나중에 세무사가 알아서 한다. 납세자는 그저 모든 서류를 잘 모아두면 된다. 잘 관리한 영수증 한 장이 세금을 계산할 때 곧 돈이 될 수 있음을 명심하자.

'법은 권리 위에 잠자는 자를 보호하지 않는다.'

독일의 법철학자 아놀드 예닝의 말이다. 세법(세금)도 마찬가지다. 똑똑한 납세자가 되기 위해서는 작은 노력이 필요하다.

취득세 절세법 ⑤

부동산 명의에 따라
세금을 줄일 수 있다

부동산을 취득(등기)할 때 고려해야 할 절세의 요소 중 하나는 바로 공동명의 또는 단독명의 중 어느 쪽으로 할 것인가 하는 점이다. 일반적으로는 공동명의가 1주택이든 다주택이든 절세에 유리하다.

최근 이미 보유하고 있는 주택을 배우자나 자녀에게 증여하는 경우가 늘어나는 이유도 이 때문이다. 이미 보유한 물건도 증여로 공동명의를 고려하는 것이다. 그런데 공동명의 또는 단독명의에 대한 고려는 반드시 취득 전에 하는 것이 옳다. 일단 등기한 후에 바꾸려면 취득세가 한 번 더 들기 때문이다. 반드시 공동명의는 취득(등기) 전에 고려하자.

반드시 공동명의가 정답은 아니다

일반적으로 공동명의가 절세에는 유리하지만, 다주택자라면 각자 단독명의로 하는 것이 유리한 경우(낮은 세율 적용)도 있으니 고려해야 한다.

부동산은 거래하는 각 단계마다 세금이 발생한다. 세금을 최소화하기 위해서는 세금을 검토하고 의사결정을 해야 한다. 보통 취득 이후에 세금이 발생하지만, 취득 단계에서 주의해야 할 때가 있다.

먼저 취득세는 명의를 나누더라도 줄어들지 않는다. 재산세도 역시 명의를 나누는 것과는 상관없다. 명의를 나누더라도 취득세와 재산세의 총합은 같기 때문이다. 그런데 종부세와 양도세는 다르다. 종부세와 양도세는 명의를 나누면 세금도 줄어든다.

명의를 나누면 종부세와 양도세는 줄어든다

종부세는 인별로 계산한다. 취득 시 부부 한 사람의 명의보다 공동명의로 하면 종부세는 줄어든다. 예를 들어 공시가격 12억 원인 주택이 단독명의라면 1주택이더라도 9억 원이 넘기 때문에 종부세를 내야 한다. 반면 부부 공동명의라면 각각 6억 원이 되어 종부세는 나오지 않는다. 종부세 계산 시 1주택자는 9억 원을 공제해주고, 공동명의이면 각각 6억 원을 공제해주기 때문이다. 게다가 21년부터는 부부 공동명의인 1주택일 경우 공동명의로 계산한 것과 단동명의로 계산한 종부세 중 낮은 것을 선택할 수 있게 되어 공동명의가 더 유리해졌다. (자세한 내용은 127쪽 참고)

양도세도 인별로 계산한다. 부동산 취득 과정에서 구입 자금에 대한 출처가 분명하다면, 즉 증여 이슈가 없다면 공동명의로 하면 양도세가 적다. 예를 들어 5년 보유하고 양도가액 10억 원인 1주택을 비과세로 양도하는 경우, 단독명의라면 약 335만 원의 세금을 내야 한다. 양도가액이 9억 원이 넘는 경우 1주택이라도 9억 원 초과분에 대해서는 양도세를 내야 하기 때문이다. 만일 부부 공동명의였다면 두 명의 세금 합계는 약 175만 원으로 약 160만 원이 줄어든다.

비과세를 못받았거나 다주택 중과일 때 공동명의가 유리하다

1주택이지만 거주 요건 등을 갖추지 못해 비과세를 받지 못하는 경우에는 공동명의를 하면 세금 절감 효과가 더욱 크다. 단독명의일 때는 약 1억 300만 원의 양도세가 발생하지만, 부부 공동명의였다면 두 명의 세금 합계는 약 8,080만 원으로 약 2,220만 원의 세금이 줄어든다.

다주택 중과에 해당되면 그 효과는 더욱 커진다. 3주택 중과에 해당되는 단독명의라면 양도세 약 3억 원이 발생한다. 그런데 부부 공동명의였다면 약 2억 7,300만 원으로 약 2,700만 원이 줄어든다.

이처럼 종부세, 양도세 모두 부부 공동명의일 때 세금이 줄어든다. 주의할 점은 부부 간에도 취득 자금을 6억 원 넘게 증여하면 증여세가 발생하기 때문에 반드시 미리 검토해야 한다.

경매로 부동산 취득 시
경비로 인정되는 비용

경매로 부동산 투자를 하는 경우도 있다. 경매는 투자자에게는 일반 매매에 비해 안전하고 기회도 많은 투자의 방식이다. 그런데 경매에서도 역시 세금이 중요하다. 경매 투자는 대개 짧은 기간 동안 시세차익을 보려는 경우가 많기 때문에 더욱 세금이 중요하다.

경매로 취득한 부동산도 향후 양도할 때 차익이 있다면 양도소득세를 내야 한다. 그리고 양도세는 양도가액에서 취득가액과 필요 경비를 차감하여 계산한다. 따라서 취득가액과 필요 경비로 인정되는 금액이 많아질수록 양도세는 줄어든다. 그렇다면 경매로 취득한 부동산의 취득가액은 무엇이며, 어떤 것이 필요 경비로 인정될까?

첫째, 대항력 있는 임차인의 보증금
대항력 있는 임차인의 보증금 중 매수인에게 인수되는 금액은 취득금액으로 인정된다. 주택임대차보호법 제3조에 따라 보증금은 매수 후 보증금의 반환 의무가 전소유자가 아니라 매수인에게 있기 때문이다. 해당 보증금은 임차인이 임차물을 반환할 때 반환해줘야 한다. 이때 임차인이 경매에 참여하여 매수한 경우, 본인의 보증금에 대해 본인이 인수하는 결과가 된다. 결과적으로 임차권은 소멸한다.

이때 임차보증금은 취득의 대가관계에 있으므로 취득가액에 포함된다. 반면 대항력이 없는 임차인이라면 보증금은 취득가액에 포함되지 않는다.

둘째, 유치권자에게 지급하는 금액

민사집행법 제91조에 따라 유치권자에게 변제한 금액은 필요 경비로 인정된다. 즉 유치권이 성립하여 법적으로 지급할 의무가 있는 경우에는 양도 시 경비로 인정된다. 반면 법적 지급 의무가 없는 경우에는 실제로 지급했다 하더라도 경비로 인정되지 않는다. 즉 법적 지급 의무 없이 유치권을 주장하는 자에게 합의 또는 화해금으로 지급한 경우에는 필요 경비가 아니다.

셋째, 대위변제한 금액

대위변제(채권자가 가진 채권에 대한 권리가 변제자에게 이전되는 일)한 금액이 필요 경비가 되기 위해서는 법적으로 변제할 의무가 있어야 한다. 법령으로 갚아야 하는 의무가 생기지 않았는데 임의로 지급한 대위변제금액은 필요 경비로 인정되지 않는다.

아파트 한 채부터 시작하는 부동산 절세

대위변제금액이 필요 경비가 되려면 구상권[•]을 행사할 수 없어야 한

구상권
남의 채무를 갚아준 사람이 그 사
람에게 가지는 반환청구의 권리

다. 즉 원래의 채무자에게 돌려달라고 할 권
리가 없어야 한다. 채무를 대위변제한 자는
본래의 채무자에게 구상권을 행사할 수 있다.
이렇게 구상권을 행사할 수 있는 것은 필요 경비로 인정되지 않는다. 임
차인이 보증금의 순위 보전을 위해 선순위 채권액을 대위변제한 것도 임
의변제에 해당하므로 필요 경비가 아니다. 또한 구상청구권을 포기한 경
우에도 필요 경비로 인정되지 않는다.

넷째, 매수인이 지급한 전소유자의 미납 관리비

전소유자가 관리비를 미납한 상태로 매수를 하게 됐고, 직접 관리비
를 냈다면 관리비로 인정될 수 있다. 하지만 이 경우 공용 부분에 대한 관
리비만 해당되며 전용 부분에 대한 관리비는 필요 경비로 인정되지 않는
다(대법원 2012두28285 참조).

경매로 취득한 부동산과 관련된 비용은 명칭이 동일하거나 유사한 경
우라도 각각의 조건에 따라 경비로 인정되는 것도 있고 아닌 것도 있다.
경비 인정 여부는 향후 양도 시 양도세의 액수에 영향을 미치므로 중요한
요소이다. 이처럼 경매를 할 때는 반드시 세금 공부를 해야 한다.

계약서를 잃어버리면
세금이 커지는 이유

| 사례 | M 씨는 약 30년 전에 취득한 지방의 땅을 팔기 위해 부동산에 내놨다. 오랫동안 매수자가 없었으나, 최근 적절한 가격에 사겠다는 사람이 나타났다. 계약을 위해 서류를 챙기던 M 씨는 매입 당시 서류가 사라진 것을 알았다. 이사를 다니면서 분실한 것 같았다. 알아보니 등기권리증은 확인서면으로 대체할 수 있고, 등본은 다시 떼면 된다고 한다. 그런데 취득 당시 매매계약서가 없어졌으니 당시에 구입한 가격을 알 수 있는 방법이 없었다. 구입 가격을 알아야 차익을 계산해서 양도세를 낼 텐데 이런 경우 세금은 어떻게 계산해야 할까?

부동산과 관련한 서류는 다 중요하다. 그중에서도 취득가액 등을 입증할 수 있는 계약이나 계좌이체내역 등은 등기권리증보다 더 중요하다.

부동산 양도세는 양도차익에 대해 부과되는 세금이다. 양도차익은 부동산의 양도가액(판 금액)에서 취득가액(산 금액)을 빼서 계산한다. 이때 양도가액과 취득가액은 실제 거래가액으로 계산한다. 양도세를 계산할 때 양도가액은 실제 거래된 현재의 금액으로 정확히 알 수 있다. 그런데

아파트 한 채부터 시작하는 부동산 절세

취득 시기가 오래된 취득가액은 정확히 알기 어려운 경우가 많다. 특히 실거래가 신고제가 시행된 2006년 이전에 취득한 경우 계약서를 잃어버렸다면 더욱 그렇다. 그렇다면 취득 시의 매매계약서를 분실한 경우에는 양도차익을 어떻게 계산할까?

취득가액이 불분명하면 환산가액으로 계산한다

이 경우에는 취득 전후 3월 이내에 해당 부동산과 동일성 또는 유사성이 있는 자산의 매매 사례가 있다면 그 금액을 취득가액으로 본다. 해당 건이 없으면 취득 전후 3개월 이내에 해당 재산에 대해 둘 이상의 감정평가법인이 평가한 감정가액을 취득가액으로 본다. 그리고 이 두 가지에 의한 금액이 없는 경우에는 기준시가에 따라 환산한 금액을 취득가액으로 본다.

그런데 매매사례가액이나 감정가액이 항상 존재하지는 않는다. 따라서 주로 양도가액을 양도 당시 기준시가와 취득 당시 기준시가의 비율로 환산한 금액을 취득가액으로 신고하게 된다.

예를 들어 양도가액이 10억 원이고 양도 당시 기준시가가 5억 원, 취득 당시 기준시가가 1억 원이었다면 기준시가 비율 20%(1억 원/5억 원)에 따라 취득가액은 2억 원(10억 원 × 20%)으로 본다. 따라서 이 경우 양도차익은 8억 원(양도가액 10억 원 - 취득환산가액 2억 원)이 된다. 기준시가의 비율에 따라 양도차익이 결정되는 구조다.

또한 양도세를 계산할 때 취득가액 외에 투입한 경비가 있으면 필요 경비로써 공제되어 양도차익을 줄일 수 있다. 그런데 취득 시의 실제 거래가액을 알 수 없어 기준시가로 환산 계산한 경우에는 실제로 지출된 경비가 있어도 그 금액을 전부 인정하지 않는다. 대신 정해진 비율에 따라 취득 당시 기준시가의 일정 비율만큼만 경비로 인정한다. 이를 필요경비 개산공제라 한다.

구체적으로 토지·주택 및 건물은 취득 시 기준시가의 3%(미등기는 0.3%), 지상권·전세권·등기된 부동산임차권은 7%(미등기는 1%), 부동산을 취득할 수 있는 권리 등 기타 자산은 1%를 필요경비로 한다.

결과적으로 환산방식에 따라 양도세를 계산할 때 양도 당시와 취득 당시의 기준시가 비율을 살펴 차익이 결정된다. 지역에 따라 다르지만 오래 전 취득한 물건의 경우 취득시의 기준시가는 당시의 실제 가격과 차이가 크다. 그러므로 양도 시의 기준시가보다 현저하게 작을 확률이 높다.

결론적으로 계약서 등으로 실거래가액을 입증할 수 없으면 양도세가 커질 수 있다. 바로 이 부분이 양도세 절세에서 중요한 포인트이다. 일반적으로 양도세를 절감할 수 있는 기초적인 방법은 매입 시 계약서와 중개수수료 등 실제 지급 경비 등 관련 서류를 잘 보관하는 것이다.

계약서는 반드시 사본을 따로 준비해두고, 가능하다면 스캔해서 파일로 PC나 웹하드 등에 보관해두면 좋다. 계약서를 분실하는 가장 빈번한 이유는 이사 등이다. 오래된 계약서일수록 이사하면서 분실할 수 있으니 주의해야 한다.

아파트 한 채부터 시작하는 부동산 절세 ────

취득 계약 시 주의사항 ①

유흥주점이 있는 건물

연예인들은 한번 인기를 얻으면 거액의 목돈을 마련할 수 있다. 반면에 소득이 불규칙하기 때문에 상대적으로 안전하고 꾸준한 수익을 낼 수 있는 부동산 투자에 관심을 갖는다. 투자 성과가 좋은 경우도 있지만, 그렇지 못한 경우도 있다. 한 유명 연예인은 최근에 투자한 건물 관련 탈세 정황이 드러나기도 했다. 건물 내 유흥주점과 관련한 취득세와 재산세 탈루였다. 도대체 소유 건물에 유흥주점이 있는 것과 세금이 어떤 관계가 있을까?

유흥주점이 있는 상가는 중과세가 붙는다

식품위생법 제37조에 따라 영업을 하려면 허가를 받아야 하는 업종들이 있다. 허가 대상인 유흥주점 중 무도장이 설치되었거나 유흥접객원을 두고 객실이 면적의 50% 이상이거나 5개 이상인 곳은 중과 대상이다. 단 영업장 면적이 100㎡(공용면적 포함) 이하인 곳은 대상이 아니다.

: 유흥주점이 포함된 상가의 취득세 세율 :

취득 원인	취득세	농어촌특별세	지방교육세	합계(%)
신축	2.8	0.2	0.16	3.16
매매	4	0.2	0.4	4.6
매매(중과대상)	12[1]	0.4	1[2]	13.4

1) 4%(표준세율) + 2%(중과기준세율) × 4
2) 2%(중과기준세율) × 5 × 0.1

일반적으로 매매를 통해 상가 등(농지 외의 부동산)을 취득하는 경우에는 4.6%의 세율이 적용된다. 그런데 취득세가 중과되는 경우 세율은 13.4%(지방교육세 등 부가세 포함)가 적용된다. 3배 정도 중과되는 셈이다. 이 때 중과는 전체 건물의 매매 가격 중 유흥주점 등으로 사용되는 면적에 대해서 적용한다.

도박장, 유흥주점영업장, 특수목욕장, 그밖에 이와 유사한 용도로 사용되는 건축물 중 대통령령으로 정하는 건축물과 그 부속토지에 대해서는 취득세를 중과한다(지방세법 제13조 제5항 제4호 참조). 대통령령에서 규정한 취득세 중과 대상은 카지노장, 자동도박기(파친코, 슬롯머신, 아케이드 이퀴프먼트 등)를 설치한 장소, 머리와 얼굴에 대한 미용시설 외에 욕실을 설치하고 요금을 받는 미용실로 정의하고 있다.

또 유흥주점 등은 재산세도 중과된다. 유흥주점 등이 아닌 상가나 사무실 등에 대한 재산세 세율은 0.25%이다. 반면에 유흥주점 등은 4%로 세율이 높다. 건물의 가격(시가표준액)과 전체 토지 중 유흥주점 등에 안분된 토지가격(시가표준액)에 대해 계산한다.

세율이 무려 16배나 차이가 난다. 다만 유흥주점 등이 있는 건물의 경우 해당 임차인이 중과된 재산세를 부담하는 조건으로 계약이 된 경우도 있다.

어쨌든 중과대상 물건을 매입할 때는 중과를 충분히 고려해야 한다. 경우에 따라서는 이런 사항을 충분히 숙지하지 못하고 계약하기도 한다. 특히 건물에 노래방이 있는 경우 겉으로는 중과대상인 유흥주점인지 일반음식점인 노래방인지 구분이 쉽지 않다.

더욱이 2019년 2월 세법시행령 개정으로 접대부가 없고 별도의 무대 없이 객석에서 춤을 추는 이른바 감성주점이 일반음식점으로 허용되었다. 이 때문에 구분이 더 어려워졌다. 또 취득시점에서는 중과대상이 아니었지만 취득 후 5년 이내에 유흥주점 등으로 사용되는 경우도 중과대상이 된다.

원칙적으로 유흥주점은 토지의 용도 지역상 상업지역에 설치할 수 있다. 다만 건물을 매입하려는 쪽에서는 이런 특수한 중과 규정과 이로써 생기는 부담을 사전에 충분히 숙지해야 한다. 일반적으로 유흥주점이 있는 곳은 입지나 상권이 양호한 경우가 많다. 좋은 상권에 있는 물건을 무조건 피할 이유는 없기 때문에 최소한 이와 관련된 규정은 충분히 알고서 투자해야 한다.

취득 계약 시 주의사항 ②

가계약금

| 사례 |　L 씨는 최근 아파트를 계약했다가 복잡한 상황에 처했다. 물건을 소개한 공인중개사를 통해 가계약금을 보냈는데 매도인이 계약을 취소(해제)한다고 연락을 해온 것이다. L 씨는 당초 매매대금 6억 원을 전제로 계약금 6,000만 원에 계약하기로 하고, 계약금의 일부인 300만 원을 계약 당일 매도인의 계좌로 입금했다. 나머지 5,700만 원은 다음 날 매도인의 계좌로 보내기로 했는데, 나머지 계약금을 보내기도 전에 매도인이 계약을 취소하겠다고 연락한 것이다.

　부동산 매매계약을 둘러싸고 다양한 분쟁이 발생한다. 특히 최근처럼 주택 가격이 급격하게 변동하는 시기에는 계약의 성립과 해제 여부를 두고 분쟁이 생기는 경우가 많다. 가장 대표적인 것이 가계약금만 보낸 경우다. 이런 경우 계약해제 시 위약금도 문제가 된다.

　위 사례는 가계약과 관련하여 문제가 발생한 경우다. 이때 실무적으로나 법률적으로나 크게 2가지가 쟁점이 된다. 첫째는 가계약금만 보낸 상태에서 약정 또는 법률에 따라 계약을 해제할 수 있는지 여부이다. 둘째는 계약 해제에 따른 위약금의 기준을 가계약금으로 볼 것인지 아니면 계약금 전체로 볼 것인지 여부이다.

마음대로 계약을 해제해도 되는 걸까?

우선 계약의 해제 여부와 관련하여 알아보자. 계약이 성립한 후에는 당사자 일방이 이를 마음대로 해제할 수 없다. 다만 위 사례와 같이 주된 계약과 함께 '계약금 계약'을 한 경우 당사자의 약정이나 민법 제565조에 따라 해제할 수 있다고 본다. 이때 주된 계약은 해당 부동산을 매도인이 L 씨에게 명의 이전하기로 한 것이고, 계약금을 6,000만 원으로 하고, 일부는 먼저 입금하고 나머지를 다음 날 입금하기로 한 계약이다.

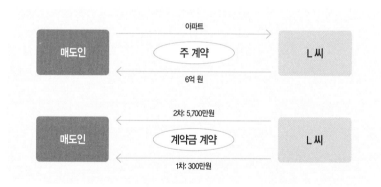

: 주 계약과 계약금 계약 :

이와 관련하여 대법원은 계약금 계약이 성립했다면 이에 근거하여 약정이나 민법 제565조에 따라 해제할 수 있다고 본다. 그러나 계약금의 나머지 금액을 지급하지 않았다면, 계약금 계약이 성립하지 않았기 때문에 오히려 주된 계약은 이로 인해 임의로 해제할 수 없다.

즉 주된 계약이 해제되기 위해서는 우선 계약금의 나머지 금액을 보내서 계약금 계약이 성립되어야 한다. 따라서 가계약 자체가 계약을 해지할 수 없는 상태를 만드는 결과가 될 수도 있다(대법원 2007다73611 참조).

위약금의 기준은 무엇일까?

두 번째 이슈는 계약을 해제하려고 할 때 위약금의 기준이 당초 지급된 가계약금인지 아니면 계약금 전체인지 여부이다. 계약금 총액에 대한 합의가 있었다는 전제 하에서 계약의 해제에 따른 위약금의 기준은 가계약금이 아니라 계약금 전체가 된다.

즉 '실제 교부받은 계약금'이 아니라 '약정 계약금'이 해약금의 기준이다(대법원 2014다23178 판결 참조).

실무적으로 부동산 매매계약에서 사용되는 가계약과 가계약금에 대해 법률에서는 별도의 규정을 두고 있지 않다. 따라서 가계약과 관련된 분쟁이 발생했을 때는 법원의 판단에 따를 수밖에 없다.

물론 당사자 간 합의해서 가계약금만으로 계약을 해제하고 마무리되기도 한다. 그러나 분쟁은 통상 예상치 못한 상태에서 발생한다. 합의에 이르지 못하고 소송으로 가는 경우도 많다. 결과적으로 부동산을 사고팔 때 계약금은 물론 가계약금에 대해서도 그 부담을 알고 결정해야 한다. 요즘처럼 가격 변동이 심할 때는 신중해야 한다.

취득 계약 시 주의사항 ③
부동산 계약 해제

    2020년 초 수도권 일부 지역을 중심으로 아파트의 매도호가가 단기간에 상승했다. 적게는 몇 천만 원에서 많게는 몇 억까지 오르는 경우도 있었다. 시기별로 다르지만 이런 현상이 최근에만 있었던 것은 아니다. 가깝게는 2016년에서 2018년 사이에도 있었다.

    이런 시기에는 매매계약이 체결된 상태에서 잔금 전에 계약이 해제되는 경우도 생긴다. 계약 이후 가격이 상승하여, 가격상승액이 위약금으로 지급해야 하는 금액보다 큰 경우이다. 이때 매도자는 위약금을 지급하더라도 계약을 해제하려 한다.

    예를 들어 10억 원의 주택을 매매하기로 하고 계약금 1억 원으로 계약을 했는데, 중도금이나 잔금을 치르기 전에 가격이 2억 원 올랐다고 하자. 이때 받은 계약금을 돌려주고 1억 원의 위약금을 물어주더라도 1억 원을 더 받을 수 있으니 계약을 해제하기도 한다. 특히 가격이 단기간에 급등하는 시기에 이런 사례가 늘어난다.

이와 반대로 매수인이 계약을 해제하는 경우도 있다. 주로 가격이 하락하는 시기에 많이 발생한다. 물론 매수인이 개인적인 사정으로 잔금을 마련하지 못해서 발생하기도 한다.

위약금을 내는 사람, 받는 사람 모두 세금을 내야 한다

| 사례 | Z 씨는 최근 잠실의 아파트를 15억 원에 팔기 위해 계약했다가 위약금을 지급하고 계약을 해제했다. 불과 두어 달 만에 호가가 2억 원 넘게 올랐기 때문이다. 계약을 서둘러 했던 것이 후회되긴 하지만, 위약금을 내고서라도 해제하길 잘한 것 같았다. 그런데 Z 씨는 지인에게 위약금을 지급할 때 세금을 떼서 납부해야 한다는 말을 들었다. Z 씨가 위약금을 주는 입장인데 무슨 세금을 말하는 걸까?

부동산 거래 과정에서 받은 위약금에도 세금이 발생한다. 받은 사람도 세금을 내야 할 뿐만 아니라 주는 사람도 세금 원천징수의 의무가 생긴다. 그런데 주는 사람이나 받는 사람이나 이를 모르는 경우가 많다.

계약 해제에 따른 위약금은 2가지 경로로 발생한다. 먼저 매도인이 계약을 해제하고자 하는 경우다. 이때 매도인은 받은 계약금의 배액을 상환하고 계약을 해지할 수 있다. 매수인 입장에서는 원래의 계약금 외에 배액으로 받은 위약금이 기타소득이 된다.

둘째로 매수인이 계약을 해제하고자 하는 경우 계약금을 포기하고 계약을 해제할 수 있다. 이 경우 매도인 입장에서는 받은 계약금이 위약금이다. 이도 곧 기타소득이 된다(민법 제565조, 소득세법 제21조 참조).

위약금에 대한 세금을 어떻게 내야 할까?

부동산 매매계약의 해제로 위약금을 받은 사람은 다음 연도 5월 말까지 기타소득에 대해 신고를 하고 세금을 납부해야 한다.

또한 위약금을 지급하는 사람은 해당 위약금에 대해 22%를 원천징수하고 신고·납부해야 한다. 이때는 매도자가 해제하는 경우와 매수자가 해제하는 경우가 각각 다르다. 매도자가 계약을 해제하는 때에는 위약금을 지급할 때 지급금액의 22%를 빼고 나머지를 지급하고, 빼놓은 금액은 세무서와 구청에 납부해야 한다.

만일 원천징수를 하지 않으면 최대 10%의 가산세를 내야 한다(국세기본법 제47조의5 참조). 이때 원천징수된 세금을 떼고 받은 매수자는 매도자에게 원천징수영수증의 발급을 요구해야 한다. 해당 원천징수세액만큼 다음 연도 5월에 소득세 신고할 때 공제받아야 하기 때문이다.

반대로 매수자가 이미 지급한 계약금을 포기하고 계약을 해제하는 때에는 원천징수의무가 면제된다(소득세법 제127조 제1항 제6호 단서 및 나목 참조). 따라서 매수자는 따로 원천징수를 하거나 징수한 세금을 납부할 의무가 없다.

당연히 가산세 문제도 생기지 않는다. 이는 매수자가 계약금을 포기함으로써 계약이 해제되므로 원천징수를 위해 이를 다시 돌려받기는 어렵기 때문에 이를 반영한 것이다(소득세법 개정법률 제9897호 개정 취지 참조).

다음에 나오는 '계약의 해제와 세금'에서 사례를 구체적으로 살펴보자.

계약의 해제와 세금

계약의 해제는 법적으로 누구나 가능하다

∴ 계약 해제, 위약금만 3억 6,000만 원 ∴

부동산 매매계약의 해제

작년 37억원 하던 구현대1~2차
재건축 속도 붙자 45억으로 껑충
매도자, 계약금 2배 물고 매물 회수

대치, 도곡, 판교 등서도 해약 사태

구 현대 1~2차 183㎡... 17년 10월말 36억에 계약...계약금 3억6천만원. 여기
에 3억6천만원을 보태 7억 2천만원을 매수인에게 내줘야...

(한국경제, 2018.1.3)

위 사례는 2018년 36억 원에 거래가 계약된 아파트의 매도자가 계약을 해제한 경우다. 계약금의 2배를 물면서도 이를 해제한 이유는 해당 부동산에서 그보다 더 큰 수익이 날 것이라 예상했기 때문이다.

부동산 가격이 단기간에 급등하거나 급락할 때는 계약을 한 다음 해제되는 경우가 있다. 이 과정에서 위약금과 관련한 분쟁도 자주 생긴다.

이때 법률 관계는 물론이고, 세금 이슈도 정확히 알고 있어야 한다.

매매계약의 해제는 상황에 따라서 얼마든지 합법적으로 일어날 수 있다. 의외로 이를 모르는 사람들이 많다. 민법 제565조 계약의 해제에서는 '매매의 당사자 일방이 계약 당시에 금전 기타 물건을 계약금, 보증금 등의 명목으로 상대방에게 교부한 때에는 다른 약정이 없는 한 당사자 일방이 이행에 착수할 때까지 교부자는 이를 포기하고, 수령자는 그 배액을 상환하여 매매계약을 해제할 수 있다.'라고 계약의 해제를 규정하고 있다.

즉 중도금이 지급되지 않았다면 상대방의 의사와 상관없이 매매계약은 일방의 의사만으로도 해제될 수 있다.

: 가격 상승기, 매도인이 계약을 해제할 때의 위약금 :

계약 해제에 따른 위약금은 얼마일까?

| 사례 | 매매 금액 10억 원, 계약금 1억 원에 중도금이 아직 지급되지 않은 상황을 가정해 보자. 계약을 하고 매수인이 매도인에게 계약금 1억 원을 지급했다. 그런데 가격이 급격히 상승하는 때여서 잔금 전까지 3억 원 이상 올랐다면 매도자는 받은 계약금에 배액인 1억 원을 지급하고 매수자의 의사와는 상관없이 계약을 해제할 수 있다.

다른 사항이 없다면 민법 제565조에 따라 계약은 해제된다. 그런데 이런 상태에서 매도인은 받은 계약금 1억 원에 위약금 1억 원을 매수인에게 그대로 주는 게 아니라 1억 원에 7,800만 원을 더한 1억 7,800만 원만 준다. 어떻게 된 일일까?

앞서 계약 해제와 관련해서 이야기했듯이 이때 위약금은 기타소득에 해당한다. 소득세법 제145조, 기타소득을 지급하는 경우 지급인은 기타소득금액에 원천징수세율을 적용하여 계산한 소득세를 원천징수하고 지급받은 자를 대신하여 원천징수한 세금을 납부해야 한다.

그렇게 하지 않으면 국세기본법 제45조의5에 따라 원천징수하지 않은 세액의 3% 가산세와 1일 2.5/10,000(2020년 8월 31일 기준)의 납부불성실 가산세를 물어야 한다. 결국 매도인은 법대로 22%의 원천징수 세금을 떼고 나머지 7,800만 원을 지급하는 것이 맞다.

반대의 경우엔 어떨까? 가격이 급격히 하락하는 때에는 매수인이 계약을 깨기도 한다. 매수인의 계약 해제로 계약이 해제되는 경우 매수인은 지급한 계약금을 포기한다. 즉 계약금이 위약금으로 전환되고 계약은 해제된다.

계약의 해제에 따른 세금은 어떻게 될까?

이 경우 매수인은 원천징수의무와 가산세 부담을 지지는 않다. 매수인이 계약을 해제하는 경우에는 매도인이 계약을 해제하는 경우와 달리 위약금에 대한 원천징수의무를 부담하지 않는다.

앞에서 살펴봤듯이 매도인이 계약을 해제할 때와 달리 매수인이 해제할 때는 이미 계약금은 지급이 된 상태이므로 매도인으로부터 원천징수 세액만큼 떼고 지급하기가 어렵다. 따라서 이 경우 매수인은 원천징수의무가 없고 당연히 가산세 부담도 지지 않는다.

대신 이미 받은 계약금을 위약금으로 받은 매도인은 다음 연도 5월 종합소득세 신고 때 위약금에 대해 기타소득으로 신고해야 한다. 종합소득세 신고는 매도인이 계약을 해제할 때도 마찬가지다.

대신 매도인의 계약 해제 시에는 이미 원천징수된 세금 2,200만 원이 납부되었으니 매수인은 종합소득세 신고 때 매도인에게 원천징수된 세액을 기납부세액(이미 납부한 세액)으로 세액공제를 받는다.

부동산 공부는 법에 대한 공부다

이처럼 부동산 매매계약이 해제되는 경우에도 법률의 규정에 따라 다양한 이슈가 발생한다. 또한 위약금에 대해서도 세금이 발생한다. 그런데 왜 사람들은 이런 내용을 잘 인지하지 못할까?

관행상 부동산매매계약이 해제되는 경우 "좋은 게 좋은 거니까." "서

로 덮자."고 하기 때문이다. 그러나 이 과정에서 다양한 이해관계가 생긴
다. 즉 좋은 게 좋지 않은 사람도 생긴다.

결국 서로간에 다툼이 생겨 세금 신고 문제까지 가는 등 얼마든지 상
황은 복잡해질 수 있다. 따라서 부동산에 투자를 할 때는 세법을 포함한
법률 공부도 열심히 해야 한다. 최소한 법을 알아야 세금 문제에 대응할
수 있다.

취득 계약 시 주의사항 ④
부동산 다운계약

주택 가격이 단기간에 급등하면 불법적인 부동산 거래도 늘어난다. 2017년 한 해 동안 7,263건(12,757명)이 실거래가 허위신고 등으로 적발되었다. 이는 2016년 대비 약 2배나 증가한 수준이다(국토교통부 보도자료, 2018.03.20).

실제 거래금액보다 낮게 계약서를 작성하는 다운계약도 그중 한 가지다. 다운계약은 전체 허위신고의 약 10%(772건)에 달한다. 다운계약을 통해 매도자는 양도세를 줄일 수 있다. 그리고 매수자는 취득세를 줄일 수 있다. 상호 간에 이득이 있다고 생각하는 것이다.

부동산 다운계약, 누구에게도 안전할 수 없다

그런데 다운계약서를 작성하는 일은 생각보다 위험하다. 매도자 입장에서는 다운계약이 적발될 경우 탈세액은 물론 허위신고에 따른 신고불성실가산세(40%)와 납부불성실가산세(연 9.125%)를 추가로 내야 한다. 그리고 실제 거래금액의 2~5%에 달하는 과태료도 부담해야 한다.

매수자 입장에서도 같은 비율로 과태료가 부과된다. 특히 매수자는 매도자보다 더 위험하다. 다운계약서를 쓴 사실이 밝혀지면 비과세나 감면에 해당하더라도 이 혜택을 받을 수 없다.

구체적으로 비과세·감면을 적용하지 않았을 때의 세금 차이 또는 다운계약으로 얻은 이익만큼 비과세·감면 금액에서 추징당한다(소득세법 제91조 참조).

분양권도 마찬가지다. 다운계약서를 쓰고 향후 적발되면 준공 후까지 영향을 미친다. 준공된 주택이 향후 1주택에 해당되더라도 비과세를 받을 수 없다. 또한 임대주택으로 등록해서 감면대상이 되더라도 감면받지 못한다.

부동산 다운계약을 막는 리니언시제도란?

2017년 1월부터 리니언시제도(허위계약 자진신고 감면)가 시행되고 있다. 리니언시제도는 부동산 거래신고를 허위로 한 경우 자진신고 하면 과태료를 감면해주는 제도이다. 2017년 한 해 동안 리니언시제도로 자진신고 건수만 887건에 달했다.

다운계약서 작성 후 상대방이 변심하여 신고하면 신고자는 과태료를 100% 면제받는다. 담당공무원의 조사나 소명 요구 후 신고하더라도 과태료의 50%가 감면된다. 이때 상대방은 탈루한 세금과 가산세는 물론 과태료까지 물어야 한다.

결과적으로 부동산 거래 시 다운계약서를 작성하면 득보다 실이 많다. 무엇보다 적발 시 가산세와 과태료의 추가적인 부담을 안아야 한다. 금전적인 부담보다 법을 위반했다는 불안감과 언제 적발될지 모른다는 심리적인 부담감이 더 힘들다. 작은 것을 탐하다 큰 것을 잃는 과오를 범하지 말자.

3장

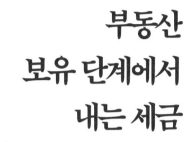

부동산
보유 단계에서
내는 세금

부동산 투자의 복병:
재산세와 종부세

: 부동산 거래 보유 단계에서의 세금 :

취득	보유	처분
부가가치세	재산세 (지방교육세, 지역자원시설세)	양도소득세 (지방소득세)
취득세 (지방교육세, 농어촌특별세)	종합부동산세 (농어촌특별세)	상속 · 증여세
무상취득인 경우 상속세 또는 증여세	임대를 놓는 경우 종합소득세	부동산 매매를 주업으로 하면 종합소득세

부동산을 보유하는 동안에도 다양한 세금이 발생한다. 대표적으로 보유세와 임대소득세가 있다. 보유세(재산세＋종부세)는 자산의 보유 가치에 대해 담세력*을 인정하여 부과되는 세금이다. 임대소득세(사업소득세, 종합소득세의 한 종류)는 임대를 통해 발생하는 임대소득에 담세력을 인정하여 부과된다.

> **담세력**
> 세금을 부담할 수 있는 능력

여기에 취득세와 마찬가지로 부가세가 붙는다. 재산세에는 지방교육세, 지역자원시설세가 붙고, 종부세에는 농어촌특별세, 소득세에는 지방소득세가 붙는다. 또한 재산세에는 본래의 재산세 외에 도시지역분 재산세도 부과된다.

먼저 재산세와 종부세는 매년 6월 1일 현재 부동산을 보유한 자에게 부과된다. 이때 부동산을 세 가지 종류로 나눈다. 주택, (주택이 아닌)건물, (주택의 부속토지가 아닌)토지 이렇게 세 가지다.

즉 주택은 주택용의 건물과 그 부속토지를 하나로 보고 과세하고, 주택이 아닌 일반건물은 건물분 재산세와 토지분 재산세로 따로 부과한다. 이에 따라 주택과 그 부속토지는 가격을 산정할 때 하나로 평가하고, 일반건물은 건물가격과 토지가격을 각각 따로 평가한다.

재산세와 종부세 그리고 이에 딸린 부가세를 합해 통상 보유세라고 부른다. 재산세는 지방세에 속하고 종부세는 국세에 속하여 체계상 서로 다른 세금이지만, 부동산이라는 하나의 물건에 대해 부과되므로 같이 이해하면 좋다. 이 보유세는 부동산 투자에서 복병이 되기도 하므로 잘 알아 두어야 한다.

재산세의 기준 금액과
세액 계산법

세액의 기준이 되는 공시가격은 어떻게 확인하나요?

주택은 주택용의 건물과 부속토지를 합하여 평가한 주택공시가격을 재산세 과세를 위한 시가표준액으로 한다. 그러면 주택의 공시가격은 무엇을 기준으로 할까? 주택의 공시가격은 크게 2가지로 나뉜다.

아파트와 같은 공동주택의 공동주택가격, 단독·다가구주택의 개별단독주택가격이다. 단독주택 중 해당 지역 주택가격 산정의 기준이 되는 주택이면 표준단독주택가격으로 공시된다.

단독·다가구주택은 개별주택과 표준주택으로 다시 나눈다. 이 명칭은 알아야 하는데, 그 이유는 인터넷에서 검색하면 되기 때문이다. 주요 포털사이트에 '공동주택가격' 또는 '개별주택가격'을 치면 부동산공시가격 알리미(realtyprice.kr) 사이트가 검색된다. 해당 사이트 상단의 각 주택

아파트 한 채부터 시작하는 부동산 절세

별 공시가격을 클릭하고 주소로 검색할 수 있다.

: 부동산 공시가격을 확인하는 사이트 :

※ 부동산 공시가격 알리미 홈페이지(realtyprice.kr)

개별주택가격이나 표준주택가격의 경우 각 지역별로 일사편리(kras. go.kr) 사이트를 이용할 수도 있다. 예를 들어 서울의 경우 일사편리 서울 (kras.seoul.go.kr)에서 개별주택가격을 열람할 수 있다. 포털사이트에서 검색할 때는 '일사편리'로 검색하면 된다.

일사편리 사이트에서는 개별주택가격의 열람뿐만 아니라 결정가격에 대한 이의신청도 가능하다. 매년 4월 30일 전에 일정한 기간 동안 열람하고 의견을 제출할 수 있다. 가격 열람 및 의견 제출 기간은 약 20일이다.

토지나 개별주택가격의 공시가격에 대한 열람 공고 후 확정되기 전까지 해당 금액도 이 사이트에서 추가로 열람할 수 있다. 화면 좌측 하단에 '열람/결정지가', '열람/결정주택'을 클릭하면 된다. 이외에도 온나라부동산포털(seereal.lh.or.kr)이나 각 광역지자체별 부동산정보사이트(서울시 부동산정보광장, land.seoul.go.kr)에서 개별주택가격 열람이 가능하다.

∷ 개별주택가격 열람이 가능한 일사편리 ∷

※ 일사편리 홈페이지(kras.go.kr)

재산세의 과세표준과 세액계산법

대부분의 주택에 대한 보유세는 바로 이 공시가격을 기준으로 과세된다. 주택의 경우 이 공시가격에는 주택으로 사용하는 건물과 그 부수토지(아파트 등 집합건물의 경우 그 대지지분)의 가격이 포함된다. 이 가격을 지방세법에서는 시가표준액이라고 한다. 이 시가표준액에 주택의 경우 공정시장가액비율을 곱한 금액을 재산세 과세표준으로 한다.

2020년 기준 주택에 대한 재산세의 공정시장가액비율*은 60%다. 예를 들어 주택의 공시가격이 5억 원인 경우, 해당 주택의 재산세 과세표준은 3억 원(5억 원×60%)이다.

재산세의 과세표준 = 공시가격×공정시장가액비율(60%)*

* 2020년 기준

이렇게 계산된 과세표준이 나오면 여기에 세율을 곱하여 계산한다. 재산세의 세율은 다음 표와 같다. 과세표준의 구간에 해당하는 간편계산법을 이용하면 더 쉽게 계산할 수 있다.

∶ 주택 재산세 세율 ∶

과세표준	세율 및 세액계산	간편계산법
6,000만 원 이하	0.1%	과세표준×0.1%
6,000만 원 초과~ 1.5억 원 이하	6만 원＋6,000만 원 초과금액의 0.15%	과세표준×0.15% － 3만 원
1.5억 원 초과~ 3억 원 이하	19만 5,000원＋1.5억 원 초과금액의 0.25%	과세표준×0.25% － 18만 원
3억 원 초과	57만 원＋3억 원 초과금액의 0.4%	과세표준×0.4% － 63만 원

도시지역에는 도시지역분 재산세가 추가된다

도시지역이란 국토의 계획 및 이용에 관한 법률 제6조 제1호에 따른 지역을 말한다. 해당 토지의 토지이용계획확인원에 도시지역, 상업지역, 주거지역(준주거, 3종일반주거지역, 2종일반주거지역, 1종일반주거지역, 2종전용주거지역, 1종전용주거지역)으로 표시되는 곳이 도시지역이다.

도시지역분 재산세는 앞에서 계산된 재산세 과세표준에 일괄적으로 0.14%가 부과된다. 즉 주택의 경우, 공시가격 × 60% × 0.14%가 도시지역분 재산세다.

도시지역분 재산세 = 공시가격 × 공정시장가액비율(60%) × 0.14%

공시가격의 영향을 많이 받는 재산세

재산세와 도시지역분 재산세는 결과적으로 공시가격에 따라 증감한다. 일반적으로 공시가격은 상승한다. 물론 하락하는 경우도 드물게 있다. 어쨌든 공정시장가액비율과 세율이 바뀌지 않더라도 공시가격에 따라 재산세가 달라진다.

최근에는 정부의 공시가격 현실화 정책에 따라 시세를 공시가격에 적극적으로 반영하는 추세다. 즉 공시가격이 과거 대비 빠른 속도로 증가하고 있다. 따라서 재산세와 도시지역분 재산세도 앞으로 공시가격 상승에 따라 큰 폭으로 상승할 수 있다.

급격한 세금 상승을 방지하는 세부담상한제도

재산세와 도시지역분 재산세에는 세부담상한제도가 있다. 앞서 설명한 대로 계산된 세금이 전년도에 실제 부과된 세금보다 일정 비율 이상으로 클 경우, 비율을 초과하는 세금은 부과하지 않는다. 이때 비율은 주택 공시가격에 따라 3억 원 이하인 경우 105%, 3~6억 원인 경우 110%, 6억 원 초과는 130%이다.

∷ 공시가격에 따른 세부담상한률 ∷

공시가격	세부담상한률
3억 원 이하	105%
3억 원 초과 ~ 6억 원 이하	110%
6억 원 초과	130%

따라서 재산세와 도시지역분 재산세는 공시가격이 많이 올라도 전년도 부담액에서 상한률을 곱한 세액 이상으로 늘지 않는다. 세부담상한제도에 따른 재산세와 도시지역분 재산세는 다음과 같다.

① 재산세 = Min[공시가격×60%×과세표준별 세율, 전년도 실제 부과된 세액×세부담상한률]
② 도시지역분 재산세 = Min[공시가격×60%×0.14%, 전년도 실제 부과된 세액×세부담상한률]

공시가격이 빠르게 오르고 있다

사실 2018년 이전에는 대부분 공시가격이 완만히 증가했기 때문에 세부담상한이 적용되는 경우가 많지 않았다. 그런데 2018년 이후 서울 및 수도권과 광역시의 경우 세부담상한에 걸리는 경우가 늘었다. 이 기간 중 토지 및 주택의 실제 가격상승폭도 컸지만 공시가격 현실화가 급격하게 진행되었기 때문이다.

재산세에 대한 세부담상한과는 별도로 종부세 대상인 부동산의 경우 재산세와 종부세를 합친 보유세에 대해 따로 세부담상한이 적용되는데 이 부분은 뒤에 종부세 계산과 함께 다시 살펴봐야 한다.

재산세에 붙는 부가세: 지방교육세와 지역자원시설세

세부담상한률이 적용된 재산세와 도시지역분 재산세가 결정되면 그중 재산세에 대해 추가로 지방교육세 20%(부가세)가 붙는다. 즉 도시지역분 재산세에는 지방교육세가 붙지 않지만, 재산세에는 지방교육세가 붙는다.

이와는 별도로 건물(이때는 주택건물과 비주거용 건물 모두 대상)에 대해서는 지역자원시설세가 부과된다. 지역자원시설세는 건물 가격을 과세표준으로 하여 0.04~0.12%의 세율로 과세되는데, 재산세 등에 비하면 상대적으로 작은 금액이다. 예를 들어 시세 10억 원, 공시가격 약 7억 원인 아파트의 경우 지역자원시설세는 연간 3만 5,000원 정도다.

결론적으로 총 재산세는 재산세, 도시지역분 재산세, 지방교육세, 지역자원시설세의 합이다.

재산세 분납제도를 활용하라

주택에 대한 재산세는 매년 6월 1일 현재의 소유자에게 부과된다. 이때 위와 같이 계산된 재산세 등 총액의 절반을 7월 16일에서 7월 31일 사이에 납부하면 된다. 나머지 절반은 9월 16일에서 9월 30일 사이에 낸다.

다만 주택에 대한 재산세액이 20만 원 이하라면 7월에 전액 고지될 수 있다. 그리고 재산세 납부액이 500만 원이 넘는 경우 일부를 납부기한부터 2개월까지 분납해서 낼 수 있다.

납부할 세액이 500만 원이 넘지만 1,000만 원보다 작은 경우에는 500만 원 초과금액은 나누어 낼 수 있다. 700만 원이라면 500만 원은 원래의 납기 내, 200만 원은 2개월 뒤에 납부할 수 있다. 만약 납부할 세액이 1,000만 원을 초과하는 경우에는 절반 이하의 금액을 나누어 낼 수 있다. 1,700만 원이라면 850만 원을 납기 내, 나머지 850만 원은 2개월 뒤에 납부할 수 있다.

재산세가 이 금액 이상이라면 분납제도를 활용하는 것도 작지만 절세 방법이다. 일찍 낸다고 할인해주지 않기 때문에 기간 내에 분납해서 최대한 늦게 내는 방법도 생각해볼 수 있다. 금액이 크다면 더욱 그렇다.

종부세를 내야 하는
집값은 얼마부터?

재산세와는 별도로 일정 금액 이상의 부동산 보유자에 대해 종부세가 부과된다. 부동산의 소재지 관할 시·군·구에서 1차로 재산세를 부과하고, 2차로 개인의 경우 주소지 관할 세무서(법인은 본점 소재지)에서 종부세를 과세한다.

주택의 경우에도 보유 주택이 일정 금액 이상이면 재산세와 별도로 종부세도 내야 한다. 인별로 보유한 주택가격을 합산하여 6억 원이 넘으면 과세 대상이 된다. 다만 1세대 1주택자인 경우에는 9억 원을 공제한다. 등록한 임대주택(임대 기간) 중 조건을 갖춘 장기임대주택, 60세 이상 동거봉양 합가주택(10년), 혼인 합가주택(5년)은 2채 이상 주택이 있어도 각 기간 동안은 종부세의 1세대 1주택 여부 판정 시 주택수에서 제외한다.

주택에 대한 종부세의 과세표준도 재산세와 같이 주택의 공시가격을 기준으로 한다. 다만 재산세의 경우 각 물건 단위로 재산세를 부과하지만 종부세는 보유한 주택의 공시가격을 인별로 전국 합산한다.

즉 개인별로 전국에 있는 모든 보유주택의 공시가격을 합산하여 계산한다. 여기에 공제금액 6억 원(1세대 1주택자의 경우 9억 원)을 먼저 빼고 공정시장가액비율을 곱한다.

> **종부세의 과세표준 = (인별 전국 주택 공시가격을 합산한 금액 − 6억 원*) × 공정시장가액비율**
>
> * 1세대 1주택자의 경우 9억 원

종부세의 공정시장가액비율은 재산세와 다르다

종부세의 공정시장가액비율은 2018년까지 80%였다. 2018년부터 공시가격 현실화와 함께 공정시장가액비율도 상향되면서 2019년에는 85%, 2020년 90%, 2021년 95%, 2022년 100%가 적용된다. 즉 부동산 보유에 따른 세금이 급격하게 상승하는 것을 방지하기 위한 완충장치다.

2008년 처음 도입되어, 2009년에 80%로 고정되었다. 이후 2018년 재정개혁특별위원회와 한국조세재정연구원의 정책토론회 등을 거쳐 공정시장가액비율은 최종 100%를 목표로 하되 2019년부터 연 5%씩 단계적으로 인상되도록 개정했다.

결국 2022년 이후 비율이 100%가 되어 공시가격 전체에 대해 과세된다. 현 시점에서 공시가격이 증가하지 않고 그대로라고 하더라도 2022년까지는 공정시장가액비율의 증가로 종부세 금액은 조금씩 늘어나게 된다.

종부세 세율은 계속 높아진다

주택에 대한 종부세 세율도 인상되었다. 2018.09.13 주택시장안정대책에서 과세표준 3~6억 원의 종부세 세율구간을 신설(0.5%~0.7%로 0.2%p 인상)하고 각 구간별 세율도 0.25~0.7%p 인상(기존 0.5~2.0% 세율을 0.5~2.7%로 인상)했다. 3주택 이상이거나 조정대상지역 내 2주택인 경우 세율이 0.6~3.2%까지 인상되었다. 뿐만 아니라 3주택 이상은 세부담상한을 최대 300%, 조정대상지역 내 2주택은 200%로 올랐다. 2021년에는 2주택에 대한 세부담상한도 300%로 추가 인상된다. 개정 전 세부담상한이 일

∴ 주택에 대한 종부세 세율 변화 ∴

과세표준	2018년	2019~2020년	2021년	조정대상지역2주택＋3주택	
				2019~2020년	2021년
3억 원 이하	0.5%	0.5%	0.6%	0.6%	1.2%
3억 초과 ~ 6억 원 이하		0.7%	0.8%	0.9%	1.6%
6억 초과 ~ 12억 원 이하	0.75%	1.0%	1.2%	1.3%	2.2%
12억 초과 ~ 50억 원 이하	1.0%	1.4%	1.6%	1.8%	3.6%
50억 초과 ~ 94억 원 이하	1.5%	2.0%	2.2%	2.5%	5.0%
94억 원 초과	2.0%	2.7%	3.0%	3.2%	6.0%
세부담상한률	150%	150%	150%	200%/300%	300%

아파트 한 채부터 시작하는 부동산 절세

괄 150% 였던 것에 비해 매우 높은 수준이다. 공시가격 현실화와 맞물렸을 때 세부담상한률의 인상은 세금에 큰 영향을 미친다.

또한 여기에서 그치지 않고 세율 등이 한 차례 더 인상되었다.

이후 2020.07.10 대책을 통해 2019.12.16 대책에서 논의된 인상폭보다 더 크게 상향되었다. 결국 8월에 법안이 통과되어 1주택과 다주택모두 세율이 크게 인상되었다.

특히 세부담상한률의 인상은 다주택자에게 큰 부담이다. 이론적으로는 다주택자의 경우 전년도에 부과된 보유세 대비 최대 3배까지 인상할수 있다. 결과적으로 공정시장가액비율 인상, 공시가격 현실화, 세율 인상, 세부담상한률 확대라는 4가지 변수가 2019년 부터 2021년 에 걸쳐 한번에 반영되는 구조다.

다만 공동명의에 따른 종부세는 조금 줄어들게 되었다. 1주택 단독명의인 경우 연령과 보유기간에 따라 최대 70%(21년부터는 최대 80%)의 세액공제를 받을 수 있고, 부부 공동명의인 1주택자는 각 6억 원씩 기본공제가 늘어나는 대신 연령과 보유기간에 따른 세액공제는 받을 수 없었다.

2021년부터는 부부 공동명의인 1주택자는 각 6억 원씩 기본공제만받고 세액공제를 받지 않는 것과 단독명의로 9억 원 기본공제에 고령자, 장기보유 세액공제를 받는 것 중 낮은 금액의 종부세를 내도록 선택권을주기로 했다. 앞으로 1주택자라면 주택을 취득할 때 배우자의 자금출처에 문제가 없다면 공동명의가 절세의 방법이 된다.

재산세와 종부세가
부과되는 날은 딱 하루다

　앞서 부동산 세금에서 타이밍이 중요하다는 이야기를 했다. 다시 자세히 정리하면 매년 6월 1일를 기준으로 소유자에게 1년치 재산세가 모두 부과된다. 또한 실제 고지와 납부는 7월과 9월에 한다. 따라서 6월 1일을 전후로 주택을 거래(매도 또는 매수)할 예정이라면 매도자는 5월 31일 이전에, 매수인은 이후에 거래하면 좋다. 이때 거래의 기준은 계약일이 아니라 소유권이전 등기일 또는 잔금일 중 빠른 날이다. 따라서 통상 계약 후 잔금일까지 2~3개월 소요된다 매년 3월 전후로 계약할 때는 이 점을 고려하여 중도금과 잔금을 조정해야 한다.

재산세와 종부세의 과세기준일은 기본 중의 기본이다

　물론 재산세는 매년 반복 부과되기 때문에 다른 세금에 비해 작은 편이다. 하지만 역설적으로 작기 때문에 절세하기 수월하다. 또 보유세는 꾸준히 상승 중이기 때문에 집이 여러 채라면 반드시 알아두어야 하는 규정이다.

예를 들어 매도인이 6월 1일이라는 기준을 모른 채 6월 2일에 잔금을 받고 소유권을 넘긴 경우, 7월과 9월에 고지서는 매도인에게 갈 것이다. 그때까지 재산세 문제를 인지하지 못했다면 매도인은 그제서야 억울하다고 느낄 것이다. 본인은 1년 중 6개월만 가지고 있었는데 1년치 재산세를 다 내야 하기 때문이다.

7월과 9월에 고지서가 나온 다음 다시 매수인을 만나서 재산세를 일할로 정산하자고 하기에는 대부분 그 금액이 경미하기 때문에 체념하고 납부하기 마련이다. 게다가 계약할 때는 통상 인지하지 못하지만, 주택매매계약서에는 '지방세의 납부의무 및 납부책임은 지방세법의 규정에 의한다.'는 조항이 있다. 여기에 날인한 이상 법적으로도 6월 1일 시점 소유자인 매도인이 모두 내야 한다.

지방세법은 과세기준일 현재의 소유자에게 재산세를 부과하게 되어 있고, 과세기준일은 매년 6월 1일이다(지방세법 제107조, 제114조 참조). 대개의 경우 매매계약 때 당사자들은 '지방세법에 의한다.'는 의미가 이러한 결과를 초래한다고 인지하지 못한다.

결국 매도인은 그 집을 가지고 있지 않았음에도 1월 1일부터 12월 31일까지 1년치 재산세를 모두 내야 한다. 종부세도 마찬가지다. 따라서 부동산을 사고팔 때 이제부터 6월 1일을 꼭 기억하자.

2021년 주택 종부세는
얼마나 커질까요?

1주택자의 종부세 부담도 커졌다

2018년부터 여러 번 세법이 개편되어 종부세가 큰 폭으로 증가했다. 게다가 서울 및 수도권의 집값 자체가 많이 올랐다. 여기에 공시가격도 시세에 맞춰 상승하면서 서울 강남 외에 다른 지역 1주택자가 종부세 대상이 되기도 했다. 기존 고가주택이 많은 강남의 경우도 1주택자의 종부세 부담이 상당히 증가했다.

다음 표는 주요 아파트의 2017년부터 2021년까지의 보유세를 시뮬레이션한 것이다. 실제 계산된 세액을 보면 세금이 얼마가 나올지 알고 있는게 얼마나 중요한지 알 수 있다.

구분	아파트명	반포자이	아크로리버파크	잠실주공5	한남더힐
	전용면적(㎡)	84	112.96	82.61	235.31
공시가격	2017년	1,192,000,000	1,872,000,000	1,096,000,000	3,176,000,000
	2018년	1,312,000,000	2,032,000,000	1,256,000,000	3,184,000,000
	2019년	1,576,000,000	2,480,000,000	1,368,000,000	3,192,000,000
	2020년	2,037,000,000	3,097,000,000	1,650,000,000	3,720,000,000
	2021년(10% 인상 가정)	2,240,700,000	3,406,700,000	1,815,000,000	4,092,000,000
2017년	재산세 등	3,678,240	6,207,840	3,321,120	11,058,720
	종부세 등	728,832	2,958,912	489,216	11,205,696
	보유세 합계	**4,407,072**	**9,166,752**	**3,810,336**	**22,264,416**
2018년	재산세 등	4,124,640	6,803,040	3,916,320	11,088,480
	종부세 등	1,028,352	3,742,272	888,576	11,264,064
	보유세 합계	**5,152,992**	**10,545,312**	**4,804,896**	**22,352,544**
17년 ▶ 18년 보유세 상승률		16.93%	15.04%	26.10%	0.40%
늘어난 보유세		745,920	1,378,560	994,560	88,128
2019년	재산세 등	5,106,720	8,469,600	4,332,960	11,118,240
	종부세 등	2,293,488	6,871,248	1,475,856	18,478,944
	보유세 합계	**7,400,208**	**15,340,848**	**5,808,816**	**29,597,184**
18년 ▶ 19년 보유세 상승률		43.61%	45.48%	20.89%	32.41%
늘어난 보유세		2,247,216	4,795,536	1,003,920	7,244,640
2020년	재산세 등	6,628,824	10,764,840	5,382,000	13,082,400
	종부세 등	4,196,808	11,723,112	2,993,544	26,688,960
	보유세 합계	**10,825,632**	**22,487,952**	**8,375,544**	**39,771,360**
19년 ▶ 20년 보유세 상승률		46.29%	46.59%	44.19%	34.38%
늘어난 보유세		3,425,424	7,147,104	2,566,728	10,174,176
2021년 (예상)	재산세 등	7,579,404	11,916,924	5,995,800	14,466,240
	종부세 등	7,974,612	20,774,412	6,013,116	40,128,768
	보유세 합계	**15,554,016**	**32,691,336**	**12,008,916**	**54,595,008**
20년 ▶ 21년 보유세 상승률		43.68%	45.37%	43.38%	37.27%
늘어난 보유세		4,728,384		3,633,372	14,823,648

다주택자의 종부세는 더 빠르게 상승 중이다

특히 특정 지역 다주택자의 경우 1주택자에 비해서 종부세의 증가 폭이 훨씬 커졌다. 세율 자체도 더 높지만 세부담상한률이 1주택의 150%보다 높은 300%로 적용되기 때문이다. 즉 공시가격, 공정시장가액비율, 주택수, 세율의 변화로 전년도 세액의 최대 3배까지 세금을 더 낼 수도 있다.

⋮ 다주택자에 대한 종부세 증가율 분석 ⋮

사례 구분		2주택 사례 1		3주택 사례		
구분	아파트명	마포래미안 푸르지오	은마	아크로리버파크	은마	잠실주공5
	전용면적(m²)	84.5978	84.43	112.96	84.43	82.51
공시가격	2017년	617,000,000	872,000,000	1,872,000,000	872,000,000	1,096,000,000
	2018년	680,000,000	1,016,000,000	2,032,000,000	1,016,000,000	1,256,000,000
	2019년	848,000,000	1,104,000,000	2,480,000,000	1,104,000,000	1,336,000,000
	2020년	1,077,000,000	1,533,000,000	3,097,000,000	1,533,000,000	1,650,000,000
	2021년(10% 인상 가정)	1,184,700,000	1,686,300,000	3,406,700,000	1,686,300,000	1,815,000,000
2017년	재산세 등	1,539,240	2,487,840	6,207,800	2,487,840	3,321,120
	종부세 등	2,990,919		19,334,527		
	보유세 합계	7,017,999		31,351,327		
2018년	재산세 등	1,773,600	3,023,520	6,803,040	3,023,520	3,916,320
	종부세 등	4,028,423		22,732,972		
	보유세 합계	8,825,543		36,475,852		
17년 ▶ 18년 보유세 상승률		25.76%		16.35%		
	늘어난 보유세	1,807,544		5,124,525		
2019년	재산세 등	2,275,440	3,350,880	8,469,600	3,350,880	4,213,920
	종부세 등	10,815,167		58,771,910		
	보유세 합계	16,441,487		74,806,310		
18년 ▶ 19년 보유세 상승률		86.29%		105.08%		
	늘어난 보유세	7,615,943		38,330,458		
2020년	재산세 등	3,096,792	4,356,144	10,764,840	4,356,144	5,382,000
	종부세 등	23,287,059		86,761,918		
	보유세 합계	30,739,995		107,264,902		
19년 ▶ 20년 보유세 상승률		86.97%		43.39%		
	늘어난 보유세	14,298,508		32,458,592		
2021년	재산세 등	3,651,084	5,517,036	11,916,924	5,517,036	5,995,800
	종부세 등	61,693,660		233,740,763		
	보유세 합계	70,861,780		257,170,523		
20년 ▶ 21년 보유세 상승률		130.52%		139.75%		
	늘어난 보유세	40,121,785		149,905,621		

법인도 종부세에서 자유로울 수 없다

개인뿐 아니라 법인의 경우에는 2020.06.17 대책과 2020.07.10 대책으로 종부세 부담이 더 커졌다. 법인이 장기사원용 주택 등 예외를 제외하고 투자(투기) 목적의 주택 구입을 강력히 규제한 것이다.

2021년부터 법인은 종부세 세율에서 가장 높은 세율인 3%(2주택 이하 조정대상지역 2주택은 제외), 6%(3주택 이상 및 조정대상지역 2주택)를 모든 과세표준 구간에서 단일세율로 적용하여 종부세가 부과된다.

또한 법인은 종부세를 계산할 때 개인에게 적용하는 6억 원의 기본공제도 적용하지 않고, 세부담상한도 무제한으로 하기로 했다. 그야말로 법인이 주택을 구입하면 세금 폭탄을 맞을 수 있다.

예를 들어 시세 20억 원, 공시가격 16억 5,000만 원(2020년 기준)인 서울 송파의 주택을 법인으로 보유한 경우 2020년 종부세는 약 450만 원(농특세 포함)이었지만, 2021년에는 약 5,200만 원을 내야 한다. 이 정도의 종부세를 부담하기는 쉽지 않아 보인다.

공시가격 현실화,
종부세를 미리 체크하자

종부세 인상에서 가장 중요한 이슈 중 하나는 공시가격 현실화다. 지역별, 물건별로 편차가 있지만 공시가격 상승률은 과거 점진적인 편이었다. 즉 공시가격의 연 상승률은 매년 예측 가능한 수준이었다.

공시가격 현실화의 현주소

표준단독주택은 연 4~5% 수준이 일반적이었다. 그런데 2019년 표준단독주택의 공시가격은 9.13%가 올랐다. 이 중 서울은 17.75%, 대구 9.18%, 광주 8.71%, 제주 7.62%의 상승률을 보였다. 서울의 구별로 보면 용산 35.4%, 강남 35.1%, 마포 31.2%, 서초 22.99%였다.

공동주택도 2019년 공시가격 상승률은 2007년 이후 가장 높았다. 전국 공동주택은 5.24%였는데, 서울은 평균 14.02% 상승했고, 서초·강남·

송파·강동은 15.18%, 마포·용산·성동은 17%를 기록했다. 그간 공동주택의 연평균 공시가격 상승률이 5~6% 수준이었던 데 비하면 매우 높아졌다.

사실 지금까지 실거래 시세 대비 공시가격이 보편적으로 낮은 편이었다. 실제로 2019년에 공시가격의 상승률이 높았지만, 실거래 시세 대비 공동주택의 시세 반영률은 평균 68.1%, 단독주택은 53%에 불과하다(국토교통부 발표 기준).

여전히 공시가격은 시세에 비하면 낮은 편이다. 따라서 실제 시세가 높아진 만큼 공시가격도 조정되어야 한다. 재산세 등 보유세 자체가 잠재된 재산의 가치를 보고 과세하는 세금이므로 상대적으로 비싼 부동산을 소유한 경우에는 그에 상응하여 보유세도 더 많이 내야 한다.

보유하고 있던 집이 폭탄이 될 수 있다

그런데 문제는 과세의 상승 속도다. 2018년과 2019년에 공시가격이 급격히 상승했다. 특히 단독주택은 공동주택에 비해 현실화율이 더 낮았다는 이유 때문에 2019년 공동주택보다도 상승률이 높았다. 결과적으로 최근 공동주택과 단독주택 소유자 모두 공시가격에 대한 불만이 늘었다.

2019년 공시가격 열람 후 공동주택의 경우 이의신청 건수는 2만 8,735건에 달했다. 이는 2018년 1,290건 대비 22배 늘어난 수치다. 표준 단독주택에도 2018년 43건이던 이의신청 건수는 2019년에 431건으로 크게 증가했다. 전국적으로 431건이라면 많지 않아 보일 수 있지만 공동주택이 약 1,339만 호인데 비해 표준단독주택은 22만 호라는 점을 고려하면 오히려 단독주택 쪽이 전년 대비 이의신청 상승률이 높다.

대개 단독주택 보유자들은 고령의 장기보유자이며 고정적인 현금 흐름이 거의 없는 은퇴자가 많다. 이 때문에 단독주택 공시가격 이의신청 비율이 높았을 것이다.

보유세와 관련된 논란은 현재 진행 중

보유세 논란은 여기서 그치지 않았다. 보유세의 급격한 증가가 주택 가격 안정화로 이어질지 혹은 이어졌는지에 대한 논란도 거세게 일었다. 실질적으로 집값의 급격한 상승을 막는 데 보유세 개편만으로는 역부족이었다. 오히려 이에 대한 조세 저항 등 반발만 크게 키운 양상이 됐다. 따라서 공시가격 현실화와 종부세 등 보유세의 인상은 속도면에서 좀 더 점진적으로 길고 꾸준하게 갔더라면 하는 아쉬움이 남는다.

어쨌든 이러한 추세를 납세자가 막을 수는 없다. 단지 부동산 투자자로서는 향후 부동산 투자 시 반드시 종부세에 대한 부담을 고려해야 할 뿐이다. 아무리 부동산 가격이 올라간다고 하더라도 매년 고정적인 현금 흐름이 없다면 종부세를 감당하기 어려우므로 버틸 재간이 없기 때문이다.

특히 주택의 경우 전세로 임대를 주고 있다면 향후에 자본이득이 기대된다 하더라도 고정수입은 거의 발생하지 않기 때문에 반드시 종부세 부담을 따져봐야 한다.

토지에 붙는 보유세는
건물과 다르다

주택의 부수토지를 제외한 토지에 대해서는 따로 재산세, 도시지역분 재산세, 지방교육세가 부과된다. 즉 빌딩 등 상가건물은 토지에 대한 보유세와 건물에 대한 보유세가 각각 따로 부과된다. 그리고 일정 규모를 초과하는 토지의 소유에 대해서는 역시 종부세와 농어촌특별세가 부과된다.

토지의 공시가격을 확인하는 방법

토지의 공시가격은 표준지 공시지가와 개별공시지가로 구분된다. 이 두 가지는 사실상 같은데 정부가 가격을 평가하는 데 차이만 있을 뿐이다.

표준지 공시지가는 국토교통부장관이 매년 1월 1일을 기준으로 전국의 토지 중 표준지로 선정한 토지를 평가하여 공시하는 가격을 말한다. 이 표준지 공시지가를 참고하여 표준지가 아닌 나머지 토지에 대해 각 시장·군수·구청장이 개별공시지가를 평가하여 공시한다.

결국 이 두 가지 공시지가는 같아진다. 다만 표준지 공시지가가 먼저 결정·고시(매년 2월 말)되고, 이후 개별공시지가가 결정·고시(매년 5월 31일)되는 차이만 있을 뿐이다. 이 차이는 부동산의 양도세를 계산할 때는 영향을 미치지만 보유세는 어차피 하반기에 부과되므로 차이가 없다. 개념상 표준지 공시지가는 개별공시지가에 포함된다.

: 토지의 공시지가 열람도 가능한 일사편리 :

※ 일사편리 홈페이지(kras.go.kr)

아파트 한 채부터 시작하는 부동산 절세

토지 재산세의 세율과 세액계산법

공시가격을 확인했으면 이제 재산세를 구할 수 있다. 토지에 대한 재산세의 경우 공시가격(=시가표준액)에 재산세의 공정시장가액비율 70%를 곱한 금액이 과세표준이다. 이 과세표준에 해당 세율을 곱하면 재산세가 나온다. 공정시장가액비율은 다르지만 계산법은 주택의 경우와 동일하다.

∴ 토지 재산세 세율 ∴

구분		과세표준	세율 및 세액계산	간편계산법
분리과세토지	농지, 목장, 임야	단일세율	0.7%	과세표준×0.7%
	공장용지		0.2%	과세표준×0.2%
	골프장 등		0.4%	과세표준×0.4%
별도합산 토지		2억 원 이하	0.2%	과세표준×0.2%
		2억 원 초과~10억 원 이하	40만 원+2억 원 초과금액의 0.3%	과세표준×0.3% − 20만 원
		10억 원 초과	280만 원+10억 원 초과금액의 0.4%	과세표준×0.4% −120만 원
종합합산 토지		5,000만 원 이하	0.2%	과세표준×0.2%
		5,000만 원 초과 ~ 1억 원 이하	10만 원+5,000만 원 초과금액의 0.3%	과세표준×0.2% −5만 원
		1억 원 초과	25만 원+1억 원 초과금액의 0.5%	과세표준×0.3% −25만 원

세율은 토지의 종류에 따라 달라진다. 토지는 별도합산대상 토지와

종합합산대상 토지로 구분한다. 별도합산대상 토지란 건물 등의 부수토지를 말하며, 종합합산대상 토지는 나대지 등 비사업용토지를 말한다. 토지의 종류별로 계산된 과세표준에 각 세율을 곱하면 재산세가 나온다.

토지도 세부담상한과 종부세가 있다

이렇게 계산된 재산세는 전부 부과되지 않고 전년도 재산세 부과액의 일정 배율만큼만 부과된다. 재산세에 대한 세부담상한률이 적용되기 때문이다.

토지에 대한 재산세 세부담상한은 150%다. 즉 전년도에 부과된 재산세의 최대 1.5배까지만 부과된다. 그리고 세부담상한이 적용되어 실제로 부과되는 금액에 대해 20%의 지방교육세가 부가세로 추가된다.

주택과 마찬가지로 토지에도 재산세 외에 도시지역분 재산세가 추가로 부과되는데 도시지역분 재산세는 재산세의 과세표준(공시가격×공정시장가액비율 70%)에 단일세율 0.14%로 부과된다.

도시지역분 재산세도 동일하게 전년도 부과액의 세부담상한 150%가 적용된다. 결과적으로 토지에 대한 재산세도 재산세, 지방교육세, 도시지역분 재산세로 계산된다.

보유한 토지의 가격이 일정금액이 넘는 경우 주택처럼 종부세가 부과된다. 별도합산대상 토지의 경우 기본공제가 80억 원이고, 종합합산대상 토지는 기본공제가 5억 원이다. 따라서 각각 이 금액이 넘는 토지를 보유한 경우에만 종부세 대상이 된다.

토지에 대한 종부세 중 종합합산대상 토지는 2008년도부터 주택과 함께 공정시장가액비율을 80%로 했다. 그리고 별도합산대상 토지는 2009년 70%, 2010년 75%, 2011년 이후 80%를 적용했다. 이후 이 두 가지가 통합되어 2022년 최종 100%를 목표로 2019년 85%, 2020년 90%, 2021년 95%가 적용된다.

토지에 대한 종부세는 인별로 전국에 보유한 토지의 공시가격에서 기본공제(80억 원 또는 5억 원)를 빼고 연도별 공정시장가액비율을 곱한 후 세율을 곱하여 계산한다. 별도합산대상 토지는 구간별로 0.5~0.7% 세율이 적용되고 종합합산대상 토지는 구간별로 1~3%의 세율을 곱하여 계산한다.

토지에 대한 종부세 중 별도합산대상 토지는 기본 공제금액이 80억 원이므로 일반적으로 투자 시 고려하지 않아도 된다. 하지만 종합합산대상 토지는 기본 공제금액이 5억 원이다. 나대지 등의 비사업용토지가 여기에 해당된다.

따라서 일정 규모 이상의 나대지를 보유했다면 비교적 작은 규모라도 종부세가 부과될 수 있다. 건물의 철거, 신축 등의 계획을 세워야 할 일이 있다면 이를 같이 고려해야 한다. 단 대지나 빌딩 투자를 염두에 두고 있지 않다면, 이 부분은 넘어가도 좋다.

주택 임대에 따른
임대소득세

2017.08.02 주택시장안정화 방안 발표 이후 주택임대사업자 등록이 큰 폭으로 늘었다. 2018년 3월에는 양도세 중과를 앞두고 한 달간 35,006명이 신규 임대주택사업자로 등록했다. 이는 2016년 3월 한 달간 등록한 4,363명의 8배에 달한다.

2019년 한 해 동안에는 7만 4,000명이 신규 등록했고, 임대주택은 14만 6,000호 증가했다. 2019년 말 기준, 주택임대사업자등록은 누적 48만 1,000명이며 등록된 주택수는 150만 8,000호이다(국토교통부 보도자료).

그런데 주택임대사업을 등록하는 수가 점점 늘어나고 있지만, 아직 등록하지 않은 임대주택의 수가 훨씬 더 많다고 추정한다. 국토교통부는 2018년 기준, 다주택자의 임대주택을 516만 호로 추정하고 있으므로 약 70%가 등록하지 않은 셈이다.

주택임대사업자 등록자수가 적은 이유는 무엇일까? 여러 가지가 있겠지만 등록할 경우 전세금, 임차보증금 및 월 임대료 소득이 드러나기 때문으로 유추한다. 임대소득이 드러나면 임대소득세는 물론 부수적으로 건강보험료 등 각종 부담도 늘기 때문이다.

주택을 보유하는 동안 임대를 주어 소득이 발생했다면 소득세를 내야한다. 임대소득세는 금융소득, 근로소득 등과 함께 종합소득 중 하나인 사업소득이다. 따라서 임대소득이 발생하는 경우 종합소득세 신고를 해야 한다.

전세보증금도 임대소득세가 붙을 수 있다

다만 주택을 임대한 경우에는 전부 과세 대상이 아니라 일정한 경우에만 소득세를 부과한다. 우선 1채인 경우 원칙적으로 임대소득세 과세 대상이 아니다. 다만 공시가격 기준 9억 원이 넘는 경우 월세로 임대를 놓고 있다면 과세 대상이다. 2채인 경우 집의 가격, 규모와 상관없이 월세를 받는다면 과세 대상이지만 전세로만 임대를 놓고 있다면 과세 대상이 아니다.

3채 이상에 월세를 놓고 있다면 규모와 상관없이 과세 대상이다. 또 보증금(또는 전세금)에 대해서도 소득세를 내야 한다. 구체적으로 보증금 합계액 중 3억 원을 초과하는 금액에 대해 간주임대료를 소득으로 본다. 간주임대료는 실제로 임대료(월세)를 받지는 않았지만, 받은 전세금을 은행에 예치했다면 받을 수 있는 이자 상당액만큼을 월세로 보는 것이다.

보유주택수[1)	임대료	보증금(간주임대료)
1채	과세 × (단, 9억 원 초과 고가주택은 과세)	과세 ×
2채	과세 ○	과세 ×
3채[2)	과세 ○	보증금합계액 ≤ 3억 원: 과세 × 보증금합계액 > 3억 원: 과세 ○

1) 주택수를 판단할 때는 부부합산, 구분등기 안 된 다가구주택은 1채로 간주, 인별로 세금 계산
2) 60㎡ 이하&기준시가 3억 원 이하 주택은 2018년 12월 31일까지 주택수와 보증금에서 제외
  40㎡ 이하&기준시가 2억 원 이하 주택은 2021년 12월 31일까지 주택수와 보증금에서 제외

임대소득세 부과 기준이 되는 주택수 계산법

주택의 임대소득세를 계산할 때 보유 주택수는 부부를 기준으로 판단한다. 그런데 주택수를 판단할 때는 부부의 집수를 합하여 판단하지만, 세금 계산은 인별로 따로 한다.

그리고 다가구주택은 전체를 1채로 보고, 다세대주택은 각 호를 1채로 본다. 전용면적을 기준으로 40㎡ 이하이고 기준시가가 2억 원 이하인 주택은 2021년 12월 31일까지는 주택수와 보증금을 임대소득세에서 제외해준다.

소득세는 다음 년도 5월 말에 신고하게 되므로 이러한 소형 주택은 2022년부터 주택수와 임대소득에 포함하면 된다. 최근 극소형 주택이 임대주택으로 인기인 이유가 여기에 있다.

주택수를 계산할 때 지분으로 소유하고 있는 공유주택은 어떻게 될

까? 공유주택은 최다지분자의 소유로 계산한다. 최다지분자가 2인 이상인 경우에는 각자의 소유로 계산하되 그중 1인을 해당 주택의 귀속자로 정했다면 그 사람의 집으로 본다.

하지만 해당 주택임대소득이 연 600만 원 이상이거나 기준시가 9억 원을 초과하는 경우 지분이 30%를 넘는다면 주택수에는 포함된다.

∴ **지분공유주택의 주택수 계산 사례** ∴

구분		사례1	사례2
사례 내용		본인은 부모소유주택에 부모와 동거 • A주택: 단독소유, 월세 50만 원(연 600만 원) 보증금 1억 원 • B주택: 공유주택(지분률 40% 최대지분자는 아님), 월세 130만 원(연 1,560만 원, 보증금 2억 원)	• A주택: 단독소유(본인 거주) • B주택: 단독소유, 월세 100만 원(연 1,200만 원, 보증금 5억 원) • C주택: 공유주택(기준시가 12억 원 지분률 35%, 최다지분자는 아님, 보증금 10억 원 전세)
주택수	현행	1주택(A) B주택은 최다지분자가 아니어서 제외	2주택(A, B) C주택은 최다지분자가 아니어서 제외
	개정	2주택(A, B) B주택의 연 임대소득이 600만 원 이상인 624만 원*이므로 주택수에 가산	3주택(A, B, C) C주택의 기준시가가 9억 원을 초과하고 지분률이 30%를 초과하여 주택수에 가산
과세 여부	현행	비과세	(월세액) 과세 (B)
	개정	(월세액) 과세 (보증금) 비과세	(월세액) 과세 (B) (보증금) 과세 (B, C)

* 연 월세 총액 1,560만 원 × 지분률 40% = 624만 원
※ 2019년 기획재정부 세법개정안 보도자료

주택의 임대소득금액은 어떻게 계산할까?

먼저 총수입을 계산해야 하는데 임대료(월세)에 임대보증금(전세금)에 대한 간주임대료를 더한다. 간주임대료는 부부 기준 3채 이상일 때 받은 임대보증금을 합하고 3억 원을 차감한다. 여기에 60%를 곱한다.

즉 보증금의 경우 이자상당액을 월세로 보고 과세하지만 100% 과세하는 것이 아니라 60%만 과세된다. 여기에 정기예금이자율에 해당하는 이율을 곱하는데 2020년 3월 31일부터 현재 1.8%다. 이 이율은 시행규칙(기획재정부장관령)으로 정하는데 시중 이율의 변화에 따라 바뀐다. 최근 직전까지는 2.1%였다.

중간에 새로 임대를 놓았거나 중간에 나간 경우 해당 날짜만큼만 이자를 계산한다. '적수/365'라고 표기된 부분이 이에 해당한다.

: 주택 임대에 따른 총소득 금액 계산식 :

주택임대업 소득금액 = 총수입금액 − 필요경비
총수입금액 = 임대료 + 간주임대료
① 임대료 = 전액(단, 고가주택이 아닌 1주택의 임대수입은 비과세)
② 간주임대료 = (임대보증금 − 3억 원)×60%×적수/365[1]×정기예금이자율(1.8%[2])

1) 윤년의 경우 366
2) 2020년 6월 19일 기준

이렇게 계산된 주택임대의 총수입금액에 대해 소득세를 부과한다. 이 총수입금액이 연간 2,000만 원이 넘는지 여부에 따라 과세 방식이 달

아파트 한 채부터 시작하는 부동산 절세

라지는데 그 기준은 아래와 같다.

: 주택 임대에 대한 소득세 과세 방법 :

총수입금액	2018년 12월 31일 이전	2019년 1월 1일 이후
연 2,000만 원 이하	비과세	분리과세
연 2,000만 원 초과	종합과세	종합과세

※ 분리과세하지 않고 종합소득세로 신고할 수 있음(선택사항)

　　2018년까지는 주택을 임대하고 총수입금액이 연 2,000만 원을 넘지 않으면 임대소득에 대해 과세하지 않았다. 2019년부터는 2,000만 원 이하라도 이제 소득세를 내야 한다. 그 소득에 따른 세액 계산은 다음과 같다.

: 분리과세 임대소득 세액 계산 :

> **2,000만 원 이하 분리과세 주택임대소득 세액 = (수입금액×50%[1] − 200만 원[2])×15.4%**

1) 임대사업자등록하고 연 임대료 인상 기준 5% 준수 시 40%(미등록 시 50% 차감)
2) 주택임대소득을 제외한 다른 종합소득금액이 2,000만 원 이하인 경우만 200만 원 공제
　등록임대주택은 2,000만 원 이하일 때 400만 원 공제
　(= 등록 시 월 83만 원, 미등록 시 월 33만 원 이하면 비과세)

: 주택임대소득세의 계산 사례 :

구분		사례1		사례2	
보유주택		2주택 소유자 • A주택: 본인 거주 • B주택: 월세 100만 원(연 1,200만 원), 보증금 5억 원		3주택 소유자 • A주택: 본인 거주 • B주택: 월세 100만 원(연 1,200만 원) • C주택: 보증금 10억 원	
과세 대상		월세만 과세		월세와 보증금 과세	
수입금액(①)		1,200만 원		1,956만 원 (월세 1,200만 원＋간주임대료 756만 원[1])	
필요 경비 (②＝①×60%)		720만 원		1,173만 6,000원	
공제금액(③)		400만 원		400만 원	
과세표준 (④＝①－②－③)		80만 원		382만 4,000원	
산출세액 (⑤＝④×14%)		11만 2,000원		53만 5,360원	
결정세액 (⑥＝⑤× (1－감면률))	4년 이상	현행(감면률 30%)	78,000원	현행(감면률 30%)	374,752원
		개정(감면률 20%)	90,000원	개정(감면률 20%)	428,288원
		증가액	12,000원	증가액	53,536원
	8년 이상	현행(감면률 75%)	28,000원	현행(감면률 75%)	151,500원
		개정(감면률 50%)	56,000원	개정(감면률 50%)	267,680원
		증가액	28,000원	증가액	116,180원

※ 출처: 2019년 세법개정안 문답 자료 수정, 기획재정부
1) 보증금 10억 원에 대한 간주임대료 ＝ (10억 원－3억 원)×60%×1.8%

아파트 한 채부터 시작하는 부동산 절세

세금보다 더 무서운 건강보험료

사실 세금보다 임대소득으로 건강보험료가 크게 증가할 수 있는 점이 더 큰 문제다. 통상 다른 소득이 없어 배우자나 자녀의 직장의료보험 피부양자로 등록되어 있는 경우, 주택임대소득 때문에 지역가입자로 전환되어 건강보험료가 크게 오를 수 있다.

건강보험료 피부양자 자격 박탈 기준

① 주택임대사업자 등록 전

재산세 과세표준*	이자, 배당, 근로, 연금, 기타소득 합계	피부양자 자격
–	3,400만 원 초과	박탈
9억 원 초과	–	박탈
5.4억 초과~9억 원 이하	1,000만 원 초과	박탈
	1,000만 원 이하	유지
5.4억 원 이하		유지

* 재산세 과세표준 = 부동산 시가표준액×[70%(토지·건물) 또는 60%(주택)]

② 주택임대사업자 등록 후

- 이자, 배당, 근로, 연금, 기타 소득 외의 사업소득이 있는 경우 박탈
- 보험설계사, 학원강사, 유흥업 종사자 등 인적용역사업자는 소득금액 500만 원이 넘을 경우 박탈

앞으로 임대사업자는 어떻게 해야 하나요?

임대에 대한 소득세 규정으로 2020년 1분기 해당 안내를 받은 다주택자들은 혼란에 휩싸였다. 2,000만 원 이하 소액의 임대수입이라 여태껏 임대소득세는 신경 쓰지 않았는데, 2020년부터는 정말 정직하게 신고해야 하는지 고민인 것이다. 설마 나 하나쯤 금액도 얼마 되지 않는데 세금을 내야 하나 의문을 품은 사람이 많다. 한마디로 그동안 안 내고 잘 살아왔는데 갑자기 내게 된 세금으로 여기는 셈이다.

주택임대사업자로 등록할 경우 주택임대소득에 대한 세금과 건강보험료를 내야 하는 부담이 생긴다. 하지만 주택임대에 대한 소득은 생각만큼 크지 않더라도 분리과세와 각종 경비공제, 낮은 세율이 적용될 수 있다.

예컨대 임대등록 시 월세 100만 원이면 소득세는 약 12만 원이 나온다. 어차피 낼 세금이라면 서둘러 임대사업자로 등록해서 소득세는 물론 건강보험료까지 감면받는 편이 더 유리할 수 있다.

임대소득세 감면은 국민주택규모 이하이고 임대개시일의 공시가격 6억 원 이하라면 2022년분 소득까지 30% 또는 75%를 감면받을 수 있다. 다만 임대주택 등록 시 의무임대 기간(10년)이 있으므로 계속 보유할 수 있을지는 고려해야 한다. 의무임대 기간 중 양도하거나 직접 사용할 경우에는 과태료(최대 3,000만 원)가 있기 때문이다. 또한 2020년 7월 11일 이후 아파트는 임대주택 등록이 불가능하다. (임대사업자와 관련된 세금은 6장 참고)

게다가 2021년 6월 1일부터 전월세 거래 신고제가 시행된다. 따라서 앞으로 주택임대소득은 더 이상 숨기는 것이 능사가 아니다. 경우에 따라선 해당 임대주택의 앞으로 보유 기간과 공시가격, 면적 등을 고려하여 민간임대주택에 관한 특별법에 따라 임대주택으로도 등록해서 적극적으로 대응하는 것도 방법이다.

임대사업자 등록을 하지 않으면 어떻게 되나요?

2020년 초 세무당국은 2주택 이상 소유자에게 일괄적으로 임대사업자등록 및 소득세 신고를 하도록 안내했다. 사업자등록을 하지 않을 경우 2020년부터 주택임대수입금액의 0.2%를 사업자 미등록가산세로 부과한다.

이때의 사업자등록은 구청이 아닌 세무서 사업자등록을 말한다. 사실 사업자 미등록 가산세 0.2%는 그렇게 크지 않다. 월 100만 원의 월세를 받는다면 연간 1,200만 원의 0.2%는 24,000원이다.

다만 이와 별도로 임대소득에 대한 세금(분리과세 시 경비를 제외한 금액의 15.4%, 종합과세 시 경비 제외한 금액의 6~42%)을 내야 하고, 미신고 시 소득세 가산세(미신고 가산세 20%와 납부불성실가산세 일 2.5/10000)를 내야 한다.

4장

부동산
처분 단계에서
내는 세금

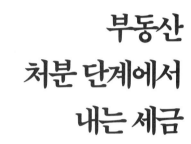

부동산 절세의 핵심:
양도세

∶ 부동산 거래 처분 단계에서의 세금 ∶

취득	보유	처분
부가가치세	재산세 (지방교육세, 지역자원시설세)	양도소득세 (지방소득세)
취득세 (지방교육세, 농어촌특별세)	종합부동산세 (농어촌특별세)	상속 · 증여세
무상취득인 경우 상속세 또는 증여세	임대를 놓는 경우 종합소득세	부동산 매매를 주업으로 하면 종합소득세

아파트 한 채부터 시작하는 부동산 절세

양도세는 부동산 세금 중에서 가장 중요하다. 투자자로서 가장 많이 공부해야 하고 정확히 이해하고 있어야 한다. 이 책에서도 양도세를 설명하는 데 가장 많은 부분을 할애했다.

양도세가 부동산 세금에서 중요한 이유는 간단하다. 그 금액이 크기 때문이다. 그리고 다른 어떤 세금보다 복잡하기 때문이다. 세액이 크고 복잡하다는 것은 뒤집어 말하면 공부와 연구를 통해 세금을 크게 아낄 수 있다는 말이기도 하다.

양도의 종류에 따라 달라지는 신고·납부 시기

세법이 정한 모든 소득에는 소득세가 발생한다. 그리고 소득이 있다면 세금을 신고하고 납부해야 한다. 부동산을 양도하는 경우 이익을 얻었다면 역시 양도세를 신고·납부해야 한다. 그렇다면 양도세는 언제까지 신고하고 납부해야 할까?

첫째, 토지와 건물 또는 분양권 등의 양도

양도일이 속하는 달의 말일부터 2개월 이내에 양도소득세 예정신고를 해야 한다. 예를 들어 2018년 3월 30일에 잔금을 받고 소유권이전을 했다면 5월 31일까지 신고·납부하면 된다.

둘째, 전세보증금이나 대출 같은 채무를 끼고 증여하는 부담부증여

증여일이 속하는 달의 말일부터 3개월 이내에 신고·납부하면 된다.

부담부증여는 일부는 증여이고 일부는 양도(수증자가 인수하기로 한 전세보증금을 양도가액으로 간주)이기 때문에 양도에 대한 세금이 발생한다.

셋째, 토지거래계약 허가구역 안에 있는 토지로 토지거래허가를 받기 전에 잔금을 받은 경우

잔금일이 아니라 토지거래허가일이 속하는 달의 말일부터 2개월 이내에 신고·납부하면 된다. 반대로 잔금(소유권이전) 전에 토지거래 허가를 받은 경우에는 잔금일부터 2개월이 된다.

이렇게 양도 후 일정기한(2개월 또는 3개월) 내에 양도세를 신고·납부하는 것을 예정신고라고 한다. 만일 같은 연도에 부동산 2건을 양도한다면 앞서 양도한 것과 뒤에 양도한 것을 합산하여 신고한다.

또한 양도세 예정신고 후 다음 연도 5월 1일부터 5월 31일 사이에는 확정신고를 해야 한다. 다만 예정신고를 했고 세액이 달라지지 않았다면 확정신고는 하지 않아도 된다.

신고·납부 하지 않으면 어떤 불이익이 있나?

신고를 하지 않으면 신고불성실가산세가 부과된다. 일반 무신고(20%), 적게 신고한 경우(10%), 부정행위로 인한 무신고(40%)에 따라 각각 가산세가 부과된다.

또한 납부불성실가산세가 1일 2.5/10,000의 율(1년 9.125%)로 부과된다. 때에 따라 세금을 납부할 자금이 당장 없다면 신고불성실가산세를 물지 않기 위해서 신고는 해놓고 납부만 하지 않는 방법도 있다.

만약 세금을 적게 신고했거나 신고하지 않았다면 수정신고나 기한후 신고로 가산세를 감면(10~50%)받을 수도 있다. 세금은 피하려고만 하기보다 먼저 어떤 세금을 내야 하는지 알고, 적극적으로 신고·납부하는 것이 세금을 줄이는 좋은 방법이기도 한 것이다.

부동산의 거래단계에서 보면 양도세는 부동산을 양도(처분)하는 단계에서 발생한다. 이때 무상으로 처분하는 경우라면 증여 또는 상속과 맞물려 여기에 대한 세금은 수증자 또는 상속인(상속받는 사람)들의 고민이 된다. 이에 대해선 뒤에 부동산의 상속과 증여에 대해 설명하기로 하고, 우선 유상 양도(처분)에 대해 살펴보자.

세금이 크면 분할해서 납부할 수 있다

신고한 세금을 납부할 때 납부할 세금이 1,000만 원이 넘으면 세금의 일부를 나누어 낼 수 있다. 세액이 1,000만원 초과 2,000만 원 이하일 때는 1,000만 원을 먼저 내고, 나머지를 2달 뒤에 납부할 수 있다. 세액이 2,000만 원이 넘을 때는 절반을 신고할 때 내고, 나머지를 2개월 뒤에 낼 수 있다. 이를 분할납부라 하는데 신고할 때 신청하면 된다(소득세법 제112조 참조).

양도에 해당하는 거래와
정확한 양도일

양도란 무엇인가?

부동산의 양도소득이란 개인이 부동산이나 기타권리(세법에서 열거한 것)를 양도함으로써 발생하는 소득을 말한다. 다시 말해 개인이 부동산을 팔 때 내는 세금이다. 세법상 양도의 개념(소득세법 제88조)은 '자산에 대한 등기 또는 등록에 관계 없이 매도·교환·법인에 대한 현물출자·수용 등으로 인하여 그 자산이 유상으로 사실상 이전되는 것'을 말한다.

따라서 무상이전인 증여나 상속의 경우엔 양도세가 과세되지 않고 증여·상속세가 따로 부과된다. 또한 등기를 하지 않아도 사실상 이전이 있으면 양도로 본다. 이를 실질과세원칙이라고 한다.

실무적으로는 어떤 것이 부동산 양도에 해당하고, 해당하지 않는지 혼동되는 경우도 꽤 있다. 양도에 해당하지 않는 줄 알았는데 양도에 맞는 경우 미신고로 가산세를 낼 수 있으니 주의해야 한다.

또한 개인이 부동산을 양도했는데 양도세가 아닌 다른 소득, 즉 종합소득세⦁로 부과되는 수도 있다. 부동산의 양도가 계속, 반복적으로 발생하여 '사업성'이 있다고 판단되면 종합소득세의 한 종류인 사업

> **종합소득세**
> 이자소득 · 배당소득(=금융소득),
> 사업소득, 근로소득, 연금소득, 기
> 타소득을 합산한 소득

소득 중 부동산매매업에 따른 소득으로 과세되기 때문이다. 소득세는 개인의 여러 가지 종류의 소득을 구분하여 종합소득세, 양도소득세, 퇴직소득세로 과세한다.

어떤 종류의 소득(양도세 또는 소득세)이 유리한지는 상황에 따라 다르다. 또한 어떤 부동산을 계속, 반복적으로 양도할 때 그것이 사업소득인지 양도소득인지 판단하는 기준도 상황에 따라 다르다.

부가가치세법에서는 1과세 기간(6개월)에 1회 이상 취득하고 2회 이상 양도한 경우를 사업성의 기준으로 본다. 다만 이 역시 절대적인 기준은 아니다.

양도의 종류에 따라 양도일이 다르다?

양도에 대한 개념을 알았다면, 양도(취득)의 시기, 시점도 알아야 한다. 양도 및 취득의 시기가 언제냐에 따라 양도세를 신고·납부해야 하는 시기도 알 수 있고, 양도세를 계산할 때 적용되는 보유 기간에 따른 비과세 여부, 장기보유특별공제율 등도 알 수 있기 때문이다. 다음 표는 부동산의 종류와 양도의 형태에 따른 양도 및 취득시기를 정리한 것이다.

구분	양도 및 취득 시기
유상양도	잔금청산일[1], 등기접수일, 수용개시일[2] 중 빠른 날
상속(유증 포함)	상속개시일
증여	증여받은 날(또는 증여등기접수일)
자가건설	사용검사필증 교부일, 사실상 사용일, 임시사용승인일 중 빠른 날
비상장주식	먼저 취득한 것부터 양도
경락자산	경매대금 완납일
점유취득(시효취득)	당해 부동산 점유개시일
가등기에 의한 본등기	본등기일
1985. 1. 1 이전 취득	1985. 1. 1 취득으로 의제(법률상 동일하다고 봄)

1) 대금을 청산한 날
2) 공익사업시행에 따른 수용의 경우

유상양도를 할 때

돈을 주고받으며 부동산을 사거나 판 경우, 양도(취득) 시기는 소유권 이전등기일과 잔금일 중 빠른 날이다. 이때 이전등기일이란 등기접수일을 말한다. 부동산 매매계약이 등기부등본에 표시될 때 등기원인일과 등기접수일이 나타나는데 등기원인일은 보통 계약일을 말한다.

그리고 등기접수일은 잔금일이 된다. 부동산 매매계약은 계약금, 중도금, 잔금일을 거치며 장기간 거래가 이루어진다. 이때 양도 시기는 계약일이 아닌 잔금 시점이 기준이 된다.

또한 부동산을 매수하는 쪽에서 대출을 받는 경우 잔금일과 소유권이전등기일(=등기접수일)은 같은 날이 된다. 예외적으로 매수자가 대출 없이 사는 경우 잔금일과 소유권이전등기일이 다른 경우가 있는데 이때는 둘 중 빠른 날을 기준으로 부동산이 양도(취득)되었다고 본다.

아직 부동산이 아닌 상태(분양권, 부동산에 대한 권리)를 사고팔 때

이 경우도 양도소득세 과세 대상이다. 분양권 당첨이 된 사람이라면 당첨일이 취득일이고 권리 양도에 따른 잔금청산일이 양도일이 된다. 다른 사람에게 분양권을 매입했다면 살 때(취득일)나 팔 때(양도일)나 잔금청산일이 기준이다. 분양권은 등기대상이 아니기 때문에 잔금일만 기준이 된다.

그리고 분양권을 취득했다가 아직 건설중인 아파트에 대해 잔금을 먼저 지급했으나 잔금 시점에 아직 아파트가 완성되지 않았다면 잔금일이 아니고 아파트가 완공된 시점(사용승인일, 사실상의 사용일, 임시사용승인일 중 빠른 날)이 취득 시기가 된다. 반대로 아파트가 완공되었으나 잔금이 지급되지 않았다면 잔금일이 취득 시점이 된다.

자기가 지은 건물(자가건설건축물)일 때

자기가 지은 건물은 대금청산일이 없으므로 사용검사필증교부일과 사실상의 사용일이나 사용승인일 중 빠른 날이 취득 시기가 된다.

금전 거래 없이
양도되는 경우들

돈도 안 받았는데, 세금을 내라고요?

일반적으로 부동산 양도란 매매거래를 말한다. 매매거래란 거래 시
돈이 오갔다는 뜻이다. 그런데 금전의 수수가 없더라도 양도에 해당하는
경우가 있다. 그럴 때 금전의 수수가 없더라도 세법상 양도로 보아 양도
세의 대상이 된다. 결국 '세법상 어떤 경우를 양도로 볼 것이냐'에 따라 양
도세가 나올 수도 있고 나오지 않을 수도 있다.

그런데 누가 보더라도 확실히 양도에 해당하는 건이 있는가 하면, 양
도인지 아닌지 모호한 수도 많다. 양도가 아닌 것처럼 보이지만 양도에
해당하는 경우를 주의해야 한다. 이에 대해 알지 못하면 기존 양도세는
물론이고 가산세까지 내야 할 수도 있다.

아파트 한 채부터 시작하는 부동산 절세

부동산의 교환

금전의 수수가 없지만 양도에 해당하는 가장 대표적인 경우가 교환이다. 부동산 교환이란 소유자 쌍방이 소유권을 서로 이전하기로 약정하는 계약의 한 종류다. 이때 차액을 정산하든 하지 않든 교환 자체가 부동산 양도에 해당한다.

법인 설립 시 부동산을 현물출자(금전 이외의 재산에 출자한 형태)하거나, 대물변제(현금거래로 발생한 채무를 현금 아닌 부동산, 유가증권 등 물건으로 갚는 행위)하는 것도 역시 양도에 해당한다. 따라서 이런 경우 양도차익이 있다면 세금을 내야 한다.

이혼에 따른 소유권 이전

이혼 시 부동산의 소유권을 상대방에게 넘길 때는 소유권 이전의 원인에 따라 다르게 취급한다.

① 이혼에 따른 재산분할로 넘길 때: 양도에 해당하지 않으므로 양도세를 내지 않아도 된다.

② 이혼위자료로서 부동산을 넘길 때: 양도에 해당한다. 위자료의 경우 금전으로 지급해야 하는 것을 대물로 변제했다고 보기 때문이다.

둘 다 이혼하는 과정에서 부동산을 넘겼지만, 성격에 따라 양도로 보기도 하고 안 보기도 한다. 따라서 양도세 문제 때문에 이혼에 따른 재산분할을 이유로 명의 이전하는 경우가 많다.

기타

「공익사업을 위한 토지 등의 취득 및 손실보상에 관한 법률」이나 그밖에 법률에 따라 사업시행자에게 양도할 때도 양도에 해당하므로 양도세를 내야 한다. 이를 흔히 '수용'이라고 부른다(수용에 관해서는 68p 참고). 세법상 양도란 자의에 따른 양도뿐 아니라 강제로 양도되는 경우에도 대가를 받는 이상 양도로 본다.

경·공매로 인한 소유권 이전

경·공매로 소유권이 이전되는 경우도 양도에 해당된다. 따라서 매각금액의 크기나 유찰횟수와 상관없이 매각금액이 당초 취득가액보다 크다면 역시 양도세를 내야 한다. 다만 제3자로서 담보로 제공한 부동산을 경·공매로 담보제공자가 재취득하는 경우에는 양도로 보지 않는다. 원래 본인 소유인 물건이었기 때문이다.

재산을 증여받는 사람이 채무를 같이 부담하는 부담부증여

부담부증여는 일부는 증여, 일부는 양도에 해당한다. 증여자의 경우 본인의 채무가 동시에 없어지므로 줄어드는 채무만큼 대가를 받았다고 본다. 따라서 부담부증여의 경우 수증자는 증여세를 내고, 증여자는 양도세를 내야 한다.

양도 같지만 양도가 아닌 경우

도시개발법에 따라 환지처분*으로 청산금을 수령하지 않으면 양도에 해당하지 않는다. 또 양도담보에 의해 소유권을 이전하는 경우, 부동산의 명의신탁, 공유물 분할, 특수관계자 간 증여로 보이는 경우 등은 양도로 보지 않는다. 따라서 이런 때에는 양도세가 발생하지 않는다.

환지처분
사업시행자가 토지를 매입하지 않고 목적에 맞게 변경해 원 소유주에게 돌려주는 일

양도세는 알아서 내야 하는 세금이다

양도세는 납세자 스스로 신고하고 납부해야 하는 세금이다. 어떤 상황이 양도에 해당하는지 여부를 세무당국이 알려주지 않고 스스로 파악해야 한다는 뜻이다. 이를 놓치면 가산세가 부과되면서 세금 폭탄을 맞을 수도 있다. 이 때문에 납세자는 먼저 자신의 부동산 거래나 이전이 양도에 해당하는지부터 구분할 줄 알아야 한다.

양도소득세의
계산구조와 과세표준

: 양도소득세의 계산구조 :

아파트 한 채부터 시작하는 부동산 절세

계산식 속에 숨어 있는 절세법

이제 양도소득세의 계산구조를 살펴보자. 양도세의 계산구조를 아는 것만으로도 세금을 줄일 수 있으니 조금 어렵더라도 꼭 알아 두는 것이 좋다. 양도가액이란 부동산을 판 가격을 말한다. 그리고 취득가액은 부동산을 산 가격이다. 결국 양도소득세는 부동산을 판 가격에서 산 가격을 뺀 차익에 대해 과세하는 세금이다.

취득가액에는 취득 시 발생한 중개수수료와 소유권이전등기비용, 취득세 등이 포함된다. 즉 소유권을 이전하는 데 들어간 비용들은 경비로 차감되므로 이런 비용에 대한 영수증을 잘 보관하면 양도세가 절감된다(자세한 내용은 82p 참고).

또한 취득가액 외에도 '자본적 지출'과 '양도비용'도 양도세를 줄여준다. 자본적 지출은 부동산을 사서 보유하는 동안 발생한 비용 중 해당 부동산의 가치를 높이는 데 사용한 비용을 말한다. 이른바 보유 기간 중 크고 중요한 공사비와 같은 경비들을 차감하고 남은 금액을 양도차익이라 하는데, 양도세는 이 양도차익을 기준으로 부과한다.

계산된 양도차익에서 해당 부동산의 보유 기간에 따른 장기보유특별공제를 차감한다. 부동산의 경우 오랜 기간 동안 발생한 차익에 대해 부동산을 양도하는 시점에 한번에 과세된다. 따라서 다른 세금에 비해 세율이 높게 적용되는 문제(=결집효과)가 발생한다.

이를 해결하기 위해 보유 기간에 따라 일반 부동산은 연 2%씩 최대 30%(최대 15년)까지 공제해준다. 2021년 이후 양도하는 2년 이상 거주한

1세대 1주택인 경우 보유 기간별 연 4%와 거주 기간별 연 4%를 합하여 최대 80%까지 공제한다.

앞에서 부동산의 취득 시기와 양도 시기를 정확히 아는 일이 중요하다고 한 이유 중 하나가 바로 이 장기보유특별공제율 때문이다. 특히 1주택자라면 장기보유특별공제를 얼마만큼 받느냐에 따라 세금이 수백만 원에서 많게는 수억 원까지 차이 날 수 있다.

양도차익에서 이 장기보유특별공제를 차감하고 남은 금액을 양도소득금액이라 한다. 이 양도소득금액에서 1인당 연 250만 원씩 적용되는 기본공제를 차감하고 나면, 양도소득세의 과세표준이 나온다. 이 과세표준에 따라 적용되는 세율을 곱하면 양도세 산출세액이 계산된다. 산출세액 이후의 계산은 조세감면 대상 등 특수한 경우이므로 일반 납세자가 더 깊게 공부할 필요는 없다.

:: 양도세 과세표준별 세율 ::

과세표준	세율	산출세액계산
1,200만 원 이하	6%	과세표준 × 6%
1,200만 원 초과 ~ 4,600만 원 이하	15%	과세표준 × 15% – 108만 원
4,600만 원 초과 ~ 8,800만 원 이하	24%	과세표준 × 24% – 522만 원
8,800만 원 초과 ~ 1억 5,000만 원 이하	35%	과세표준 × 35% – 1,490만 원
1억 5,000만 원 초과 ~ 3억 원 이하	38%	과세표준 × 38% – 1,940만 원
3억 원 초과 ~ 5억 원 이하	40%	과세표준 × 40% – 2,540만 원
5억 원 초과 ~ 10억 원 이하	42%	과세표준 × 42% – 3,540만 원
10억 원 초과	45%	과세표준 × 45% – 6,540만 원

아파트 한 채부터 시작하는 부동산 절세

제가 가진 집수는
도대체 몇 채인가요?

종종 국회청문회에서 후보자들이 보유한 주택수가 이슈가 된다. 과거에는 주로 다운계약과 탈세가 이슈였다면 최근에는 후보자의 집이 몇 채인지가 공격의 포인트가 되고는 한다.

앞서 설명한 양도소득세의 계산구조에는 드러나지 않지만, 과세의 모든 과정에서 가장 핵심적인 요소는 주택수와 보유 기간이다. 그중에서도 세법상 주택수에 대한 판단은 세금의 종류(세목)와 시점에 따라 달라지기 때문에 많은 투자자들이 헷갈려 한다.

양도세의 주택수 판단 기준

먼저 주택수에 대한 판단은 어떤 집을 파는 시점에 보유한 주택수를 기준으로 한다. 즉 어떤 주택을 양도한다면 그 주택의 양도시점인 소유권이전등기일과 잔금일 중 빠른 날에 보유하고 있는 주택수가 몇 채인지로 판단한다. 이때 주택 보유의 주체는 개인이 아닌 세대가 기준이다. 세대란 본인과 배우자, 그리고 생계를 같이 하고 있는 부모와 자녀를 말한다.

따라서 양도세는 동일세대를 이루고 있는 가족 전체의 주택수로 판단해야 한다. 다만, 양도세에서 비과세를 판단할 때나 중과세 주택수를 판단할 때는 제외되는 주택도 있다.

| 사례 | Y 씨는 본인과 배우자 명의로 3채의 집을 가지고 있다. 3주택자이긴 하지만 1채는 재작년에 작고한 부친이 물려준 충북 소재의 집이다. 해당 주택은 형제남매 3명이 지분으로 상속받았다. 형의 지분이 1/2, 동생과 본인이 각각 1/4이다.
나머지 2채는 현재 거주 중인 경기도 광명의 아파트와 서울에 있는 분양권(조합원분양권)이다. 둘 다 본인과 배우자 5:5 공동명의로 되어 있다. 서울 분양권은 재건축 아파트로 현재 관리처분인가를 받고 조합원 분양을 신청한 상태다.
Y 씨는 최근 신문기사를 보고 세법 개정으로 주택수 판단에 따라 양도세는 물론 종부세도 달라진다는 것을 알았다. Y 씨는 분양권도 주택수에 포함되는지, 공동명의라면 주택수를 어떻게 구분하는지 궁금하다.

Y 씨처럼 소수지분(최대지분이 아닌 공유지분)으로 보유한 상속주택은 다른 주택 양도 시 없는 것으로 본다. 즉 주택수에 들어가지 않는다.

상속주택은 지분이 가장 큰 상속인(형)의 주택으로 본다. 또한 형의 경우에도 해당 주택 상속 전부터 보유하던 주택을 양도할 때는 상속주택이 주택수에서 제외된다. 다만 작고한 부친과 별도 세대인 상태로 상속받았을 때에 해당된다.

아파트 한 채부터 시작하는 부동산 절세

양도세에서 분양권은 조합원분양권인지 일반분양권인지에 따라 취급이 다르다. 조합원분양권은 기존에 있던 집의 연장선상으로 보아 재건축 기간 중에도 주택을 보유한다고 본다. 이러한 분양권을 통상 조합원분양권(입주권)이라 한다. 반면 일반분양권이라면 준공될 때까지는 양도세에서 주택으로 보지 않는다. 다만 2020년 세법개정으로 2021년 1월 1일 이후 취득하는 분양권은 준공 전 분양권 상태에서도 이제 주택수에 포함되므로 주의해야 한다.

종부세의 주택수 판단 기준

종부세는 양도세와 주택수의 판단이 다르다. 우선 종부세는 과세기준일인 매년 6월 1일에 보유한 집수를 기준으로 판단한다. 또한 양도세와 달리 보유 주택수를 세대 기준이 아닌 인별로 계산한다. 이때 지분으로 소유한 경우에도 주택수에 포함된다. 예외적으로 상속주택의 경우 소유 지분율이 20% 이하이면서 지분에 해당하는 공시가격이 3억 원 이하라면 주택수에서 제외된다.

참고로 주택의 임대소득에 대해 세금을 매길 때는 지분으로 소유한 경우에도 해당 주택의 임대소득이 연 600만 원을 넘거나 기준시가 9억 원 초과이면서 공유지분 30% 초과하면 주택수에 포함한다.

또한 혼동하지 말아야 할 점은 지분으로 소유한 상속주택이 주택수 판단에서는 제외되더라도 해당 지분만큼의 공시가격은 다른 주택과 합산하여 종부세가 과세된다는 점이다. 통상 지분으로 상속되는 상속주택의 특성을 감안하여 주택수에서만 제외시켜 주는 것이다.

종부세의 세율은 인별로 판단하여 조정대상지역의 2주택자와 (지역 상관없이)3주택자에 대해 각각 다르게 적용된다. 1채이거나 조정대상지역 1채·비조정대상지역 1채, 비조정대상지역 2채인 경우에는 낮은 세율이 적용된다. 그리고 나머지 다주택자는 높은 세율이 적용된다. Y 씨의 경우에도 지분율이 25%이므로 종부세에서는 지분 상속주택이 주택수에 포함되어 다주택자가 된다.

그리고 분양권과 조합원분양권(입주권)은 종부세 계산 시에 양도세와 달리 준공 전까지는 둘 다 주택수에 포함시키지 않는다. 따라서 Y 씨의 경우 서울의 입주권이 아파트로 준공될 때까지는 종부세 계산 시 광명 소재 아파트 본인 1채(지분은 50%로 계산)와 상속주택 1채(지분 25%)를 소유한 것이 된다. 상속주택은 비조정대상지역(충북)이므로 가격은 합산되지만 종부세 세율은 낮게 적용된다.

그리고 배우자는 1채(지분은 50%로 계산)만 소유한 것이 되어 낮은 종부세 세율이 적용된다. 향후 공동지분인 입주권이 아파트로 준공되면 남편은 3채, 배우자는 2채가 되어 종부세 세율도 높아진다. 이런 경우 입주권의 지분을 배우자에게 증여하면 본인은 2채(조정대상지역 1채, 비조정대상지역 1채), 배우자는 1채가 되어 적어도 종부세는 둘 다 낮은 세율을 적용받을 수 있다. 물론 증여 전에 배우자 증여로 발생하는 증여세와 향후 양도세 중에서 경중을 살펴서 결정해야 한다.

다양한 변수를 가진 주택수 판단

해외에 있는 주택은 주택수에 들어가지 않는다. 그리고 입주권의 경우 2채를 한번에 받을 때가 있는데 양도 시점을 기준으로 다른 주택 양도시 주택수에 2채로 들어간다. 반면 종부세는 준공 후부터 6월 1일을 기준으로 2채가 주택수에 포함된다.

한편 분양권의 경우 취득세에서는 양도세나 종부세와는 다르다. 2020년 8월 12일 이후 취득한 것은 다른 주택의 취득세 중과여부 판단시 주택수에 포함된다. 그리고 2020년 8월 12일 이후 취득하는 분양권은 분양권의 계약시점에 몇 채의 집이 있는지에 따라 취득세가 중과되므로 매우 주의해야 한다. 준공시점이 아니라 계약시점으로 판단한다는 점이 중요하다. 다만 일시적 2주택(조정대상지역은 1년, 비조정대상지역은 3년 내 기존 주택을 처분)인 경우에만 중과에서 제외된다.

다주택자가 아니라도 주택수 판단은 필요하다

이처럼 주택수는 세목과 시점, 취득 경위와 소유 형태에 따라 달라지고 이로써 세금도 달라진다. 최근 임대주택을 가진 다주택자도 꾸준히 늘고 있다. 2019년 말 기준 전국의 임대주택은 총 150.8만 호에 이른다(국토교통부 보도자료. 2020.02.03). 임대주택 사업자 중에는 고령인 경우도 많다.

결국 이러한 추세로 볼 때 앞으로는 임대주택이 상속되는 경우도 많을 것이다. 임대주택이 상속되는 경우에도 양도세, 종부세, 취득세 등 각

세목과 조건에 따라 주택수와 세금이 달라진다.

따라서 보유 주택수를 판단하는 문제는 청문회뿐 아니라 이제 일반 국민들에게도 중요한 문제다. 그러므로 이제 세법을 일반인들도 공부해야 한다. 위와 같은 규정을 알고 있는지, 이해하는지 여부가 세대를 이은 부동산 자산관리에서 중요한 요소가 될 것이다.

펜션과 게스트하우스는
주택일까요?

펜션 또는 게스트하우스를 운영 중인데 이것도 주택수에 포함되느냐는 질문을 종종 받는다. 이에 대해 살펴보려면 우선 펜션과 게스트하우스를 법률상 어떻게 정의하고 있는지 알아야 한다. 먼저 펜션부터 알아보자.

법률상 펜션의 의미
① 숙박시설을 운영하고 있는 자가 자연·문화 체험관광에 적합한 시설을 갖추어 관광객에게 이용하게 하는 업
② 관광객의 숙박·취사와 자연체험관광에 적합한 시설을 갖추어 해당 시설의 회원, 공유자나 그밖의 관광객에게 제공하거나 숙박 등에 이용하게 하는 업

하지만 일상 생활에서는 다양한 종류의 주택형 숙박시설을 통상 펜션

이라고 부르기도 한다. 즉 펜션에 대한 정의 또는 분류는 일상 생활에서 혼선이 있다. 이 때문에 펜션을 두고 세법적인 판단이 필요할 때는 자주 문제가 된다.

예를 들어 1채의 펜션을 소유하면서 운영하다가 양도를 한 경우, 납세자 입장에서는 이 펜션을 주택으로 보고 1세대 1주택 비과세를 주장할 수 있다. 반대로 납세자가 다른 주택을 양도할 때 이 펜션을 주택이 아닌 것으로 보고 다른 주택을 비과세로 주장할 수도 있다.

목적이 주거가 아니라면 펜션은 주택이 아닐 수도 있다

세법상의 쟁점은 펜션으로 사용한 주택을 주택으로 볼지 여부이다. 이에 대해 과세당국은 건축법 및 주택법상 주택이라도 거주보다 숙박이 목적이고, 상시 주거목적으로 사용하지 않은 펜션은 주택에서 제외하고 있다. 다만 펜션의 운영상 일부를 주거의 목적으로 이용했다면 상가와 주택이 혼합된 상가겸용주택으로 본다.

따라서 펜션은 세법상 실질과세원칙에 따라 해당 건축물을 통상적인 펜션으로 숙박업에 이용한 상태에서 매도했다면 주택이 아닌 숙박시설로 보고 세금을 계산한다. 즉 1주택 비과세를 받을 수 없으며, 대신 다른 주택을 양도할 때는 주택수에 포함시키지 않는다.

펜션의 일부에서 상시 주거용으로 거주도 하고 다른 일부를 숙박업인 펜션으로 운영했다면 상가겸용주택의 기준을 적용한다. 상가겸용주택은 주택의 면적과 상가의 면적을 비교하여 일부는 주택, 일부는 상가로 안분하여 양도세를 계산한다. 이때는 주택 부분에 대해 1주택 비과세가 적용될 수 있으며, 다른 주택을 양도할 때 주택수에도 포함한다.

결과적으로 펜션과 같이 이용 형태가 다양한 경우에는 항상 주의가 필요하다. 세법은 실질과세원칙에 따라 양도 당시의 상황을 종합적으로 판단하기 때문이다. 따라서 주택인지 여부 또는 주택수 포함 여부가 불분명한 펜션은 항상 양도 전에 한번 더 따져보는 자세가 필요하다.

게스트하우스도 용도에 따라 세금이 달라진다

그럼 게스트하우스는 어떨까? 외국인 관광객은 2011년 약 980만 명에서 2017년 약 1,333만 명으로 증가했다(통계청). 이에 따라 관광객을 대상으로 하는 게스트하우스 운영도 늘어났다. 에어비앤비 등을 통해 쉽게 고객을 유치하는 방법이 늘어나면서 개인의 게스트하우스 영업도 증가하고 있다.

게스트하우스는 원래 집에 찾아온 손님의 잠자리를 위해 별도로 마련된 주택이나 공관의 부수시설을 일컫는 말이다. 하지만 최근에는 여행자들이 저렴하게 묵을 수 있는 숙박시설로 통용되고 있다.

그런데 게스트하우스는 사실 법적 용어가 아니다. 게스트하우스는 건축법상 주택이나 공동주택 또는 근린생활시설로 분류한다. 이때 인허가 과정에서 주로 도시민박업으로 허가를 받는다. 그리고 도시민박업은 단독주택, 다가구주택, 아파트, 연립주택, 다세대주택에 대해서만 허가가 가능하다(관광진흥법 제2조, 건축법시행령 별표1 참조).

따라서 게스트하우스의 인허가는 주택만 할 수 있다. 근린생활시설 용도의 건물은 주택으로 변경한 후 인허가를 받을 수밖에 없다. 즉 게스트하우스 건물은 근린생활시설이 아닌 주택으로 표시된다.

하지만 세법상 '주택'이란 공부상의 용도구분에 관계없이 사실상 상시 주거용으로 사용하는 건물을 말한다. 즉 도시민박업 인허가 과정에서 필요에 따라 공부상 주택으로 등록되었다 하더라도 사실상 숙박용역을 제공하여 사업용으로만 사용했다면 주택이 아닌 것으로 본다.

따라서 사업용으로만 사용한 게스트하우스는 주택수에 포함하지 않아 다주택으로 중과되지 않는다. 그리고 본인 거주용 주택은 비과세 요건을 갖추었다면 1주택 비과세를 받을 수 있다.

다만 해당 게스트하우스가 숙박 등 사업용으로만 사용하는 건물인지 여부는 사실 관계를 따른다. 세법상 실질과세원칙에 따라 등록만 게스트하우스로 되어 있고 실질은 거주용으로 사용하고 있다면 주택으로 과세될 수 있다는 뜻이다.

이때 숙박업으로 이용한 증빙을 준비해두면 사업용으로 인정받는 데 도움이 된다. 공중위생관리법에 따른 점검을 받은 사실을 입증하는 서류도 여기에 해당한다. 에어비앤비 또는 소셜커머스로 숙박 예약한 자료나 현금영수증 등 숙박업으로 이용한 증빙을 해두는 것도 방법이다. 어쨌든 게스트하우스를 어떤 용도로 사용했는지 여부를 납세자가 직접 챙겨야 한다는 점을 잊지 말자.

주소가 같은 부모와 자녀는 동일 세대인가요?

사회가 복잡해지면서 삶의 방식과 가치관도 다양해지고 있다. 이에 따라 법과 제도도 점점 복잡해지고 있다. 세금 부과의 판단 기준이 되는 세법도 마찬가지다. 특히 양도세에서도 이런 현상이 늘고 있다. 주택 양도 시 세대를 구분하는 규정도 그중 하나다.

최근에는 자녀(손자녀) 양육문제로 아이의 부모와 조부모가 같이 사는 일이 많다. 또 따로 살지만 건강보험 혜택 때문에 피부양자 등록을 하여 주민등록상 동일세대로 되어 있는 수도 많다. 이처럼 가족구성이 복잡해진 시대에 세법은 세대와 주택을 어떻게 판단할까?

양도세는 부모와 조부모가 각각 주택을 소유한 상황에서 세대를 어떻게 구분하는지에 따라 달라진다. 1주택 비과세를 받을 수 있는지 또는 2주택으로 중과세되는지 여부가 세대의 구분에 따라 달라진다는 뜻이다. 세대 구분으로 차이나는 세금은 수천만 원에서 수억 원을 오간다.

세대를 판단하는 기준은 생계 여부다

주택은 하나의 가족이 거주하는 생활공간이므로 '세법상 1주택 비과세'를 판단할 때는 생계를 같이하는 가족을 기준으로 한다. 그리고 생계를 같이하는 가족은 세법상 세대를 의미한다. 생계를 같이 하는지를 판단하는 기준은 실질 '생계' 여부이다.

건강보험 피부양자 같은 제도적 필요에 따라 같은 세대로 되어 있더라도 실질적으로 생계를 달리하고 있다면, 세법에서는 이를 동일세대가 아닌 독립세대로 본다. 다시 말해 부모와 자식이 주소가 같더라도 실질적으로 생계를 따로 있다면 동일세대가 아니라 독립세대이다.

반대로 주민등록법에 따라 세대를 분리해 놓았더라도 실제로 같이 거주하면서 생계를 함께하고 있다면 동일한 세대로 본다. 따라서 이 경우 각각 하나의 주택을 가지고 있다면 한 집이 비주거 상태이기 때문에 양도 시 비과세를 받지 못할 수 있다.

결국 세법은 단지 주소가 같다고 동일세대로 보지 않는다. 반대로 단순히 주소가 같지 않다고 독립세대로 인정하지도 않는다. 일반적으로 독립된 생계를 유지한다고 판단하는 기준은 중위소득의 40% 수준 이상 (2019년 기준 1인가구 약 69만 원)의 소득이 있어야 한다. 뿐만 아니라 생활비와 주택의 매매계약 등 실제 경제활동이 독립되어야 한다.

실제로 독립세대 또는 동일세대의 판단은 경제적 사실관계를 종합적으로 판단하기 때문에 구분이 모호한 부분도 있다. 따라서 세법상 세대의 구분에 따른 현안이 생기면 신중하게 판단해야 한다.

알쏭달쏭한
부동산 보유 기간의 계산

세법상 부동산 보유 기간의 판단

부동산의 매매 과정은 계약일부터 소유권이전등기까지 걸리는 기간
이 길다. 따라서 보유 기간이 어느 시점을 기준으로 계산하는지에 따라
달라진다. 보유 기간이 중요한 이유는 이에 따라 양도세 세율과 장기보
유특별공제율 등이 달라질 수 있기 때문이다. 경우에 따라서 양도세 비
과세 여부가 결정되기도 한다. 이 경우 양도세가 크게 차이 날 수 있어 미
리 살펴야 한다.

부동산의 보유 기간은 '부동산의 취득일부터 양도일까지'다. 원칙적
으로 매매는 대금청산일, 즉 잔금일을 취득 및 양도일로 본다. 다만 대금
청산 전에 소유권이전등기를 했다면 소유권이전등기일, 즉 등기접수일
을 취득 및 양도일로 본다. 결과적으로 소유권이전등기 접수일과 잔금일

중 빠른 날에 부동산을 취득하거나 양도한 것으로 본다.

재개발 및 재건축은 기간 판단이 복잡하다

「도시 및 주거환경 정비법」에 따른 재개발 및 재건축은 부동산을 보유한 기간을 판단하기가 복잡하다. 재개발·재건축의 경우 종전 부동산이 주택이었다면 철거하기 전 주택(종전 부동산)의 취득 시기부터 보유 기간을 계산한다. 그런데 종전 부동산이 주택이 아닌 토지나 상가였는데 주택을 받은 경우, 해당 주택의 1주택 비과세 여부를 적용할 때는 신축주택의 완성일부터 보유했다고 본다.

재개발·재건축 과정에서 종전 부동산의 평가액이 분양받는 주택의 가격보다 낮으면 추가분담금을 납부해야 한다. 이때 부동산의 보유 기간은 1주택 비과세를 판단할 때와 양도차익을 계산할 때 각각 보유 기간이 달라진다.

1주택 비과세를 판단할 때는 종전 주택의 취득일부터 보유 기간을 계산한다. 하지만 양도차익을 계산할 때는 종전 주택의 금액 범위까지는 종전 주택의 취득일부터 보유 기간을 계산하고, 청산금을 납부한 부분은 권리변환일(사업시행인가일 또는 관리처분인가일)부터 보유 기간을 계산한다.

상속으로 부동산을 취득했다면

보유 기간은 상속개시일, 즉 피상속인의 사망일부터 계산한다. 다만 비과세 요건을 판단할 때는 동일세대원일 때 전 소유자(피상속인)와 현 소유자(상속인)의 소유 기간을 통산한다. 또한 세율을 적용할 때는 피상속인의 취득일부터 보유 기간을 계산하고 장기보유특별공제의 보유 기간은 상속개시일부터 계산한다. 증여로 받았다면 세대 구분과 상관없이 증여받은 날, 즉 증여등기접수일부터 계산한다.

보유 기간의 계산은 세금을 따져가며 꼼꼼하게

이처럼 취득의 형태, 물건의 종류, 세대 구분 등에 따라 보유 기간의 계산은 그때그때 다르다. 예외로 적용되는 사안이 많기 때문에 부동산을 양도할 때는 보유 기간에 따른 세금을 꼼꼼히 따져보고 파악해야 한다.

부동산 매매계약은 계약일부터 잔금까지 수개월이 소요된다. 결과적으로 매매계약서를 작성할 때 각자의 자금 사정에 따라 날짜를 조율하게 마련이다. 이때 자금조달의 사정뿐만 아니라 보유 기간의 계산에 따른 세금 차이도 고려해야 한다. 잔금 날짜를 맞춰서 보유 기간을 조절하면 세금이 달라질 수 있다.

한두 달 차이로 장기보유특별공제율이 달라지면 세금은 수백만 원에서 수천만 원까지 차이 날 수 있다. 심지어 비과세가 되는지 여부에 따라 수억 원까지 차이 날 수도 있다.

한번 체결한 계약서를 변경하기란 쉬운 일이 아니다. 따라서 매도자라면 계약서를 쓰기 전에 보유 기간에 대한 판단을 충분히 해야 한다. 부동산의 보유 기간에 따라 세율, 장기보유특별공제, 비과세가 결정된다는 사실을 기억하자. 수백만 원에서 수억 원이 보유 기간에 따라 달라진다.

양도세, 하루 차이로 확 줄일 수 있다

부동산의 양도소득세는 연단위로 부과되며 누진세율에 따라 과세한다. 같은 연도에 소득이 더 많은 경우에는 더 높은 세율이 적용된다는 뜻이다. 이것을 이용하면 세금을 효과적으로 줄일 수 있다.

2건의 부동산을 비슷한 시기에 양도해야 할 때, 1건의 양도 시기를 늦추거나 당겨서 연도를 달리하면 세금은 줄어든다. 2건의 양도가 연도를 달리하면 세금은 각각 따로 계산한다. 이때 한 건은 누진세율에 따라서 낮은 구간의 세율을 한 번 더 적용받을 수 있다.

게다가 금액은 작지만 양도에 대해 1년에 한 번씩 적용해주는 기본공제 250만 원도 한 번 더 받을 수 있다. 양도차익이 각각 1억 원일 때 해를 달리해서 양도하면 줄어드는 세금의 크기는 약 2,000만 원이다. 특히 연초나 연말에 2건의 부동산을 양도해야 하는 경우 이를 활용하면 좋다.

양도 시기와 취득 시기를 이용한 절세법 요약 정리

보유 기간을 정확히 알고 아래와 같이 기간을 조절하면 세금을 줄일 수 있다.

- 1세대 1주택 비과세 관련 → 2년 이상 보유하도록 조절
- 장기보유특별공제(토지, 건물에 한정) → 공제율 변경되는 시점 파악
- 보유 기간에 따른 양도소득세율 차등적용 → 세율 변경되는 시점 파악
- 일시적 2주택자 판정의 기준 → 3년(또는 2년, 1년) 내 양도
- 양도소득세 예정신고의 기준 → 양도일이 속한 달의 2개월 뒤 말일까지

아파트 한 채부터 시작하는 부동산 절세

상가주택 양도세 비과세,
옥탑방이 열쇠다

상가주택은 집주인이 위층에 거주하고 1층에 상가를 임대하는 경우가 많다. 통상 상가주택 소유자는 1주택이 많고 대부분 장기거주(보유)하기 때문에 양도차익도 큰 편이다. 상가주택을 장기보유한 1주택자가 비과세를 받는 경우와 받지 못할 경우의 세금 차이는 매우 크다.

상가주택이 비과세를 꼭 받아야 하는 이유

상가주택은 1주택 비과세 규정을 활용하여 세금을 줄일 수 있다. 상가주택이란 일부는 주택으로 일부는 상가로 사용되는 건물을 말한다. 이때 주택의 면적이 상가의 면적보다 크면 전부를 주택으로 본다. 여기서 주택으로 본다는 것은 상가 부분과 상가부속토지까지도 비과세를 받을 수 있다는 얘기다(소득세법 시행령 제154조 제3항 참조).

예를 들어 상가주택을 5억 원에 사서 10억 원에 파는 경우를 보자. 만약 전체를 주택으로 보면 양도차익 5억 원 중 10%(양도가액 10억 원 중 9억 원 초과인 부분의 비중)인 5,000만 원에 대해서만 과세한다. 게다가 3년 이상 장기보유 했다면 그 1억 원에 대해서도 연 8%씩 최대 80%까지 장기보유특별공제까지 받을 수 있다. 만약 10년 이상 보유했다면 세금은 약 170만 원에 불과하다. 양도가액이 10억 원이고, 양도로 얻은 차익이 5억 원이나 되지만, 세금은 채 200만 원도 안 된다.

상가주택 1주택 비과세 규정 100% 활용하기

반대로 건물의 절반 이상이 상가로 사용되었다면 약 5,000만 원 정도의 양도세를 내야 한다. 어떻게 된 것일까? 다음 사례를 통해서 공부해 보자.

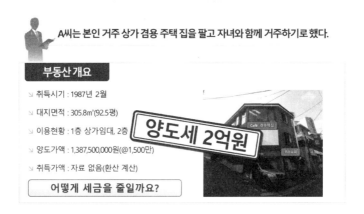

사진에 보이는 집은 흔히 2층 양옥집이라고 부른다. 과거 서울을 포함해 전국적으로 많이 보급된 주택의 형태다. 대개 이런 집을 지을 당시에는 1층과 2층이 모두 주택이었다. 당시만 해도 3대가 한 집에 사는 등

아파트 한 채부터 시작하는 부동산 절세

대가족 중심이었기 때문에 1, 2층 모두 주택으로 짓는 경우가 많았다.

그동안 주변 여건이 바뀌면서 이런 집들은 이제 1층 집을 공사해서 식당이나 슈퍼마켓 혹은 쌀가게 등으로 임대를 놓고 있다. 집주인인 부모님은 2층에서 사는 형태가 된 것이다. 당연히 오랫동안 보유했을 테고, 거주도 오래했기 마련이다. 이 집을 팔려고 보니 땅값이 많이 올라서 가격이 꽤 나간다고 하자. 이때 양도세는 어떻게 계산할까?

구조상 상가와 주택이 같이 있다 보니 그냥 양도한다면 주택으로 쓰는 건물 2층과 주택에 딸린 토지(주택 부수토지)는 1주택 비과세가 된다. 그러나 건물 1층 상가와 상가에 딸린 토지(상가 부수토지)는 과세된다. 1주택 비과세는 주택과 주택 부수토지에만 해당하기 때문이다. 결국 상가 부분 때문에 양도세를 2억 원 정도 내야 한다.

따라서 상가주택을 처분할 경우, 주택 부분과 상가 부분의 면적을 정확히 따져 봐야 한다. 이때 주택 부분으로 볼 수 있는 면적이 더 없는지 살펴야 한다. 숨어 있는 공간 중에서 주택으로 볼 수 있는 면적을 따져 주택 면적이 상가로 사용한 면적보다 크다는 사실을 입증하면 세금이 줄어들 수 있다. 특히 계단, 옥탑방, 지하 등의 숨은 면적을 잘 살펴야 한다.

1세대 1주택 요건과 상가겸용주택의 판단 기준을 활용하라

우선 1세대 1주택 비과세의 요건을 살펴보면 다음 그림과 같다. '거주자인 1세대가 국내에 1채의 주택을 2년 이상 보유(조정대상지역에서는 2년간 거주 요건 추가)하다 양도하는 경우 비과세된다. 그런데 이런 상가겸용주택을 팔 때는 세금을 효과적으로 줄이는 방법이 있다.

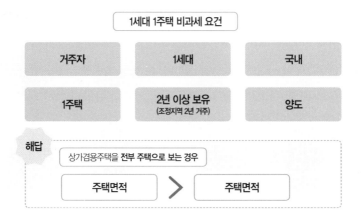

: 1세대 1주택 비과세 요건과 상가겸용주택의 판단 :

1세대 1주택 비과세 요건

| 거주자 | 1세대 | 국내 |
| 1주택 | 2년 이상 보유
(조정지역 2년 거주) | 양도 |

해답

상가겸용주택을 전부 주택으로 보는 경우

주택면적 > 주택면적

그 절세의 묘법에 근간이 되는 세법의 조항을 보자. 바로 '상가겸용주택의 경우 주택의 면적이 상가의 면적보다 크다면 전체를 주택으로 보아 양도세를 계산한다.'는 항목이다. 전체를 주택으로 보면 상가건물과 상가에 딸린 토지까지 주택이 된다. 따라서 1주택 비과세를 온전히 받을 수 있다.

결정적으로 상가에 대해서는 연 2%의 장기보유특별공제가 적용되지만, 주택은 연 8%의 장기보유특별공제가 적용된다. 10년 이상 장기보유했다면 과세 대상 차익의 80%를 빼준다. 결과적으로 양도세는 약 2,000만 원으로 줄어든다.

이것이야말로 기적의 절세법이다. 이를 가능하게 해주는 세법의 비밀은 단 한 줄이라는 점을 명심해야 한다. 법의 테두리 내에서 할 수 있는 합법적인 절세라는 점이 중요하다.

주택으로 볼 수 있는 부분을 넓혀라

다만 비과세 요건은 알았는데 문제는 이걸 내 집에 어떻게 적용할까 하는 점이다. 구조상 2층 양옥집이라면 통상 2층 주택의 면적이 1층 상가의 면적보다 작다. 주택의 면적이 더 커야 절세를 할 수 있으므로 이제 주택면적을 넓혀야 한다.

그러려면 우선 집을 꼼꼼하게 살펴봐야 한다. 먼저 1층에서 2층으로 올라가는 계단을 볼 필요가 있다. 이런 건물의 건축물대장을 떼어보면 계단의 면적이 따로 구분되어 있지 않고, 1층 상가의 면적인 것처럼 표시되어 있다. 하지만 구조적으로 보면 1층에서 2층으로 올라가는 계단은 상가 세입자들이 아니라 집주인이 쓴 것이다. 즉 주택의 면적이다.

문제는 그 면적과 구조를 산출해야 한다는 점인데, 이 과정에서 필요하다면 건축사를 통해 실측하고 도면을 작성할 필요가 있다. 이때 그 비용은 줄어드는 세금에 비하면 아주 소소하다. 이를 통해 1층 계단의 면적이 주택이 되면서 상가의 면적은 줄어들고, 주택의 면적은 늘어난다.

계단을 봤으니 다음은 옥상이다. 옥탑이라고 부르는 구조물이 보인다. 통상 물탱크가 놓인 곳이다. 과거에는 상수도 수압이 낮아 집집마다 옥상에 물탱크를 두고 사용했다. 만약 이걸 계속 사용하고 있다면 물탱크는 1층 상가와 2층 주택에 공용으로 쓰고 있으니 면적대로 안분된다.

그런데 이제 상수도는 직수로 연결되어 있다. 즉 상가의 상수도관을 외부에서 직접 직수로 연결할 수 있다. 그러면 이제 물탱크는 철거하고 주택의 창고로 쓸 수 있다. 결국 주택의 면적이 또 늘어난다.

여기까지 했는데도 상가의 면적이 주택보다 크다면 포기하지 말고 또

찾아야 한다. 이런 건물의 지하를 보면 작은 공간이 하나 있다. 요즘 짓는 건물들처럼 반지하 주택이 아니라 그보다 협소한 공간이다. 과거에는 주로 보일러실이나 연탄창고로 쓰던 공간이다.

만약 지하실을 상가세입자에게 임대 주고 있었다면 기간만료에 맞춰 상가 짐을 빼고 주택의 창고로 쓸 수 있다. 이렇게 해서 찾아낸 주택의 면적으로 상가면적보다 단 1㎡이라도 더 커지면 이제 전체가 주택이 되어 양도세가 크게 줄어든다. 절세의 묘법은 이처럼 의외로 단순한 방법에서 찾을 수 있다.

다만 상가겸용주택에 대한 이 절세 전략은 이제 2022년 1월 1일 이후에는 양도가액 9억 원 이하인 경우에만 사용할 수 있는 방법이 되었다. 2019년 세법개정으로 이때 이후 양도하는 것부터는 실거래가 9억 원이 넘으면 주택의 면적이 상가의 면적보다 크더라도 비과세와 장기보유특별공제 연 8%씩 최대 80%는 주택 부분과 그 부수토지에만 받을 수 있다. 상가와 상가의 부수토지는 비과세 대상에서도 제외되고 장기보유특별공제도 연 2%씩 최대 30%만 받을 수 있다. 즉 세금 문제는 빨리 알아야 돈이 된다.

조정대상지역에 따라
울고 웃는 양도세

  조정대상지역은 2016년 11월 3일 이후 계속 새로 지정되고 또 해제되고 있다. 조정대상지역은 3개월간 주택가격상승률이 시·도 소비자물가 상승률의 1.3배를 초과한 지역 중 2개월간 청약경쟁률이 5:1을 초과하거나, 3개월간 분양권 전매가 전년동기대비 30% 이상 증가한 지역 중에서 지정된다(주택법 제63조의2, 동법 시행령 제25조의2 참조).

  조정대상지역으로 지정되면 중도금대출, LTV, DTI 등 대출 요건이 강화되며 분양권 전매제한*과 세금 등 각종 규제가 강화된다. 대표적으로 양도세가 중과되며, 장기보유특별공제를 배제하고 비과세 요건도 강화된다.

전매제한
새로 분양되는 주택에 당첨된 뒤 일정기간 동안 사고 팔지 못하도록 하는 조치. 지역, 택지의 종류(공공, 민간)에 따라 6개월~소유권이전등기 시까지 제한된다.

：조정대상지역 지정 및 해제 현황 ：

지정　해제

지역		16.11.03	17.06.09	18.08.08	18.12.31	19.11.8	20.02.21	20.06.19	20.11.20	20.12.17
서울	서울									
경기		과천 성남 하남 고양 남양주 동탄2	광명	구리 안양 동안구 광교지구	수원 팔달구 용인 수지구 용인 기흥구	고양·남양주 (삼송, 원흥, 지축·향동·덕은·킨텍스 1단계 고양관광문화단지 다산동, 별내동 제외)	수원 영통구 수원 권선구 수원 장안구 안양 만안구 의왕시	고양, 남양주, 군포, 안성, 부천 안산, 시흥, 용인 처인구, 오산, 평택, 광주, 양주, 의정부	김포	파주
부산		동래구 수영구 해운대구 부산진구 남구 연제구 기장군 일광면			부산진구 남구 연제구 기장군 일광면	동래구 수영구 해운대구			남구 연제구 동래구 수영구 해운대구	전체 (기장군, 중구 제외)
인천								중구, 동구, 미추홀구, 연수구, 남동구, 부평구, 계양구, 서구		
대전								동구, 중구, 서구, 유성구, 대덕구		
충북								청주		
세종	세종									
대구									수성구	전체 (달성군 일부지역 제외)
광주										전체
울산										전체 (동구, 북구, 울주군 제외)
충남										천안 동남구, 서북구 동 지역 논산 공주 동 지역
전북										전주 완산구, 덕진구
경남										창원 성산구
경북										포항 남구 경산 동 지역
전남										여수 동 지역 소라면 순천 동 지역, 해룡면 서면 광양 동 지역, 광양읍

※ 남양주, 안성, 용인처인구, 광주, 청주는 읍·면 소재 지역 일부 제외

※ 2020년 12월 17일 기준

맨 처음 2016년 11월 3일 서울·경기 일부·부산 일부가 지정된 후 경기, 인천, 대전, 청주 등이 각 시기별로 새로 지정되었고, 부산은 2018년 12월 31일과 2019년 11월 8일 두 차례에 걸쳐 지정이 해제되었다.

반대로 지정이 해제된 부산 지역은 부담을 덜었다. 다만 조정대상지역 지정 후에 취득한 주택은 지정이 해제된 경우에도 1주택 비과세를 받기 위해서는 2년 이상 거주해야 한다. 따라서 부산진구 등은 2017년 8월 3일에서 2018년 12월 30일 사이에 취득한 경우, 동래구와 수영구, 해운대구의 경우 2017년 8월 3일에서 2019년 11월 7일 사이에 취득한 경우에는 지정 해제 후 양도하더라도 2년 실거주를 해야 비과세를 받을 수 있다.

반면에 조정대상지역 지정에 따른 세율 중과와 장기보유특별공제 여부는 지정으로 바로 적용되고, 지정이 해제되면 바로 일반세율이 적용되며, 장기보유특별공제도 적용된다.

조정대상지역 여부에 따라 달라지는 것

조정대상지역의 지정과 해제에 따라 세금이 크게 달라진다. 우선 조정대상지역 지정 후 분양권 양도 시 55%(지방소득세 포함)의 높은 세율로 과세된다. 분양권 양도차익이 2억 원일 때 조정대상지역 지정 전의 세금은 약 6,100만 원이지만 지정 후의 세금은 1억 1,000만 원이다. 약 4,900만 원이나 세금이 늘어난다. 다만 2021년 6월 1일 이후부터 분양권은 지역과 상관없이 1년 내 양도 시 77%(지방소득세 포함), 1년 후 양도 시 66%(지방소득세 포함)가 부과된다.

조정대상지역 1주택 비과세 요건

조정대상지역에서 새로 주택을 취득하는 경우 1주택 비과세를 받기 위한 요건도 추가된다. 조정대상지역이 아닌 경우에는 2년 이상 보유만 하면 비과세가 된다(소득세법 제89조, 동법 시행령 제154조 제1항 참조). 그러나 조정대상지역에서 2017년 8월 2일 이후에 취득한 주택은 2년 이상 거주도 해야 비과세가 된다.

예를 들어 차익이 5억 원(양도가 10억 원, 취득가 5억 원)이고 만 5년 보유(미거주)한 경우 조정대상지역이 아니라면 세금은 약 335만 원이지만, 조정대상지역은 약 1억 6,900만 원이다. 세금이 무려 1억 6,500만 원 이상 차이 난다.

조정대상지역 다주택자 세금 중과

조정대상지역 지정 후 생기는 세금규제에서 가장 중요한 점은 다주택자에 대한 양도세 중과다. 다주택자가 조정대상지역에 있는 주택을 지정 후에 양도할 때 2주택자는 과세표준 구간별로 10%p, 3주택 이상은 20%p의 추가세율이 붙는다. 그리고 아무리 오래 보유했어도 장기보유특별공제를 받을 수 없다.

예를 들어 차익 5억 원, 10년 보유일 때 지정 전 양도 시 세금은 약 1억 2,500만 원이다. 지정 후에는 2주택자는 약 2억 4,600만 원, 3주택 이상은 3억 41만 원으로 세금이 늘어난다. 게다가 2021년 6월 1일 이후부터 2주택자와 3주택자 모두 세율이 추가로 10%p씩 더 늘어난다.

조정대상지역에서는 다주택자라면 종부세 부담도 커진다. 종부세를 포함한 보유세는 전년도에 부과된 세금의 150%까지로 세부담상한이 정해져 있다. 그런데 조정대상지역에 2채의 주택을 가졌다면 세부담상한이 300%로 증가한다. (주택 종부세 세율에 관한 내용은 124p 참고)

결과적으로 새로 조정대상지역으로 지정된 곳에서는 양도할 때 신중해야 한다. 이 과정에서 중과에 따른 양도세와 보유에 따른 종부세 부담을 충분히 검토해야 한다.

양도세 중과와 조정대상지역 지정·해제가 반복되면서 납세자가 고려해야 하는 경우의 수가 매우 다양해졌다. 이전보다 복잡해진 세법 변화에 잘 대처하려면 더욱 주의 깊게 살펴보고 대응하는 자세가 필요하다.

5장

부동산 양도의
다양한 사례

양도세 중과는
복잡한 만큼
절세의 기회가 된다

양도세는 세금의 크기가 크기 때문에 여타의 다른 세금보다 더 중요하다. 뿐만 아니라 다른 세금보다 예외적인 상황도 많고 발생할 수 있는 경우의 수도 다양하다. 즉 다른 세금보다 복잡하다. 복잡하기 때문에 자칫 판단을 잘못하면 큰 낭패를 볼 수 있다. 반면에 이런 복잡함을 잘 이용할 수 있다면 세금을 아끼는 포인트가 되기도 한다.

가장 대표적인 것이 바로 다주택자에 대한 양도세 중과세다. 다주택으로 양도세가 중과되면 내야 하는 세금이 매우 커진다. 반대로 말하자면 중과를 고려하여 잘 양도하면 세금을 줄일 여지가 그만큼 많아진다.

양도세 중과, 그래서 얼마나 되는 걸까?

2017.08.02 대책으로 2018년 4월 1일 이후 다주택자가 조정대상지역에서 주택을 양도하는 경우 양도세가 중과되기 시작했다. 양도세가 중과된다는 의미는 주택수에 따라 세율이 높아지고 장기보유특별공제를 받을 수 없다는 뜻이다.

구체적으로 원래 양도세의 기본세율은 6~42%인데, 2주택의 경우는 세율이 10%p 높은 16~52%가 된다. 3주택 이상이면 기본 세율에서 20%p 높은 26~62%가 된다.

2020년 세법 개정에서는 소득세 과세표준 10억 원 초과에 대해 세율을 3%p 올려서 기본세율이 45%가 되었는데 결국 양도소득세를 계산할 때의 세율도 같다.

양도소득은 10억 원이 넘는 경우도 많다

2021년 1월 1일 이후부터는 과세표준 10억 원 초과 부분은 기존 42%에서 45%로 세율이 인상된다. 또 2021년 6월 1일 이후 양도하는 것부터는 다주택 중과세율이 10%p씩 더 인상된다. 결국 조정대상지역 2주택자는 26~65%, 3주택자는 36~75%가 과세된다.

양도소득이 아닌 다른 소득, 즉 근로소득이나 사업소득의 연간 과세표준이 10억 원이 넘는 경우는 많지 않겠지만, 양도소득세는 수십 년간 발생한 차익에 대해 과세되기 때문에 과세표준이 10억 원을 넘는 경우가 많다. 결국 소득세 최고 세율의 인상은 양도소득세에 더 크게 영향을 미친다.

　장기보유특별공제는 원래 3년 이상부터 적용되는데 양도차익에 대해 연 2%씩 적용된다. 따라서 3년 보유 시 6%에서 시작하여 15년 보유 시 30%까지 공제받을 수 있다. 1세대 1주택에 해당하면 연 8%씩 최대 80%가 적용된다. 그런데 다주택으로 세율이 중과되면 아무리 보유 기간이 길어도 이 공제를 받을 수 없다.

　다주택 중과로 중과 세율이 적용되고 장기보유특별공제를 받지 못하면 양도세가 크게 증가한다. 가령 3주택자라면 차익이 5억 원, 보유 기간이 10년일 때 중과 전 양도세는 약 1.25억 원이지만, 중과 후 양도세는 3억 원이 넘는다. 세금이 2배 이상, 수억 원까지 차이 날 수 있다. 부동산 투자자들이 다주택 중과에 특히 민감한 이유다.

　그러다 보니 많은 사람들이 다주택 중과를 걱정한다. 하지만 제대로 공부한다면 양도세 중과도 무작정 걱정할 만한 일은 아니다.

　　　　　　　　아파트 한 채부터 시작하는 부동산 절세

양도세 중과 절세법:
기타지역 3억 원 미만 제외

양도세 중과 여부를 판단할 때는 주택수를 고려해야 한다. 그런데 이때 가지고 있는 모든 집이 주택수에 포함되지는 않는다.

지역별로 중과세가 제외되는 주택을 이용하라

: 지역별 중과 대상이 되는 주택 :

구분	중과 대상 주택
서울 등 지역	모든 주택
기타지역 (광역시 군, 경기도 · 특별자치시 읍 · 면)	양도 당시 기준시가 3억 원 초과 주택

우선 지역을 서울 등 지역과 기타지역으로 나눠야 한다. 서울 등 지역에 있는 집은 집의 가격과 상관없이 모두 주택수에 포함시킨다. 즉 아주 작은 집이라도 모두 집수에 들어간다. 그러나 기타지역의 경우 (그 집이나 또는 다른 집의) 양도 당시 기준시가가 3억 원을 초과하는 경우에만 주택수에 포함한다.

또한 광역시의 군 지역, 경기도의 읍·면 지역과 특별자치시의 읍·면

지역은 서울 등 지역이 아니라 기타지역으로 분류한다. 따라서 이런 지역에 있는 집들은 기준시가에 따라 주택수에 포함되기도 하고 포함되지 않기도 한다.

대구광역시 달성군, 울산광역시 울주군, 인천광역시 강화군, 경기도 안성·용인·남양주·양주시의 읍·면 지역, 세종시의 읍·면 지역이 여기에 해당한다.

바로 이 기타지역에 양도세 중과의 포인트가 있다. 집이 여러 채인 상태에서 양도하더라도 순서를 맞추면 작게 중과되거나(3주택이 아닌 2주택으로 중과), 중과되지 않고 기본세율로 세금을 낼 수 있다.

중과에서 제외되는 경우는 생각보다 많다

: 중과에서 제외되는 3주택 및 2주택 :

3주택 제외	장기사용주택	상속주택	장기가정어린이집
2주택 제외	혼인(5년)	동거봉양(5년)	취학·근무상 형편

또한 이 기준 외에도 2주택 중과 여부를 판단할 때 제외해주는 경우(혼인, 동거봉양, 취학 등 형편)와 3주택 중과 여부를 판단할 때 제외해주는 경우(장기사원용 주택, 상속주택, 장기가정어린이집)도 있다.

아파트 한 채부터 시작하는 부동산 절세

3주택 중과에서 제외되면 당연히 2주택 중과에서도 제외된다. 여기에 언급하지 않았지만 조건을 갖춘 임대주택이나 소형주택, 감면주택 등도 중과 대상에서 제외된다. 즉 주택수 판단 시 빼주는 경우가 많아서 잘 알아보면 무작정 중과를 걱정할 필요는 없다.

기타지역 규정을 이용한 절세 사례 ① (퇴계원 힐스테이트)

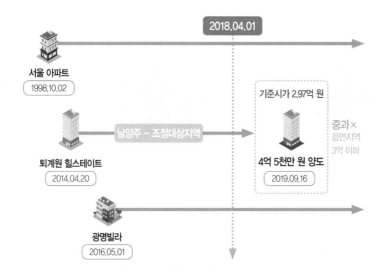

위의 사례를 보자. 집 3채를 가지고 있으므로 3주택자다. 이 사람이 퇴계원힐스테이트를 양도한다고 해보자. 퇴계원힐스테이트가 있는 경기도 남양주시는 2020년 5월 기준 조정대상지역이다. 따라서 원칙적으로 양도세 중과 대상이다.

하지만 양도하는 시점에 이 아파트의 양도금액은 4억 5,000만 원이
었지만, 기준시가가 2.97억 원으로 3억 원 이하였다. 그리고 퇴계원은 남
양주(경기도)의 읍·면 지역에 해당한다. 따라서 기준시가가 3억 원 이하이
므로 양도세는 중과되지 않고 기본세율로 과세된다. 마찬가지로 기타지
역 3억 이하인 주택은 다른 주택을 양도할 때도 주택수에서 제외된다.

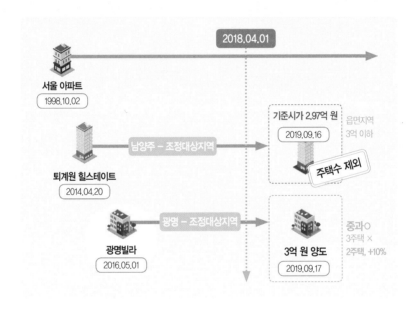

그런데 만약에 같은 상황에서 위 그림처럼 광명에 있는 빌라를 먼저
판다고 해보자. 광명시도 조정대상지역이다. 따라서 중과세 여부와 주택
수를 판단해야 한다. 이때 집 3채를 가지고 있지만 퇴계원면의 주택은 주
택수에 포함되지 않기 때문에 광명 빌라는 3주택이 아닌 2주택으로만 중
과세된다.

아파트 한 채부터 시작하는 부동산 절세

세율은 기본세율에 10%p가 추가된다. 3주택이었다면 20%p였을 것이다. 다만 2021년 6월 1일 이후 양도하면 2주택은 20%p 추가, 3주택은 30%p 추가된다.

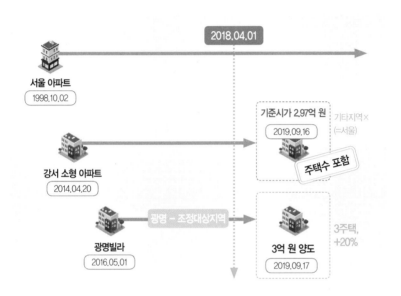

다음 사례는 앞에 사례와 비슷하지만 가운데 있던 아파트만 기타지역인 퇴계원힐스테이트에서 서울 등 지역인 강서구의 소형아파트로 바뀌었다. 이때 광명의 빌라를 팔면 역시 조정대상지역이므로 중과세 여부와 주택수를 판단해야 한다.

이번에는 강서구의 소형아파트 공시가격이 3억 원 미만이지만 주택수에 포함된다. 기타지역이 아닌 서울 등 지역은 금액과 상관없이 모두 주택수에 포함되기 때문이다. 따라서 광명 빌라는 3주택으로 중과세되어 기본세율 + 20%p(2021년 6월 1일 이후에는 기본세율 + 30%p)로 과세된다.

기타지역 규정을 이용한 절세 사례 ② (대구 수성구)

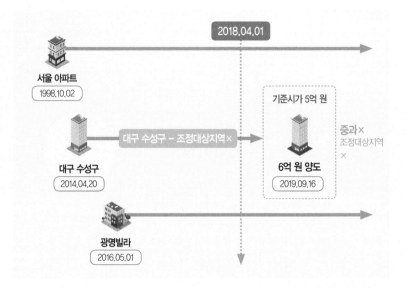

다른 사례를 살펴보자. 가운데 집만 대구광역시 수성구로 바뀌었다. 대구광역시에 있는 집을 양도할 때 얼핏 생각하면 3주택으로 중과될 것으로 보인다. 하지만 대구광역시 수성구는 투기과열지구이지만 조정대상지역이 아니다. 따라서 애초에 중과세 대상이 아니므로 기본세율로 과세될 뿐이다.

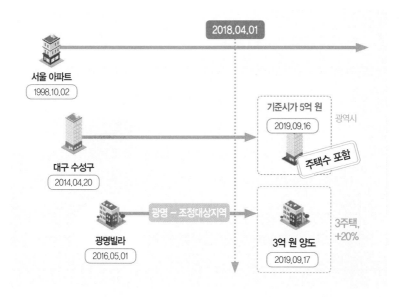

이번에는 같은 상황에서 광명에 있는 빌라를 먼저 판다고 하자. 대구 광역시 수성구는 광역시의 군 지역이 아니므로 서울 등 지역에 해당한다. 따라서 금액과 상관없이 다른 주택의 중과세 판단 시 주택수에 포함된다. 따라서 광명의 빌라는 3주택으로 중과세된다.

파는 순서만 바꿔도 절세가 가능하다

같은 다주택자라도 어떤 집을 어떤 순서로 파는지에 따라 양도세가 크게 달라질 수 있다. 물론 세금 이전에 각각의 미래가치를 가늠해 봐야겠지만, 세금도 같이 고려해볼 수 있다. 결과적으로 간단히 요약하면 아래와 같다.

매매 순서를 바꿔서 절세가 가능한 경우(기타지역 규정 이용)

① 조정대상지역이 아닌 주택을 먼저 양도, 주택수를 줄인 후 조정대
   상지역 주택을 양도하면 중과세를 피할 수 있다.
② 기타지역의 기준시가 3억 원 이하 주택은 중과대상 주택수에서 제
   외된다.

주택수에서 빠지는 경우와 중과세에서 배제되는 경우를 다시 한번 정
리해보자. 주택수 계산에서 빠지는 주택은 중과 대상에서도 당연히 제외
된다.

기타지역 규정으로 서울에 1채, 기타지역인 청주와 속초에 기준시가
3억 이하 주택 각 1채를 소유했다면 셋 중 어떤 주택을 양도해도 중과되
지 않는다. 그리고 공동으로 상속받은 주택은 상속지분이 가장 큰 상속
인 한 명의 소유로 본다. 나머지 소수지분을 가진 사람의 주택수에 포함
되지 않는다.

반면 주택수 계산에서는 제외되지 않고 처분 시에만 중과세를 면제받
는 수도 있다. 3주택자는 장기임대주택, 장기사원용주택, 양도세 감면주
택, 문화재주택, 상속일부터 5년이 경과되지 않은 상속주택, 채권변제를
대신하여 취득하고 3년이 지나지 않은 주택, 장기가정용어린이집은 해당
주택을 팔 때 중과하지 않는다.

2주택자는 이외에도 취학 및 근무상 형편 등의 사유로 취득한 다른

아파트 한 채부터 시작하는 부동산 절세

지역의 주택(취득 당시 기준시가 3억 원 이하), 혼인합가주택(5년 이내), 동거봉양 주택(10년 이내), 소송으로 취득한 주택(3년 이내), 일시적 2주택인 경우에는 중과하지 않는다. 하지만 다른 주택의 중과세 여부를 판단할 때는 주택 수에 포함한다(개정 소득세법 시행령 제167조의3, 제167조의6 참조).

양도세 중과세는 조정대상지역에 있는 주택을 양도하는 때에만 적용 된다는 점도 중요하다. 다시 말해 조정대상지역에 있는 물건이 아니면 다주택자라도 중과세되지 않는다. 2020년 6월 19일 기준 조정대상지역 은 서울 전역(25개구), 인천·대전 일부 구와 경기도 일부, 그리고 청주와 세 종시이다. 다주택자라도 이 지역이 아닌 곳의 주택을 먼저 양도한다면 중과세되지 않는다.

결국 다주택자라 해서 항상 중과세되지는 않는다. 따라서 양도세 중 과세를 무작정 걱정하지 말고 중과세되는 조건을 살펴보고, 파는 순서를 잘 조절하면 절세할 수 있다.

토지에 대한
양도세 중과세

    토지에 대한 양도세 중과세도 있다. 토지에 대한 양도세 중과세는 주택과 달리 세율은 중과(기본세율 6~42%에 각 구간별로 10%p 세율이 가산되어 16~52%, 2021년 6월 1일부터는 16~55% 적용)되지만 보유 기간 3년부터 연 2%의 장기보유특별공제는 받을 수 있다.

    토지에 대한 양도세 중과세는 비사업용 토지에 대해서 적용된다. 비사업용 토지란 사업에 사용되지 않는 토지라는 뜻인데 실제로는 토지의 지목, 소재 지역, 면적, 과거의 이용현황 등에 따라 다양하게 구분한다.

    예를 들어 농지, 임야, 목장 용지의 경우 해당 토지의 소유자가 재촌(토지 소재지와 같은 지역에 거주)·자경(스스로 경작) 여부에 따라 사업용 토지인지 비사업용 토지인지를 구분한다. 그리고 대지와 잡종지의 경우에는 보유 기간 중 일정 기간·일정 면적 이상 건물이 있었거나 기타 다른 사업용으로 사용되었는지 여부에 따라 사업용 토지인지 비사업용 토지인지를

아파트 한 채부터 시작하는 부동산 절세

구분하여 과세한다. 대지 중 가장 대표적인 비사업용 토지가 나대지, 즉 건물이 없는 상태로 있는 땅이다.

노는 땅(비사업용 토지)은 세금을 더 많이 내야 한다

세법에서는 정책적인 목적에 따라 특정부동산에 대해 다른 부동산보다 더 높은 세금을 부과하는 수가 있다. 비사업용 토지에 대한 양도세 중과도 여기에 해당한다. 비사업용 토지에 대해서는 세율이 중과된다.

비사업용 토지에 해당하는 대표적인 경우가 바로 나대지와 잡종지, 즉 노는 땅이다. 그러면 세법에서는 어떤 땅을 노는 땅으로 볼까? 지방세법상 재산세 종합합산 대상 토지를 노는 땅으로 본다. 이에 해당하는 토지는 다음과 같다.

지방세법상 재산세 종합합산 대상 토지
① 건축물이 없는 나대지, 잡종지
② 건축물이 있더라도 토지 대비 너무 작아서 건축물이 없는 것으로 보는 토지
③ 기준면적을 초과한 공장 및 건물 등의 부속토지

즉 지목이 대지나 잡종지인 경우 건축물을 짓거나 물건을 쌓아놓는 등 사업의 목적으로 사용하지 않고 비워두면 노는 땅으로 본다.

그렇다면 비사업용 토지에 해당해 양도세가 중과될 경우 세금은 얼마

나 늘어날까?

예를 들어 5년 보유하고 양도차익이 10억 원인 경우, 비사업용 토지에 해당하면 약 1억 1,200만 원의 세금을 내야 한다. 만약 사업용 토지였다면 8,400만 원만 세금을 내면 된다. 약 3,000만 원의 세금을 더 내는 것이다. 세금 차이는 차익의 크기와 보유 기간에 따라 조금씩 달라질 수 있다. 어쨌든 노는 땅은 세금을 더 많이 낸다.

비사업용 토지는 양도 전 용도를 고려한다

단순히 땅이 비어 있다고 해서 비사업용 토지로 보지 않는다. 비사업용의 판단은 부동산을 양도하는 시점만 보는 것이 아니라 일정 기간 동안을 합해서 본다. 땅 위에는 건물이 있다가 철거로 없어질 수도 있고, 없다가 신축으로 생길 수도 있다.

양도일 시점만으로 판단하면 반대로 오랫동안 비어 있던 땅을 팔기 직전에 건물을 지어서 팔면 중과를 피할 수 있다. 구체적으로 양도일부터 과거 5년 중 3년, 과거 3년 중 2년 또는 보유 기간의 60% 이상의 기간 동안 건물이 있었다면 중과하지 않고, 그렇지 않다면 중과한다.

중과 대상에서 제외되는 대지

비어 있는 대지라도 일정한 요건하에 중과 대상에서 제외하기도 한다. 공익사업을 위해 양도한 토지, 체육시설용·주차장용 토지, 무주택자 소유의 나대지, 법령에 따른 건축 등 사용이 제한된 토지 등은 빈 땅이어

아파트 한 채부터 시작하는 부동산 절세

도 양도세를 중과하지 않는다.

시내 한가운데 뜬금없이 주차장이 있는 이유

시내의 주요 상권을 다니다 보면 종종 상권의 핵심적인 위치에 건물이 아닌 주차장이 있다. 건물을 지어서 임대료를 받는 게 좋을 것 같은데 나대지 상태로 두고 있으니 의아할 것이다.

건물을 짓지 않고 주차장을 운영하는 데에는 저마다 사정이 있다. 건물 신축에 필요한 자금이 부족해서일 수 있다. 혹은 주변에 차량 이용자는 많은데 주차장이 부족해 유료 주차장을 운영하면 득이 될 수도 있다. 그런데 절세를 위해서일 수도 있다. 주차장 운영과 세법에는 무슨 관련이 있을까?

나대지는 세율이 일반 토지보다 높다

지방세법상 건물이 없는 나대지는 건물이 있는 토지보다 더 높은 세금이 부과된다. 즉 나대지는 재산세의 과세표준과 세율이 더 높다. 구체적으로 과세표준 1억 원 초과분에 대해서는 0.5% 세율이 적용된다. 건물 부수토지였다면 과세표준 10억 원 초과분부터 최대 0.4%의 세율이 적용된다.

보유한 나대지 공시가격의 합이 5억 원이 넘으면 종부세도 부과된다. 건물 부수토지의 종부세는 80억 원부터 부과되는 반면 나대지의 종부세 부과 기준은 5억 원으로 매우 낮다. 양도세도 기본세율(6~42%)보다 과세표준 구간별로 10%p 높은 중과세율이 적용된다.

따라서 일반적으로 나대지에는 건물을 올려서 사업에 사용해야 세금 부담을 덜 수 있다. 그런데 건물을 올릴 수 없는 상황이라면 앞서 이야기했듯이 주차장을 직접 운영하는 것이다. 주차장을 운영하면 토지 위에 건물이 없어도 사업용 토지로 간주한다. 사업용 토지로 간주되면 재산세와 종부세는 물론 양도세 중과도 피할 수 있다.

주차장 운영을 통해 사업용 토지로 간주되기 위해서는 일정한 요건을 갖추어야 한다. 첫째, 주차장 운영자와 토지 소유자가 같아야 한다. 즉 임차인이 주차장을 운영하면 안 된다. 둘째, 「주차장법」에 의한 노외주차장이어야 한다. 노외주차장 운영을 위해서는 관할 시·군·구에 신고해야 한다. 셋째, 토지의 가액에 대한 1년간의 수입금액 비율이 토지가액의 3% 이상 되어야 한다. 이때 토지가액은 특별한 사정이 없는 한 공시가격을 기준으로 한다.

결론적으로 보유한 토지에 당장 건물 신축 등을 올릴 수 없다면 주차장을 운영해서 수익도 창출하면서 세금도 줄일 수 있다. 다만 양도세의 경우 사업용 여부를 판단할 때는 최소 2년 이상 주차장으로 운영해야 한다. 따라서 주차장 수요가 일정 수준 이상 뒷받침 되는 곳은 미리미리 주차장 운영을 검토하는 것도 좋은 절세법이 될 수 있다.

결론적으로 노는 땅이 있다면 세법상 놀리지 않아야 한다. 놀리지 않는 땅이 되면 중과세를 피할 수 있다. 물론 가능한 빨리 건축물의 신축 등 사업에 사용하는 편이 가장 이상적이다.

부동산 취득 권리,
분양권의 양도

양도소득세의 과세 대상에는 부동산 외에도 부동산에 관한 권리도 있다. 즉 실물 부동산뿐 아니라 부동산에 관한 권리를 양도하는 경우에도 양도소득세를 내야 한다. 여기에는 지상권, 전세권, 등기된 부동산임차권과 부동산을 취득할 수 있는 권리가 포함된다.

이 중에서 실무적으로 양도차익이 주로 발생하는 대상은 부동산을 취득할 수 있는 권리이다. 부동산을 취득할 수 있는 권리란 계약이나 법률에 따라 취득의 권리만 발생하고 아직 취득이 완료되지 않은 상태를 말한다.

분양권의 양도는 세금이 더 많나요?

분양권은 통상 아파트당첨권과 같이 특정 건물이 완성되는 때 그 건물과 토지를 취득할 수 있는 권리를 말한다. 분양권은 건설 중인 아파트가 완공되기 전까지 부동산을 취득할 수 있는 권리이다. 준공(사용승인 또는 임시사용승인)된 후에는 부동산이 된다.

따라서 분양권의 양도 시 준공 전에는 부동산을 취득할 수 있는 권리로 양도세가 과세되고, 준공 후에는 부동산으로서 양도세가 과세된다.

분양권으로 양도 시 조정대상지역은 55%(지방소득세 포함), 비조정대상지역은 6~42% 기본세율로 과세된다. 그리고 2020.07.10 대책으로 2021년 6월 1일 이후부터는 지역과 상관없이 1년 미만 보유한 분양권은 77%(지방소득세 포함), 1년 이상은 66%(지방소득세 포함)로 과세된다.

예외적으로 양도 당시 다른 분양권 및 입주권이 없고 30세 이상이거나 배우자가 있는 경우(사망·이혼 포함)에는 중과세를 하지 않는다. 조정대상지역 지정 전에 양도계약을 체결하고 계약금을 받았다면 2021년 5월 31일 전까지 양도하면 기존 세율로 과세된다.

또한 취득 당시에는 조정대상지역이었으나 양도 당시에는 조정대상지역에서 해제되었고 2021년 5월 31일 전에 양도하는 분양권도 역시 중과 대상이 아니다. 2016년 11월 3일 조정대상지역으로 지정되었다가 2018년 12월 31일과 2019년 11월 8일 해제된 부산 같은 곳에 이런 경우가 많다.

어떤 분양권은 양도세 대신 기타소득세가 나온다

분양권이나 입주권과는 다른 이축권과 이주자택지분양권도 있다. 이축권은 건축법과 도시계획법에 따라 위치를 옮겨서 집을 지을 수 있는 권리다. 그런데 이축권은 법적으로 부동산의 취득 자체를 목적으로 하는 권리는 아니기 때문에 양도세 과세 대상이 아니다. 대신 양도 시 기타소득으로 과세된다. 다만 이축권을 부동산과 함께 양도하면 양도소득세로 과세한다(2019년 세법개정).

이주자택지분양권은 공익사업 등으로 부동산이 수용될 때 주는 토지의 취득 권리이다. 따라서 이는 부동산을 취득할 수 있는 권리로 양도소득세의 과세 대상이 된다.

권리를 양도할 때는 주의할 점이 많다

세법에서는 겉으로는 비슷해 보이는 여러 권리를 각각 다르게 취급할 때가 있다. 부동산뿐 아니라 부동산 관련 권리를 둘러싼 세금 이슈가 생길 때는 주의해야 한다. 분양권과 관련된 사례를 보며 정리해보자.

| 사례 | A 씨는 2017년 8월 성남의 전용 84㎡ 아파트를 분양받았다. 성남시 수정구는 투기과열지구는 아니지만 조정대상지역이다. 따라서 분양권은 전매제한이 있지만 중과세 대상은 아니다. A 씨는 본인의 분양에 대한 세금이 어떻게 되는지 궁금하다. 그리고 집이 올라간 다음엔 또 세금이 어떻게 달라지는지 궁금하다.

A 씨의 성남시 분양권은 2020년에 입주할 때까지는 아직 주택이 아니라 부동산을 취득할 수 있는 권리다. 일반분양권이므로 조정대상지역이라면 양도세가 55%로 중과된다. 성남시는 2016.11.03 대책으로 조정대상지역으로 지정되었다. 따라서 분양권 상태로 양도하면 양도세가

55%의 세율로 중과된다. 준공 이후 주택이 된 다음에는 다주택이 아니라면 중과 대상에서 제외된다.

다만 1년 미만 단기양도에 해당하면 44%의 단기양도중과세율이 적용된다. 2021년 1월 1일 이후부터는 1년 미만 단기양도세율은 55%, 1년 이상~2년 미만은 44%로 올라간다.

재개발·재건축에 따른 주택의 양도

재개발 · 재건축 시 주택은 권리로 바뀐다

분양권과 비슷한 조합원분양권도 있다. 이를 통상 입주권이라 부른다. 도시 및 주거환경정비법에 따라 재개발·재건축의 경우 주택은 권리(입주권)로 바뀌었다가 다시 주택으로 바뀐다. 입주권은 원칙적으로 주택이 아니고 부동산을 취득할 수 있는 권리이다. 따라서 세법상 일반적인 주택과는 다르게 취급한다.

우선 입주권은 장기보유특별공제를 차감해주지 않는다. 다만 입주권을 1주택 비과세를 적용할 때 고가주택분 양도차익에 대해서는 장기보유특별공제를 적용한다.

보유 기간을 계산할 때도 주택은 공사 기간을 보유 기간에 포함시키지만 입주권은 공사 기간이 제외된다. 즉 도시 및 주거환경정비법에 따라 재개발·재건축되는 경우 부수기 전의 주택을 소유한 조합원은 신축 준공 후에 주택으로 양도하면, 구주택과 신주택의 보유 기간과 공사 기간까지를 보유 기간으로 본다. 반면 입주권 상태로 양도하면 공사 기간은 보유 기간에서 제외된다.

주택이 입주권이 되는 타이밍

그러면 기존의 주택은 언제 입주권으로 변환될까? 재건축이나 재개발 모두 관리처분인가일에 주택이 입주권으로 전환된다. 다만 1개의 입주권만 소유하다 양도할 때 입주권을 1주택으로 보고, 비과세를 적용할 때는 관리처분인가일 이후에도 주택에 거주하고 있으면 주택으로 본다. 관리처분인가일 이후부터 이주 및 철거일까지 현실적으로 차이가 있기 때문이다. 즉 철거와 퇴거가 관리처분인가일 이후라면 철거 또는 퇴거일까지 주택으로 보고 보유 기간과 거주 기간을 계산한다.

짧게 보유하다가 양도하면 세금이 많이 붙는다

입주권은 분양권과는 달리 1년 미만 보유 시 44%(지방소득세 포함), 1년 이상 보유 시 6.6~46.2%(지방소득세 포함)로 과세된다. 2021년 6월 1일 이후부터는 주택과 입주권 모두 1년 미만 보유한 것은 77%, 1년 이상 2년 미만은 66%로 중과세된다. 2년 이상 보유한 때부터 6.6~46.2% 기본세율로 과세된다. 그리고 해당 입주권이 1세대 1주택에 해당하는 경우에는 주택과 같이 비과세도 적용될 수 있다.

주택이 입주권이 되면 주택수에 포함될까?

입주권은 일반분양아파트의 분양권과는 다르게 공사 전 주택이었고, 곧 다시 주택이 될 것이므로 권리인 입주권 상태에서도 여전히 주택수에 포함된다. 따라서 입주권이 아닌 다른 주택을 양도할 때 일반분양권은 주택수에 들어가지 않지만, 입주권은 주택수에 포함시킨다. 다만 2019.12.16 대책으로 2021년 1월 1일 이후 조정대상지역의 주택 양도 시 분양권도 주택수에 포함되도록 개정되었다.

입주권과 주택을 함께 보유한 경우 주택을 양도하면 입주권도 주택수에 포함되어 2주택 또는 3주택으로 중과될 수 있다. 반면에 관리처분인가일 현재 입주권이 1주택 비과세 요건을 갖추었다면, 입주권 양도 시 주택과 같이 비과세를 받을 수 있다.

입주권은 이와 같이 예외 조항이 복잡하고 다양하다. 보유 기간과 거주 기간의 계산에 따라 비과세 여부와 장기보유특별공제 등이 달라진다. 또한 이로써 세금 차이도 매우 크다. 따라서 입주권을 취득하거나 양도할 때에는 일반 주택보다 더 꼼꼼하게 살펴보아야 한다.

참고로 다주택자가 입주권을 양도하는 경우 입주권의 본질은 권리이므로 다주택에 적용하는 중과세율은 부과하지 않고 일반세율로만 과세한다. 조정대상지역에서 일반분양권을 준공 전에 양도하면 55%(지방소득세 포함)로 중과되는 것과 대비된다.

1세대 1주택자의
양도소득세

양도소득세에서 제일 중요한 한 가지를 꼽으라면, 고민할 필요 없이 '1세대 1주택 비과세'다. 그리고 가장 복잡한 한 가지 또한 '1세대 1주택 비과세'다. 가장 중요하지만 가장 복잡한 이 요건에 대해 알아보자.

'1주택 비과세'는 원래 계산 방식부터 요건까지 복잡한 세금이었는데, 2015~2019년(혹은 그 이후까지) 서울 및 수도권과 광역시 일부 지역을 중심으로 아파트 가격이 급격하게 상승하면서 규제가 강화되어 더욱 복잡해졌다.

이때 시중에는 '양포세무사'라는 말까지 등장했다. 양도세 상담을 포기한 세무사라는 뜻이다. 사실 엄밀하게는 세무사들이 양도세를 어려워한다기보다는 군이 위험 부담 많고 수익은 적은 양도세, 특히 1주택 비과세와 관련한 상담을 하지 않는 현실에서 나온 말이었다. 어쨌든 지금까지도 1주택 비과세는 가장 중요한 세금 항목이다. 그것은 과세당국이나

아파트 한 채부터 시작하는 부동산 절세

세무사가 아니라 투자자에게 더욱 그렇다.

1주택자를 위한 기본적인 비과세 특례

1세대 1주택 비과세는 양도세 절세에서 매우 중요한 항목이다. 1주택은 양도금액 9억 원 이하일 때 전액 비과세된다. 양도금액이 9억 원을 초과해도 전체 양도차익 중 9억 원을 초과하는 부분에 대해서만 양도세를 계산한다. 이때 초과분에 대해서도 3년 이상 보유·2년 이상 거주했다면 보유 기간에 따라 장기보유특별공제를 연 8%(최대 80%)씩 받을 수 있다.

1주택 비과세는 그 절세 효과가 매우 크다. 그만큼 비과세를 받는 요건은 매우 엄격하다. 원칙은 거주자인 1세대가 2년 이상 보유한 주택을 1주택 상태에서 양도해야 한다. 특히 2017년 8월 2일 이후 조정대상지역에서 취득한 주택은 보유 기간 중 2년 이상 거주도 해야 한다.

다만 이때 세대전원이 거주해야 하는 건 아니다. 예컨대 세대주가 해당 주택에 2년 이상 거주했으나 처와 자녀는 직장 및 학교 문제로 다른 집에서 전세로 거주한 경우, 즉 세대원 일부가 같이 거주하지 않아도 거주기간은 인정된다(대법 97누7479, 조심2009광23 참조).

꾸준히 변화하는 1주택자에 대한 과세

주택 가격의 급격한 상승을 막기 위해 규제가 많이 생겨났다. 이미 1주택자에게 영향을 주는 변화도 많았다. 이제 1주택자도 더 이상 세금이 남의 일이 아니다. 무엇보다 규제가 있고 없고는 정책적으로 불가피하게 생겨나고, 그렇지 않더라도 내가 어떻게 조정할 수 없다. 단지 주어진 조건 안에서 스스로 할 수 있는 방법을 찾아야 한다. 그 방법을 찾기 위해서는 1주택자도 이제 세금을 공부할 수밖에 없다.

∶ 1주택 비과세의 요건 ∶

거주자	1세대	국내
1주택	2년 이상 보유 (조정지역 2년 거주)	양도

기본적으로 1세대 1주택 비과세의 요건은 위와 같다. 즉 거주자인 1세대가 국내에 1개의 주택을 2년 이상 보유하다 양도하면 비과세가 된다. 조정대상지역에서 2017년 8월 2일 이후(8월 3일 부터) 취득한 집이라면 보유하는 동안 2년 이상 거주도 해야 비과세가 가능하다. 자, 그러면 비과세 요건을 하나씩 구체적으로 살펴보자.

주택의 범위는 어디까지?

주택은 주거용으로 사용하는 건물과 그 부속토지를 말한다. 간혹 부속토지가 너무 큰 경우가 있는데 이럴 때는 제한이 있다. 2021년 12월 31일까지 양도하는 경우 도시지역은 주택정착면적(수평투영면적을 말한다. 수직상공에서 봤을 때 건물의 가장 넓은 범위)의 5배, 도시지역 밖은 10배까지다.

2022년 1월 1일 이후 양도하는 경우 수도권 도시지역은 3배, 수도권 밖 도시지역은 5배, 기타 도시지역 밖은 10배다. 따라서 수도권 도시지역의 단독주택으로 부수토지가 주택정착면적의 3배에서 5배인 장기보유 1주택 비과세 대상인 경우 2022년 1월 1일을 전후하여 팔 계획이 있다면, 2021년 12월 31일 전까지 양도해야 절세에 유리하다.

주택의 범위에 대한 또 하나의 이슈는 상가주택에 관한 것이다. 하나의 건물에 주택과 주택이 아닌 용도가 같이 있는 것을 상가겸용주택이라 한다. 그런데 주택의 면적이 주택 외의 면적보다 더 크다면 건물 전체를 주택으로 본다. 반대로 주택 외의 면적이 더 크다면 주택 부분만 주택으로 보고 나머지는 상가 등 다른 건물로 본다. 만약 이 집이 1주택 비과세 대상이라면 어디까지를 주택으로 보느냐에 따라 양도세가 크게 달라진다.(이에 관한 자세한 내용은 187p 참고)

비거주자가
1주택 비과세를
받는 법

세법상 거주자인 1세대가 2년 이상 보유한 1주택을 양도하는 경우에는 양도세를 비과세한다. 원칙적으로 1주택 비과세란 거주자에게만 적용한다. 비거주자의 경우에는 국내에 있는 주택을 양도할 때 비과세를 받을 수 없다. 세법상 거주자인지 비거주자인지에 따라 비과세 여부가 달라진다.

거주자와 비거주자의 정확한 기준

세법상 거주자란 국내에 주소를 두거나 183일 이상의 거소를 둔 개인을 말한다. 그리고 비거주자란 거주자가 아닌 개인을 말한다(소득세법 제 1조의2).

이 조항을 잘 살펴보자. 여기에서 '주소'란 국내에서 생계를 같이하는

아파트 한 채부터 시작하는 부동산 절세

가족 및 국내에 소재하는 자산의 유무 등 생활관계의 객관적 사실에 따라 판정한다. 또한 '거소'란 주소지 외의 장소 중 상당 기간에 걸쳐 거주하는 장소를 말한다.

국내에 주소를 가진 것으로 보는 경우(소득세법 시행령 제2조 제1항)

① 계속하여 183일 이상 국내에 거주할 것을 통상 필요로 하는 직업을 가진 때

② 국내에 생계를 같이하는 가족이 있고 그 직업과 자산상태에 비춰 계속하여 183일 이상 국내에 거주할 것으로 인정되는 때

반대로 국내에 생계를 같이하는 가족이 없고 직업 및 자산상태에 비추어 국내에 거주하리라고 인정되지 않는 때에는 국내에 주소가 없는 것으로 본다(소득세법 시행령 제2조 제4항).

1세대가 보유하는 거주용 1주택에 대한 비과세는 제도의 취지상 거주자에게만 적용하고, 비거주자에게는 적용하지 않는다(소득세법 제121조 제2항). 즉 비거주자는 국내에 보유한 1주택 양도 시 비과세를 받을 수 없다.

그런데 예외적으로 비거주자도 비과세를 받는 일이 있다. 대표적으로 거주자인 상태에서 주택을 취득했다가 해외이주 또는 취학·근무상 형편으로 국외에 출국하여 비거주자인 상태에서 양도하는 경우이다. 이때는 예외적으로 비과세를 적용한다. 다만 출국 후 2년 이내에 양도를 해야 한다.

2년이 지나 양도하면 양도소득세를 납부해야 한다. 특히 해외이주법에 따라 해외이주한 경우에는 영주권 또는 장기체류 자격 취득일을 기준으로 2년 이내에 양도해야 한다. 이때 자격 취득일은 외교부에서 발행하는 해외이주신고확인서 또는 현지이주확인서를 통해 입증할 수 있다.

참고로 거주자인 피상속인에게 비거주자인 상속인이 주택을 상속받아 비거주자 상태에서 양도하면 비과세 대상에 해당하지 않는다.

1세대의 구분은 실제 생계를 함께하는지 여부로

1주택 비과세를 판단할 때는 세대를 기준으로 한다. 세대란 거주자 및 그 배우자가 그들과 동일한 주소 또는 거소에서 생계를 같이하는 가족과 함께 구성하는 가족집단을 말한다. 가족이란 거주자와 그 배우자의 직계존비속 및 형제자매를 말한다.

그리고 취학·요양·근무상 및 사업상의 형편으로 본래의 주소 또는 거소를 일시 퇴거한 경우에는 그 가족을 포함한다. 생계를 같이하는 가족을 세법에서는 1세대로 구분한다. 이때 가족은 본인을 기준으로 배우자, 본인과 배우자의 직계존속(나보다 항렬이 높은 친족), 그리고 비속(나보다 항렬이 낮은 친족)과 비속의 배우자, 여기에 본인과 배우자의 형제자매까지 아우른다.

'생계의 구분'이 가장 중요한데, 가족 중 나와 생계를 같이하는 가족은 같은 세대이다. 존속과 비속, 즉 부모와 자녀는 같이 살 수도 있고, 독립해서 따로 살 수도 있다. 그래서 동일세대가 되기도 하고 독립세대가 되

아파트 한 채부터 시작하는 부동산 절세

기도 한다.

본인과 배우자의 형제자매가 생계를 같이하고 있다면 같은 세대가 되고, 독립적으로 산다면 별도세대가 된다. 이때 형제자매의 배우자는 생계를 같이하는 경우에도 같은 세대가 되지는 않는다.

물론 어른이 된 형제자매가 같은 세대로 구분되는 일은 매우 드물지만, 아주 없지는 않다. 그리고 직계비속의 경우는 특히 주의가 필요한데, 흔히 자녀가 학교를 졸업하고 취업해서 소득이 있다는 사실만으로 독립세대라고 생각한다. 그러나 세법에서는 생계를 같이하고 있다고 인정하는 경우도 많다.

국적은 거주자의 기준이 아니에요!

많이들 거주자와 비거주자의 개념을 대한민국 국민과 외국인으로 오해한다. 즉 국적을 기준으로 나눈다고 생각하는데, 거주자와 비거주자는 국적과는 상관없다. 외국 시민권자나 영주권자라도 국내 거주자가 될 수 있고, 반대로 대한민국 국민이라도 비거주자가 될 수 있다. 거주자인지 여부는 거주 기간과 직업, 국내에 생계를 같이하는 가족과 자산의 소재지 등 생활관계를 종합하여 판단한다.

주택일까? 아닐까?
헷갈리는 1주택 여부

거주자인 1세대가 국내에 1개의 주택을 2년간 보유하다 양도하면 양도세가 비과세된다(2017년 8월 2일 이후 조정대상지역 주택의 경우 2년 이상 거주). 그런데 의외로 미처 생각하지 못한 사유로 비과세를 받지 못하는 일이 많다. 몇 가지 사례를 알아보자.

1주택이라도 용도가 다르면 혜택을 받을 수 없다

1주택 비과세는 말 그대로 1주택에만 적용된다. 그러면 어디까지가 주택인지, 주택의 범위가 중요하다. 세법은 '실질과세원칙'이라는 대원칙이 존재한다. 따라서 1주택 비과세를 적용할 때도 어떤 건축물이 실질적으로 주택인지 요건이 정해져 있다. 이는 건축물대장이나 등기부등본상 용도에 관계없이 실질적인 용도에 따라 판단한다.

따라서 공부상 주택으로 분류되어 있지만, 사실상 영업용으로 사용하는 건물, 콘도미니엄 등은 주택으로 보지 않는다. 반대로 주택으로 되어 있지 않거나 무허가 주택이라도 양도일 현재 실질적으로 주택으로 이용되고 있다면 주택으로 본다. 그런데 우리가 흔히 폐가라고 생각하는 주택도 경우에 따라 주택으로 인정되기도 해 세심한 주의가 필요하다.

폐가인데 주택에 포함된다고요?

주택은 용도상으로 상시 주거로 사용할 수 있는 시설을 갖춘 건물을 말한다. 그리고 세법상 주택이란 가옥대장 등 공부상의 용도구분이나 건축 또는 용도변경에 대한 당국의 허가 유무 및 등기 유무와는 관계없이 주거로 사용하는 건물을 뜻한다(대법 91누10367). 그리고 주택법 제2조에 의하면 주택은 세대의 세대원이 장기간 독립된 주거생활을 영위할 수 있는 구조로 된 건축물의 전부 또는 일부 및 그 부속토지를 말한다.

따라서 주거로 사용하는 주택은 용도나 등기여부와 상관없이 주택이 될 수 있다. 그런데 오랫동안 사용하지 않은 주택은 어떠할까? 폐가인지 아닌지에 따라 주택으로 볼 수도 있고 안 볼 수도 있다.

이때 폐가와 비교되는 주택의 이용형태가 '공가'다. 공가란 말 그대로 비어 있는 집을 말한다. 일시적인 공가일 뿐 언제든지 다시 주거로 사용할 것이 확실하면 주택에 해당한다.

그리고 장기간 공가로 방치했다면 공가인지 폐가인지 여부가 중요하다. 장기간 공가로 방치하여 건축법상 건물로 볼 수 없을 정도로 폐가가

된 경우에는 주택으로 보지 않는다.

하지만 방치된 주택이 폐가인지 여부는 상황을 종합적으로 판단해야한다. 우선 전기와 수도가 연결되어 있는지 여부, 지붕·기둥·벽·출입문의훼손 정도가 중요한 척도가 된다. 이때 단순히 전기와 수도를 장기간 미사용해서 한전이나 사업소에서 임시 해지했다고 폐가로 보지는 않는다.언제든지 다시 사용계약이나 연결을 해서 용이하게 사용할 수 있다면 폐가가 아닌 공가다.

이와 반대로 전기와 수도는 용이하게 연결되더라도 지붕의 서까래가썩어서 내려앉았거나 외벽 일부가 허물어졌으면 공가가 아닌 폐가로 보기도 한다.

결과적으로 어떤 주택이 폐가인지 공가인지 애매하다면, 비과세 받을주택을 양도하기 전에 해당 주택에 대한 폐가 여부를 반드시 확인해야 한다. 확인 후에도 폐가인지 여부가 불분명하다면 상황에 따라 주택을 멸실하고, 건축물대장 등 공부를 말소하는 것도 방법이다.

그리고 비과세주택 양도기간 내에 말소가 쉽지 않다면, 폐가라는 사실을 입증할 자료를 확보해야 한다. 일반적으로 현황 사진과 함께, 오랫동안 사람이 거주하지 않았다는 사실을 증명할 서류를 챙겨놓아야 한다.

별장이라 주택이 아니라고요?

무엇을 주택으로 봐야 할지 판단할 때, 또 하나 주의해야 할 경우가있다. 바로 별장(전원주택)이다. 납세자 입장에서 전원주택과 별장을 잘 구분하지 않는다. 그런데 전원주택인지 별장인지에 따라서 큰 낭패가 생기기도 한다.

| 사례 | A 씨는 거주 중인 강북의 아파트를 양도하고 강남으로 이사하려고 한다. 2년 전 양평에는 별장을 지었다. 강남의 집을 추가로 취득했고, 강북의 아파트는 10년 전에 5억 원에 취득하여 차익 4억 원을 남기고 9억 원에 양도했다. 그런데 A 씨는 자기가 생각했던 것보다 양도세가 많이 나왔다. 주택을 양도하는 경우 9억 원 이하의 1주택은 비과세되고, 이사를 위한 일시적 2주택인 경우에도 비과세를 받을 수 있는데 왜 양도세가 많이 발생했을까?

이유는 새로 지은 별장에 있다. A 씨는 2년 전 양평에 별장을 신축하면서 인테리어에는 신경을 많이 썼지만 세금은 미처 고려하지 않았다. 그 양평 별장(기준시가 4억 원) 때문에 A 씨는 비과세를 받을 수 없다.

그는 양평, 강북, 강남까지 3주택자가 되기 때문이다. 게다가 강북의 아파트는 다주택 중과에도 해당된다. 2018년 4월 1일 이후 다주택자가 조정대상지역에 있는 주택을 양도하면 2주택자는 16~52%, 3주택자는 26~62%로 중과된다. 2021년 6월 1일부터 2주택자는 26~65%, 3주택자는 36~75%가 중과된다.

이때 별장은 주택이 아닌 것으로 알고 있는데, 왜 3주택자가 될까? 별장, 즉 상시 주거용으로 사용하지 않는 주거용건물은 주택이 아니다. 그래서 양도세 중과를 계산할 때 별장은 주택수에 포함하지 않는다. 대신에 별장을 신축할 때는 취득세가 중과(과세표준금액의 8% 추가, 2020년 8월 12일부터는 최대 20%) 된다.

또한 보유 기간 중 재산세도 역시 중과(단일세율 4%, 주택은 0.1~0.4%)된다. 그래서 별장 신축 시 많은 사람들이 별장이 아닌 주택으로 신고하고, 취득세와 재산세 중과를 피한다. 당장의 취득세와 재산세만 생각하기 때문이다.

하지만 취득세와 재산세보다 양도세의 부담이 훨씬 크다. 특히 다주택 중과세가 적용되면 더욱 그렇다. 양도세를 비과세 받느냐, 받지 못하느냐에 따라 세금은 수천만 원에서 수억 원까지 차이가 난다. 또한 별장을 주택으로 신고한 것에 대해서도 지역에 따라 지방세 누락 관련 조사 대상이 될 수 있다.

결과적으로 부동산 관련 의사결정을 할 때는 세금을 반드시 고려해야 한다. A 씨의 사례처럼 근시안적으로 판단해서는 안된다.

주택을 포함한 부동산은 그 규모와 특성 때문에 보통 수년 이상 장기 보유한다. 따라서 부동산 세금을 검토할 때는 당장의 세금만이 아니라, 몇 년 뒤나 몇 십 년 뒤까지도 염두에 두어야 한다. 길게 보고 판단할 때 세금도 아낄 수 있고 더 바람직한 의사결정을 할 수 있다.

임대 중인 오피스텔이 주택이 되는 경우

국내 거주자인 1세대가 국내에 1주택을 2년 이상 보유하고 매각하면 양도세가 비과세된다. 다만 2017년 8월 3일 이후 조정대상지역에서 취득한 주택이라면 2년 이상 거주도 해야 한다. 이것이 반복해서 이야기하고 있는 1주택 비과세의 기본 요건이다.

그런데 역으로 2017년 8월 2일 이전에 취득했거나, 조정대상지역이 아니라면 2년 거주 요건 없이 2년 보유만으로 비과세된다. 그리고 2020년 1월 1일 이후부터는 1주택 장기보유특별공제율은 지역과 상관없이 2년 이상 거주도 해야만 적용된다. 2년 이상 거주하지 않았다면 장기보유특별공제율이 연 2%, 최대 30%로 제한된다.

단순한 1주택자의 양도세 비과세는 위와 같이 비교적 조건이 단순(2년 이상 보유, 2년 이상 거주)하다. 그런데 1주택 비과세에서 문제는 위와 같이 명확한 요건이 아니라 전혀 의외의 변수에서 생긴다.

| 사례 | 학원 강사인 B 씨는 항상 은퇴를 고민했다. 현재는 인지도가 높은 편이지만 업계 특성상 얼마나 더 오래 일할 수 있을지 걱정이다. 그래서 B 씨는 은퇴 후를 대비해 오피스텔을 샀다. 은퇴 후에는 고정적인 현금 흐름이 중요하다고 들었기 때문이다. 오피스텔 구입 후 가격은 오르지 않았지만 월세는 꾸준히 잘 나오는 편이다. 그런데 최근 주거용으로 사용하고 있는 오피스텔 때문에 세금 폭탄을 맞을 수 있다는 말을 듣고 걱정이 태산이다.

주택을 양도하는 시점에 해당 세대가 보유하고 있는 주택이 2채 이상이라면 양도세 비과세를 받을 수 없다. B 씨가 본인이 거주하는 서울(조정대상지역) 소재 주택을 양도하는 시점에 다른 주택이 있다면, 2주택이 되어 양도세 비과세를 받을 수 없다. 이때 주택의 양도시점은 소유권이전등기일과 잔금일 중 빠른 날을 말한다. 즉 비과세를 받기 위해선 해당 시점에 다른 집이 없어야 한다.

이때 관건은 오피스텔이 주택인지 아닌지에 달려 있다. 그런데 오피스텔을 업무용으로 신고했다면, 납세자는 업무용 임대에 대해 부가가치세를 신고해온 사실을 근거로 주택이 아니라고 생각할 수 있다. 하지만 세법은 실질과세의 원칙이 적용된다. 결국 오피스텔을 업무용으로 신고했다 하더라도 실질적으로 주택으로 임대해주었다면 주택수에 포함된다. 다시 말해 집으로 쓰면 오피스텔도 집이다.

만약 이 때문에 장기간 보유한 본인의 거주주택에 대해 비과세와 장기보유특별공제를 받지 못하고 과세되면 세금 폭탄을 맞을 수 있다. 다른 주택이 없다면 B 씨의 거주 주택은 실거래가 9억 원을 넘는 주택인 경우 전체 양도차익 중 9억 원 이하 분은 비과세하고, 초과분에 대해서만 과세된다.

예를 들어 5년 전에 5억 원에 사서 10억 원에 양도했다면 9억 원 초과분에 해당하는 1/10만큼이 과세 대상이 된다. 즉, 양도차익 5억 원 중 5,000만 원에 대해서만 과세한다. 이때 세금은 약 335만 원에 불과하다. 9억 원 이하분이 비과세된 효과다. 이처럼 비과세가 적용되는 1주택은 차익이 다소 큰 경우에도 세금은 적은 편이다.

그런데 주거용으로 임대한 오피스텔로 주택수가 2채가 되면 비과세를 받을 수 없다. 만약 해당 오피스텔이 서울·경기도·광역시에 있다면 B 씨는 비과세를 받지 못할 뿐 아니라 다주택으로 중과될 수도 있다. 이 경우 세금은 위와 같이 차익 5억 원, 5년 보유일 때 약 2억 4,600만 원까지 난다. 임대수익도 얼마 안 되는 작은 오피스텔 하나로 세금폭탄을 맞을 수 있는 셈이다.

결과적으로 B 씨는 노후를 대비해 구입한 오피스텔로 오히려 노후 준비를 망칠 수 있다. 게다가 보유 기간 동안 가격도 오르지 않았다면 그야말로 득보다 실이 크다. 이런 점을 오피스텔에 투자할 때 주의해야 한다.

다만 B 씨는 거주 주택을 양도할 때 잔금일과 소유권이전 등기일 전에 오피스텔을 먼저 처분하면 손해를 줄일 수 있다.

따라서 납세자는 특히 1주택을 양도할 때는 돌다리도 두드려본다는 심정으로 두 번, 세 번 확인하는 노력이 필요하다. 비과세를 받을 수 있는지 여부에 따라 세금이 천양지차이기 때문이다. 특히 오피스텔처럼 같은 건물에 있는 유사한 물건이라도 실질사용에 따라 주택일 수도 있고 아닐 수도 있으므로 주의, 또 주의해야 한다.

무허가주택도 비과세를 받을 수 있을까?

그렇다면 건축법상의 무허가주택이나 부동산등기법상의 미등기 주택에도 비과세를 적용할 수 있을까?

무허가주택이나 부동산등기법상의 미등기 주택이란 주로 재개발지역에서 건축법상 불법으로 용도 변경했거나, 농어촌지역에 있는 미등기 주택 등을 말한다.

원래 주택을 건축하려면 건축법상 관할 관청에 적법한 신고절차나 허가절차를 밟아야 한다. 그러나 건축허가를 받지 않았거나 불법으로 건축되어 준공승인을 받지 않았어도 주택으로 사용할 목적으로 건축되고 주택으로 사용된 건축물은 주택에 해당한다.

이때 무허가주택이나 미등기 주택은 면적 산출이 문제다. 이때 건물은 주택으로 사용한 건축물의 면적 전체를 말하므로 혼동이 없다. 그런데 부속토지는 주택 면적을 표시하는 등기부등본이나 건축물대장과 같은 공적 장부가 존재하지 않으므로 그 면적을 산출하기 어렵다.

주택에 대한 비과세를 적용할 때는 주택정착면적의 5배(도시지역 안) 또는 10배(도시지역 밖)까지를 부수토지로 본다. 이 경우 해당 건축물을 주택으로 사용했다는 사실과 주택의 면적을 입증해야 한다. 그래야만 주택의 면적에 따라 비과세되는 부수토지의 면적을 구할 수 있다.

먼저 주택으로 사용했다는 사실은 재산세과세대장 사본, 거주자 주민등록등본, 전력공급확인원, 공공요금 납부영수증으로 확인할 수 있다. 그리고 주택정착면적의 입증은 무허가건축물대장이나 지적공사의 지적측량성과도를 발급받아 입증할 수 있다.

세법은 실질과세원칙을 두고 있다. 실질이 1세대 1주택에 해당하는 한 무허가주택이나 미등기주택이라 하더라도 1주택 비과세의 요건을 갖추었다면 비과세를 받을 수 있다. 중요한 점은 무허가주택 등은 신뢰할 만한 공적 장부가 없기 때문에 주택으로 사용했다는 사실과 해당 면적에 대해서는 납세자가 다양한 방법을 통해 입증해야 한다.

적극적으로 입증할 방법을 찾는다면 세금을 최소한으로 줄일 수 있다. 모든 국민은 세금을 납부할 의무가 있지만 합법적으로, 필요한 최소한의 세금만을 낼 권리도 있다.

1주택 비과세를 이용한 절세법:
단독주택 허물기

 강남에 고가 아파트 1채+신길동 낡은 단독주택 1채를 보유한 A씨는
강남아파트를 팔려고 내놓은 상황이었다.

강남 아파트 현안

- ↘ 7년간 직접 거주·보유
- ↘ 양도가격 17억, 취득가격 8억
- ↘ 142.14㎡(43평)

신길동 단독주택 현안

- ↘ 1977년 준공으로 노후
- ↘ 주변 지가상승 가능성 있고,
  주택 임대수요는 높은 편

| 사례 |　　A 씨는 강남에 고가아파트 1채와 신길동 낡은 단독주택 1채를 보유하고 있었다. 강남아파트를 팔려고 내놓은 상황이었는데, 강남의 아파트는 장기보유했고 거주도 했다. 그러나 신길동에 있는 단독주택 때문에 2주택으로 중과가 되는 상황이었다. 내야 하는 양도세가 무려 4억 7,000만 원이었다.

단독주택이 있던 곳은 지가상승 가능성이 높은 곳이었다. 새로 대규모 아파트 단지가 주변에 들어서고 있었고, 주택의 임차수요도 높은 편이었다.

검토 단독주택 계속 보유 및 신축임대 검토

순서 아파트 양도(잔금) 전 멸실

4.5억 절세

해결책을 찾던 A 씨는 신길동 단독주택을 허물기로 했다. 그리고 그 자리에 다가구 또는 연립주택을 짓기로 했다. 이렇게 함으로써 세금을 무려 4.5억 원이나 줄일 수 있게 되었다. 대체 어떻게 된 일일까?

주택의 멸실과 신축, 양도 시기를 이용한 절세

※ 양도 시기: 소유권이전등기일, 잔금청산일 중 빠른 날
※ 재개발·재건축의 경우는 제외

아파트 한 채부터 시작하는 부동산 절세

솔루션은 의외로 간단하다. 강남의 아파트를 양도하는 시점에 다른 집이 없으면 된다. 그래서 1주택 비과세 요건을 충족시키려고 신길동의 주택을 허물고 다시 짓는 기간 동안, 장기보유하고 거주한 아파트를 양도하기로 했다.

부동산을 양도할 때 양도세는 양도하는 시점을 기준으로 판단한다. 따라서 그 시점에 1주택이라면 1주택 비과세를 받을 수 있다. 그러면 언제가 양도시점일까? 부동산의 거래는 통상 계약금, 중도금, 잔금의 절차를 거치므로 거래 완결까지 장기간 소요된다.

이 각각의 시점 중 언제 양도했다고 볼까? 여러 번 설명했듯이 통상 소유권이전등기일과 잔금일 중 빠른 날을 양도일로 본다. 따라서 A 씨는 잔금을 받기 전에 신길동 집을 멸실함으로써 1주택 상황을 만든 것이다.

다만 이와 유사하지만 도시 및 주거환경정비법에 따른 재개발이나 재건축으로 멸실된 경우에는 입주권을 받기 때문에 멸실된 상태여도 여전히 집을 가지고 있는 것으로 본다. 이 경우를 제외하면 주택은 멸실하는 순간 없는 것이 된다. 결국 아주 간단한 방법으로 세금을 크게 줄일 수 있었다.

점점 어려워지는
1주택자의 양도

2017.08.02 대책으로 2018년 4월 1일부터 양도세 중과세 제도가 시행되었고, 2018.09.13 대책으로 종부세 등이 강화되면서 부동산 투자 시세금이 중요한 이슈가 되었다. 당시에는 주로 다주택자에 대한 규제 중심의 안정화 대책이었기 때문에, 1주택자나 무주택자는 상대적으로 관심이 적었다.

1주택 비과세 기준의 변화

규제가 강화되면서 이제 1주택자도 세금에서 자유로울 수 없다. 우선 2017.08.02 대책에서 1주택 비과세 요건이 강화되었다. 2017년 8월 3일 이후 조정대상지역에서 취득하는 주택은 비과세를 받기 위해서 2년 이상 거주해야 한다. 그 전에는 2년 이상 보유만 하면 비과세를 받을 수 있었다.

아파트 한 채부터 시작하는 부동산 절세

즉 2017.08.02 대책 전에 취득(계약하고 계약금 지급한 경우를 포함)했거나 조정대상지역이 아닌 경우에는 여전히 2년 보유만으로 비과세가 가능했다. 이때까지는 아직 1주택자에게 규제는 남의 일이었다.

그런데 2018.09.13 대책에서는 이보다 조금 더 복잡해졌다. 2020년 1월 1일 이후 양도하는 경우 (현재 가격은 9억 이하라도 양도시점에) 9억 원이 넘는다면 2년 이상 거주했는지 여부에 따라 9억 원 초과분에 대한 장기보유특별공제가 연 8%, 최대 80%에서 연 2%, 최대 30%로 바뀌었다.

게다가 이 규정은 2017년 8월 2일 전에 취득했든 이후에 취득했든 모두 적용되기 때문에 그 대상자가 더 많다. 예를 들어 서울·수도권이나 광역시에서 (양도시점에) 9억 원이 넘는 집을 거주하지 않고 소유했다면 앞으로 2년 이상 실거주할 수 있는지 고민해야 한다. 주로 전세를 안고 고가 주택을 사고 본인은 다른 곳에 전세를 사는 1주택자가 이에 해당한다.

2019.12.16 대책에서는 더 복잡해졌다. 2021년 1월 1일 이후 양도분부터는 장기보유특별공제가 보유 기간별 4%(최대 40%)와 거주기간별 4%(최대 40%)로 세분화되었다. 예를 들어 만 6년을 보유(24%)하고 만 3년을 거주(12%)했다면 36%의 장기보유특별공제를 받는다.

만약 거주하지 않고 만 6년 보유만 했다면 12%의 장기보유특별공제가 적용된다. 여기서 특이한 포인트가 발생한다. 어차피 거주를 하지 못했다면 보유 기간을 늘려서 연 2%의 장기보유특별공제를 더 받을 수 있다. 따라서 2019.12.16 대책은 미거주 1주택자에게는 오히려 득이 될 수도 있는 상황이다. 3년 이상 보유한 미거주 1주택자라면 무조건 팔기보다 보유 기간에 따른 공제율을 꼭 확인해야 한다.

일시적 2주택자도 비과세를 받으려면 서둘러야 한다

일시적 2주택자에게 주는 종전주택처분 유예기간도 복잡해졌다. 거주 이전 등을 위해 일시적으로 2주택이 된 경우에는 일정기간 내에 처분한다는 조건하에 양도시점에 2채의 집이 있어도 비과세를 해준다. 원래이 기간은 3년이다.

즉 1채가 있는 상태에서 새로 1채를 샀다면 나중 산 집을 취득한 때(잔금 또는 소유권이전등기일 중 빠른 날)부터 3년 내에 양도하면 비과세를 받을 수있다.

그런데 2018.09.13 대책으로 조정대상지역에서 2018년 9월 14일 이후 취득하는 경우에는 처분기간이 2년으로 줄어들었다. 그리고 2019.12.16 대책으로 조정대상지역에서 2019년 12월 17일 이후 취득하는 경우에는 처분기간이 1년으로 줄어들고, 새로 산 집으로 1년 내 전입도 해야만 종전 주택을 비과세 받을 수 있게 되었다.

다만 둘 중 한 채라도 조정대상지역이 아니면 여전히 3년 내 처분하면 된다. 그리고 신규로 취득한 주택에 임대차기간이 남았다면 최대 2년내에 임대차기간 만료 시까지 처분 및 전입기간이 연장된다.

조정대상지역에서의
1주택 비과세

1주택 비과세의 다음 요건은 2년 이상 보유다. 원칙적으로 2년 이상 보유만 하면 1주택 비과세를 받을 수 있다. 그러나 2017.08.02 부동산대책에서 조정대상지역의 경우엔 2년 이상 거주도 해야만 비과세된다고 조건을 강화했다. 세금 규제를 이해할 때 그 조건이 어렵다면 뒤집어서 생각해보면 좋다. 조정대상지역에서의 1세대 1주택 비과세를 받는 경우는 다음과 같다.

조정지역에서의 1주택 비과세

① 2017년 8월 2일을 기준으로 조정대상지역으로 지정되기 전에 취득했다면 여전히 2년 이상 보유 시 비과세된다.

② 2017년 8월 3일 이후 취득했더라도 조정대상지역이 아닌 상태에서 취득했다면 마찬가지로 2년 보유 시 비과세된다.

참고로 무주택자의 경우 2017년 8월 2일 이전에 계약을 하고 계약금을 보냈다면 잔금일이 2017년 8월 3일 이후라 하더라도, 즉 2017년 8월 3일 이후 취득한 경우라도 예외적으로 8월 3일 전에 취득했다고 본다. 결국 2년만 보유하면 비과세된다.

그런데 조정대상지역은 신규로 지정지역이 추가되기도 하고 지정된 지역이 해제되기도 한다. 즉 계속 바뀐다. 결국 그 와중에 내가 언제 주택을 구입했는지 여부에 따라 비과세 요건에 2년 거주가 필요한지 여부가 달라진다.

보유 중 조정대상지역이 해제된 경우

표에서 보면 새롭게 조정대상지역으로 지정된 곳만 있는 것이 아니라 지정지역에서 해제된 곳도 있다. 이때 2017년 8월 2일을 기준으로 조정대상지역으로 지정된 상태에서 취득했다면 그 뒤에 조정대상지역에서 해제되었다 하더라도 1주택 비과세를 받기 위해서는 2년 이상 거주해야 한다.

조정대상지역에서 풀렸다고 2년 보유만으로 비과세된다고 판단해서는 안 된다. 조정대상지역은 앞으로도 계속 추가될 수 있고, 또 지정된 곳이 해제될 수도 있다. 따라서 내가 집을 갖고 있는 곳이 언제 조정대상지역으로 지정되었고 언제 해제되었는지, 나는 그 집을 언제 샀는지를 파악하고 있어야 한다.

지정　　해제

지역	16.11.03	17.06.09	18.08.08	18.12.31	19.11.8	20.02.21	20.06.19	20.11.20	20.12.17
서울	서울								
경기	과천 성남 하남 고양 남양주 동탄2	광명	구리 안양 동안구 광교지구	수원 팔달구 용인 수지구 용인 기흥구	고양·남양주 (삼송, 원흥, 지축·향동·덕은·킨텍스1단계 고양관광문화단지 다산동, 별내동 제외)	수원 영통구 수원 권선구 수원 장안구 안양 만안구 의왕시	고양, 남양주, 군포, 안성, 부천, 안산, 시흥, 용인 처인구, 오산, 평택, 광주, 양주, 의정부	김포	파주
부산	동래구 수영구 해운대구 부산진구 남구 연제구 기장군 일광면			부산진구 남구 연제구 기장군 일광면	동래구 수영구 해운대구			남구 연제구 동래구 수영구 해운대구	전체 (기장군, 중구 제외)
인천							중구, 동구, 미추홀구, 연수구, 남동구, 부평구, 계양구, 서구		
대전							동구, 중구, 서구, 유성구, 대덕구		
충북							청주		
세종	세종								
대구								수성구	전체 (달성군 일부지역 제외)
광주									전체
울산									전체 (동구, 북구, 울주군 제외)
충남									천안 동남구, 서북구 동 지역 논산 공주 동 지역
전북									전주 완산구, 덕진구
경남									창원 성산구
경북									포항 남구 경산 동 지역
전남									여수 동 지역, 소라면, 순천 동 지역, 해룡면, 서면 광양 동 지역, 광양읍

※ 남양주, 안성, 용인처인구, 광주, 청주는 읍·면 소재 지역 일부 제외
※ 2020년 12월 17일 기준

2년간 거주, 보유하지 않고 비과세를 받는 요건

　1세대 1주택은 양도금액 9억 원 이하이면 전액 비과세된다. 양도금액이 9억 원을 초과하더라도 전체 양도차익 중 9억 원을 초과하는 부분에 대해서만 세금을 계산한다. 뿐만 아니라 3년 이상 장기보유했다면 장기보유특별공제를 연 8%(최대 80%)씩 받을 수 있다.

　따라서 1주택 비과세는 그 절세 효과가 매우 크다. 대신 비과세를 받기 위한 요건도 엄격하다. 비과세를 받기 위해서는 거주자인 1세대가 2년 이상 보유한 주택을 1주택 상태에서 양도해야 한다. 특히 2017년 8월 2일 이후 조정대상지역에서 취득한 주택은 보유 기간 중 거주도 2년 이상 해야 한다.

예외적으로 비과세를 받을 수도 있다

2년 보유 및 2년 거주 요건 없이도 비과세를 적용하는 예외 경우는 다음과 같다.

첫째, 보유 및 거주기간과 상관없이 비과세하는 경우

민간임대주택에 관한 특별법에 따른 건설임대주택은 최소 5년 이상 임대로 거주하다 분양을 받아 취득한다. 원칙적으로 1주택의 거주기간은 소유한 기간 중에 거주해야 하고 임차인으로서 거주한 기간은 인정되지 않는다.

하지만 건설임대주택은 분양 후 2년 이상 추가로 거주하지 않아도 비과세를 인정한다. 공공사업용으로 협의매수 또는 수용되는 경우에도 보유 및 거주기간과 상관없이 비과세를 받을 수 있다. 단, 공익사업의 사업인정고시일 전에 취득한 것이어야 한다.

해외이주법에 따른 해외이주로 세대전원이 출국하는 때에도 보유 및 거주기간과 상관없이 비과세를 받을 수 있다. 다만 이때는 거주자인 상태에서 주택을 취득하고, 세대전원이 출국하며, 출국일부터 2년 이내에 양도해야 한다.

1년 이상 계속 국외거주를 해야 해서 취학 또는 근무상 형편으로 세대전원이 출국하여 비거주자 상태에서 양도하는 경우에도 역시 보유 및 거주 기간과 상관없이 비과세된다.

둘째, 취득 후 1년 이상 거주한 주택을 부득이한 사유로 양도하는 경우

도시 및 주거환경정비법에 따라 재개발·재건축 사업이 진행되는 경우 사업기간 동안 거주하기 위해서 대체취득한 주택은 1년 이상 거주했다면 비과세를 받을 수 있다. 단, 관리처분인가일 이후에 대체주택을 취득해야 한다.

그리고 준공 후 2년 이내에 재개발·재건축된 신축주택으로 세대전원이 이사하여 1년 이상 계속 거주해야 한다. 또한 준공일부터 2년 이내에 대체주택을 양도해야 한다.

1년 이상 거주한 주택을 취학·근무상의 형편·질병의 요양 등 부득이한 사유로 세대전원이 다른 시·군으로 이전하는 경우에도 1년만 거주하면 비과세를 받을 수 있다.

법은 기본적으로 상식에 기반을 두고 사회적 합의에 따라 적용한다. 1주택 비과세 규정에 대한 예외 조항 역시 상식에 근거하고 있다. 세법의 이러한 예외 조항을 잘 파악하면 본인의 상황에 맞게 절세의 기회로 삼을 수 있다.

다주택자가 1주택자가 된 이후의 비과세 요건

1주택 비과세를 받기 위한 2년의 보유 기간을 계산할 때 다주택자는 2021년 1월 1일 이후부터 좀 더 복잡하다. 2019년 2월 시행령 개정으로 2021년 1월 1일 이후 양도하는 것부터는 다주택자의 경우 다주택 상태에서 보유한 기간을 인정하지 않는다. 즉 종전에는 다주택자가 순차로

주택을 양도하고, 마지막 1주택을 양도할 때는 직전 주택을 양도하자마
자 바로 양도하더라도 최초 취득시점부터 보유 기간이 2년 이상(조정대상
지역 2017년 8월 3일 이후 취득 시는 2년 이상 거주)이라면 비과세가 가능했다. 그
러나 2021년 1월 1일 이후부터는 최종적으로 1주택이 된 날부터 2년을
더 보유한 후 매각해야 비과세를 받을 수 있다.

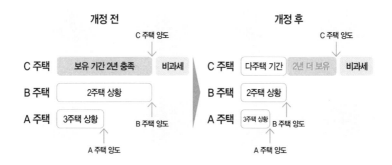

1주택 비과세의 요건은 여기서 끝이 아니다. 아직 좀 더 복잡한 문제
가 남아 있다. 1주택 보유의 예외 조항과 임대주택이 있는 상태에서 본인
거주주택에 대한 비과세 여부다. 먼저 1주택 보유의 예외 조항부터 알아
보자.

최소한 일시적 2주택은 알고
부동산 투자를 시작하라

양도세는 양도하는 시점(일반적으로 소유권이전등기일과 잔금일 중 빠른 날)이 기준이다. 다만 주택의 양도시점에 2주택이어도 예외적으로 1주택 비과세를 적용해주기도 한다. 대표적인 것이 일시적 2주택인 경우의 비과세다.

집을 구입하고 기존 살던 집을 팔 때 이사 갈 집에 인테리어 공사를 한다든지 아니면 세입자가 남아 있어 바로 들어갈 수 없는 경우가 있다. 또한 기존 집을 서둘러 팔면 제값을 받지 못하는 수도 생긴다.

따라서 세법에서는 일시적으로 이런 중복 허용기간을 두고 있다. 즉 종전 주택을 매각하는 시점에 이미 새로운 집을 취득했으면, 종전 주택의 매각 시점에서는 2채의 집이 되지만, 이사를 가기 전에 중복되는 기간으로 보고 비과세를 해준다.

구체적으로 종전 주택을 취득한 날부터 만으로 1년이 지나서 새로운 주택을 구입했고, 새로운 집을 취득한 날부터 만으로 3년이 지나기 전에 종전 주택을 팔면 된다.

다만 종전 주택과 새로운 주택이 모두 조정대상지역에 있을 때 이 3년의 기간은 새로운 집을 2018년 9월 14일 이후 2019년 12월 16일 이전에 구입했다면 2년으로 줄어든다.

또한 2019년 12월 17일 이후라면 1년 내 매각하고 1년 내 전입도 해야 한다. 다만 옮겨갈 집에 기존 임차인이 있는 경우 최대 2년의 범위 내에서 기존 임대차계약만료 시점까지 처분 및 전입기간이 연장된다.

1년이 지나서 구입하도록 한 이유는 처분 기간의 원칙이 3년이기 때문에 이 규정을 이용하여 반복적으로 2주택을 통해 차익을 보지 못하도록 하기 위한 조치이다.

⋮ 일시적 2주택이 되기 위한 요건 ⋮

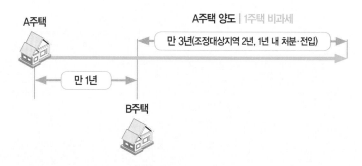

※ 수도권 소재 기업(공공기관)의 지방이전에 따른 이사는 5년 내 양도
※ 2018년 9월 14일에서 2019년 12월 16일 사이에 조정대상지역에서 새로운 주택을 취득할 경우에는 2년 내 양도
※ 2019년 12월 17일 이후 조정대상지역에서 새로운 주택을 취득한 경우에는 1년 내 양도 & 전입
　다만, 새로운 주택에 임차인이 있는 경우 최대 2년 내에서 잔여일차 만기까지 유예

강화된 일시적 2주택 요건의 허를 찌른다

이처럼 일시적 2주택임에도 1주택으로 비과세를 받을 수 있다. 하지만 강화된 부동산 규제로 그 조건이 점점 복잡하고 엄격해지고 있다. 그런데 이와 같이 복잡해진 세법을 이해할 때는 반대로 뒤집어 생각해보면 좋다. 우선 강화된 규제의 내용을 정리하면 아래와 같다.

⦂ 취득 시기별, 조정대상지역 여부에 따른 일시적 2주택 요건 ⦂

▬▬▬ 1년 내 전입·처분*　　　　　2년 내 전입·처분

구분		사례 A	사례 B	사례 C
신규 주택을 2019년 12월 17일 이후 취득	종전 주택	조정대상지역 ○	조정대상지역 ×	조정대상지역 ○
	신규 주택	조정대상지역 ×	조정대상지역 ○	조정대상지역 ○
신규 주택을 2018년 9월 14일 이후 취득	종전 주택	조정대상지역 ○	조정대상지역 ○	조정대상지역 ○
	신규 주택	조정대상지역 ×	조정대상지역 ○	조정대상지역 ○
2018년 9월 13일 이전 취득(3년 내 전입처분하면 일시적 2주택)				

* 신규 주택 기존 임차인의 임차기간이 남은 경우 최대 2년 내에서 만기까지 전입·처분 연장
※ 사례 A와 B는 3년 내 전입·처분하면 일시적 2주택에 해당

강화된 비과세 조건은 종전 주택과 신규 주택이 모두 조정대상지역에 있는 경우에만 해당한다. 따라서 둘 중 한 채라도 조정대상지역이 아니라면 여전히 3년의 처분유예기간이 있다.

아파트 한 채부터 시작하는 부동산 절세

2018.09.13 대책으로 처분 유예기간이 2년으로 줄어들었지만 대책 발표 다음 날인 2018년 9월 14일 이후 취득한 것부터 적용된다. 신규주택 취득시점이 2018년 9월 13일 전(09.13포함)이라면 여전히 3년이 적용된다.

마찬가지로 2019.12.16 대책으로 처분 유예기간이 1년으로 줄어들고, 1년 내 전입도 해야 하지만, 대책 발표 다음 날인 2019년 12월 17일 이후 취득한 것부터 적용된다. 신규주택 취득시점이 2019년 12월 16일 전(12.16 포함)이라면 여전히 2년이 적용된다.

이때 취득은 계약일이 아니라 잔금일(또는 소유권이전등기일 중 빠른 날)이 기준이지만 예외적으로 2018.9.13 대책과 2019.12.16 대책 발표 당일까지 계약하고 계약금을 지급한 것까지는 취득한 것으로 간주한다. 즉 종전 규정(3년 또는 2년)이 적용된다.

같은 날 사고 팔아 3주택이 되는 경우

| 사례 | H 씨는 집으로 거주와 투자를 병행하고 있다. 거주하고 있는 집을 조금씩 넓히면서 조금씩 더 좋은 지역으로 옮기는 식으로 자산관리를 하고 있다. H 씨는 집을 사고파는 과정에서 인테리어와 이사 때문에 날짜 조절이 어려워졌다. 그런데 공교롭게도 일시적 2주택으로 사고파는 과정에서 기존주택의 매도 잔금일에 새로운 주택의 잔금일과 겹치면 어떻게 될까? 이때도 일시적 2주택으로 비과세가 가능할까?

A주택과 B주택 사이에서는 일시적 2주택 비과세 요건을 갖추었으나 A주택 양도일(잔금)과 C주택 취득일(잔금)이 같아 3주택이 되는 상황이다.

이런 경우 세법은 같은 날 사고팔아 3주택이 된 때에는 선양도 후취득 한 것으로 보아 비과세한다. 따라서 위의 경우 일시적으로 3주택임에도 비과세를 받을 수 있다(대법원 91누8548, 심사양도 2003-3062 참조).

이처럼 세법에서는 디테일한 부분마다 그 적용을 달리할 때가 있다. 따라서 부동산 관련 의사결정을 할 때는 세법을 꼼꼼히 살펴야 한다. 의외의 부분에서 납세자에게 유리한 규정을 찾을 수도 있기 때문이다. 다만 그 학습은 부동산의 사고파는 의사결정이 이뤄지기 전에 해야 한다.

양도세 신고는 양도일이 속하는 달의 2개월 뒤 말일까지 신고하고 납부한다. 통상 사람들은 양도에 따른 잔금을 받고 나서야 세금을 따져본다. 그러나 양도세를 절감하기 위해서는 항상 양도가 끝나기 전에 조율해야 한다. 배가 지나간 다음에는 손을 흔들어도 돌아오지 않는다.

양도세 감면주택,
혜택을 최대로 끌어올려라

감면주택이 뭘까?

특정시기에 특정한 요건을 갖추어 취득한 주택은 매각할 때 양도세를 감면해주기도 한다. 이를 양도세 감면주택이라고 한다. 조세특례제한법이라는 법률로 특정 시기마다 제한적으로 주는 혜택이다.

멀게는 1995년 미분양에 대한 양도세 감면이 있었고, 가깝게는 2013년에 신축주택이나 2015년 준공 후 미분양인 주택까지 다양한 양도세 감면주택이 있었다.

양도세 감면이란 '발생한 양도차익에 대해서 양도세를 계산해보니 얼마가 나왔는데, 이러한 감면요건을 갖춘 집이라면 계산된 양도세를 전부 또는 일부 감면해준다.'는 뜻이다.

이 중에는 양도세를 100% 감면해 주는 경우도 있다. 이때 양도세

100% 감면이라면 세금이 아예 없는 비과세와 같다고 오해할 수 있다.

하지만 감면과 비과세는 다르다. 양도세 감면은 원래 내야 할 양도세가 있는데 조건에 따라 감면해준 것이기 때문에 감면받은 양도세의 20%를 농어촌특별세로 내야 한다. 반면 비과세는 처음부터 과세 대상에서 제외되기 때문에 농어촌특별세가 붙지 않는다.

양도세 감면주택의 종류는 매우 다양하다. 각 시기별로 감면의 요건도 다르고 감면되는 금액도 서로 다르다. 또 감면은 되지만 다른 집을 팔 때는 주택수에 포함되는 경우가 있는가 하면 제외되는 경우도 있다. 따라서 양도세가 감면되는 주택을 가지고 있다면 조세특례제한법상 어떤 시기 어떤 조항에 따른 감면주택인지 꼭 확인해야 한다. 법률에 해당하는 요건과 금액에 따라서만 감면받을 수 있기 때문이다. 그중 대표적인 것 중 하나가 2013년의 양도세 감면주택이다.

2013년 감면주택에 쏟아졌던 혜택

주택가격이 급격하게 상승할 때는 가격을 안정화시키기 위한 각종 대책이 나온다. 최근 4년 사이에도 2016.11.03 대책부터 2017.06.19 대책, 2017.08.02 대책, 2018.09.13 대책, 2019.12.16 대책과 2020.02.20 대책까지 모두 주택시장의 안정적 관리를 위해 발표되었다. 이들은 급격한 가격의 상승과 수요 증가를 막기 위한 정책이었기 때문에 세금강화와 같이 규제하는 내용이 주를 이룬다.

반대로 주택가격이 급격하게 하락하고 미분양이 늘면서 건설경기가

아파트 한 채부터 시작하는 부동산 절세

침체될 때는 대출규제를 완화하고 세금 감면 혜택을 주는 내용의 대책이 발표된다. 요즘에 주택시장 규제 환경에서는 언제 그런 일이 있었겠나 싶지만 불과 7년 전에 그러했다. 2016.11.03 대책부터 따지면 불과 3년 전의 일이다. 즉 2013년 말까지는 주택거래를 활성화하기 위해 세금감면정책이 시행되었다.

세금감면정책은 활성화 대책이기 때문에 거주자는 물론 비거주자에게도 같은 혜택을 주었다. 거주자 또는 비거주자가 2013년 4월 1일에서 2013년 12월 31일 사이에 신축·미분양·1세대 1주택자가 소유한 주택(이하 신축주택 등)을 취득한 경우 감면대상이 된다.

이때 주택건설사업자 또는 1세대 1주택자와 최초 계약을 체결했으면 감면대상이다. 이 기간에 계약체결하고 계약금을 납부했다면 해당된다. 즉 잔금은 해당 기간 이후에 치르더라도 괜찮다. 또한 주택은 물론 주거용 오피스텔도 감면의 대상이다.

1세대 1주택자의 매물은 일시적 2주택자도 포함된다. 즉 당시에 매매계약을 체결한 경우에 매도자의 주택수와 상황에 따라 감면대상이 정해지는 구조였다. 다만 금액 또는 면적의 제한이 있었다. 당시 실거래가격이 6억 원 이하이거나 면적이 85㎡ 이하여야 한다. 아파트와 오피스텔의 경우엔 전용면적을 기준으로 한다.

이때는 감면대상을 구분하기 위해 신축·미분양·1주택자 매물인지 여부를 시장·군수·구청장에게 확인받아 계약서에 날인받도록 했다. 따라서 감면대상 주택의 기록이 매수자의 매매계약서에도 표시되어 있고, 시·군·구는 물론 주택의 소재지 세무서에 보관(감면확인대장)되어 있다.

감면대상 주택은 취득 후 5년 내 양도했다면 양도세 전액을 감면하고 5년이 지난 후 양도했다면 취득일부터 5년 동안 발생한 소득을 과세 대상에서 차감한다. 이때 감면대상 소득은 기준시가의 비율로 계산한다.

예를 들어 취득금액이 5억 원, 양도금액이 12억 원이고 취득 시 기준시가 3억 원, 5년 시점 기준시가가 6억 원, 양도시점 기준시가가 10억 원이라면 감면대상 소득은 7억 원×(6억 원 - 3억 원)/(10억 원 - 3억 원) = 3억 원이다. 즉 전체 차익 7억 원 중 4억 원에 대해서만 양도세를 내면 된다. 다만 5년 전 양도든 5년 후 양도든 감면된 양도세의 20%는 농특세로 내야 한다.

해당 감면주택은 다주택 중과도 되지 않는다. 즉 조정대상지역에서 2채 이상을 가지고 있어도 해당 감면주택을 먼저 팔면 중과되지 않고 일반세율로 과세되며 장기보유특별공제도 받을 수 있다. 게다가 이보다 더 좋은 혜택은 해당 감면주택은 다른 주택의 비과세를 판단할 때 주택수에 포함되지 않는다는 점이다.

예를 들어 해당 감면주택을 취득해서 보유하던 중 '다른 집'을 한 채 더 샀다가 팔 때 '다른 집'이 1세대 1주택 비과세 조건을 갖추어 파는 상황이라면 감면주택이 있어도 없는 것으로 본다는 뜻이다. 다만 '다른 집'의 중과세 판단 시에는 주택수에 포함된다.

따라서 '다른 집'이 비과세 상태인지 아닌지 여부에 따라 감면주택이 주택수에 포함될 수도 있고 안 될 수도 있다. '다른 집'이 비과세 상태가 아니라면 감면주택을 먼저 파는 것을 고려해야 한다. 감면주택 자체는 중과세를 하지 않기 때문이다.

결과적으로 이 시기에 해당 감면주택을 취득한 자는 부동산 매각 시세금 관련 옵션을 다양하게 활용할 수 있다. 당시에는 주택 경기 침체로 과연 감면받을 만큼 양도차익이 생길지 모르겠다고 걱정했을 것이다. 그러나 결과적으로 당시의 침체된 경기가 지금으로서는 호재가 되었다. 물론 이 호재는 그 시기에 해당되는 집을 샀을 때만 받을 수 있다. 아무것도 사지 않았다면 아무런 호재도, 혜택도 없다.

감면주택이 있는 다주택자의 절세법

| 사례 | K 씨는 조정대상지역에 3채의 집이 있다. 이 중 1채는 2013년 구입한 양도세 감면 대상인 주택 A다. 그 후 서울에 2017년 말 주택 B, 2018년 초 주택 C에 2채의 집을 더 샀다. 감면대상 주택은 조특법 제99조의 2에 따라 신축주택 · 미분양주택 · 1세대 1주택자로부터 매입한 주택이라서 양도세 감면이다. 사정이 있어 K 씨는 B 주택을 2019년 11월 1일에 3주택 중 과세로 매각했다. 이제 남은 건 감면주택인 A와 2018년 초에 구입한 C 2채다. 이제 K 씨는 C 주택을 팔 계획이다. K 씨가 부담해야 할 세금은 어떻게 될까?

주택 A에 주는 여러 가지 감면 혜택(조특법 제99조의 2)

① 이 집을 팔 때 취득 후 5년간 발생한 소득금액은 양도세가 100% 감면된다. 즉 5년 이후 발생한 소득에 대해서만 양도세를 내면 된다. 물론 감면받은 양도세의 20%를 농어촌특별세로 내야 한다. 그래도 세금은 꽤 줄어든다.

② 양도세 중과대상에서 제외된다. 이 집을 팔 때 다른 집이 더 있어도 중과하지 않고 기본세율로만 과세한다.

③ 이 집 한 채만 있어서 감면과는 별개로 1주택 비과세 대상도 된다면 9억 원까지 비과세도 받고 9억 원 초과분이 과세될 때 또 5년치 감면도 받는다.

④ 감면주택과 다른 주택이 있을 때, 감면주택을 두고 다른 집을 팔면서 비과세도 받을 수 있다. 즉 감면주택은 다른 집의 1주택 비과세 여부를 판단할 때 주택수에 포함되지 않는다. 다만 다른 집이 1채가 아니라 2채라면 이때는 감면주택도 주택수에 포함된다. 즉 중과세를 판단할 때는 주택수에 포함되어 3주택이 된다.

주의할 점은 감면주택 외에 다른 2채의 주택이 일시적 2주택 비과세와 겹치면 1주택 비과세는 받을 수 있지만(9억 원 이하분 비과세) 9억 초과분을 과세할 때는 감면주택이 주택수에 포함되므로 초과분은 3주택으로 중과세되고 장기보유특별공제도 배제된다.

K 씨의 경우 총 3채의 집이 있으므로 두 번째 집 B를 팔 때는 3주택으로 중과된다. 그리고 세 번째 산 집을 팔 때는 위의 네 번째 혜택에 따라 1주택 비과세가 가능하다. 그런데 2020년 1월 1일 이후에는 달라진다. 2019년 2월 시행령 개정으로 2021년 1월 1일부터는 다주택자가 주택을 매각하고 최종적으로 1주택이 된 상태에서 2년을 더 보유한 후 매각해야 1주택 비과세를 받을 수 있다.

따라서 K 씨는 2018년 초에 구입한 집을 팔 때 기간을 잘 고려해야 한다. 2020년에 팔았다면 2년을 기다리지 않아도 바로 비과세된다. 그러면 감면주택은 집수에서 제외되고 2년 이상 보유했으므로 비과세를 받을

아파트 한 채부터 시작하는 부동산 절세

수 있었다.

그런데 해를 넘겨 내년 2021년 1월 1일 이후에 팔려면 2021년 11월 2일 이후에 팔아야 한다. 감면주택은 집수에서 빠지지만 개정된 시행령 때문에 2019년 11월 1일 집을 판 때로부터 만 2년이 지나야 하기 때문이다. 대신에 기간과 2년 거주 등 비과세 요건을 갖추기만 한다면 감면주택까지 2채를 가지고 있음에도, 이 집뿐 아니라 앞으로 새로 사는 집도 계속 비과세를 받을 수 있다.

만약 K 씨가 작년에 감면주택을 먼저 팔고, 2017년 말에 산 집을 팔았다면 감면주택은 5년치 양도세 감면을 받고, 2017년 말에 산 집은 2주택으로만 중과세될 수 있었다. 2주택은 16~52%, 3주택은 26~62%의 중과세율이 적용된다. 2021년 6월 1일 이후 2주택은 26~65%, 3주택은 36~75% 세율로 중과된다.

그리고 2018년 초에 산 집을 2020년에 팔았다면 역시 비과세받을 수 있다. 2021년 이후라면 앞의 경우와 동일하게 2021년 11월 2일 이후에 팔아야 비과세된다.

물론 각각의 집 양도차익에 따라 어느 쪽이 더 이득일지는 달라질 수 있다. 그리고 세금을 떠나 실제로는 어떤 집이 더 미래가치가 있는지에 따라 파는 순서는 달라야 한다.

어쨌든 K 씨는 뒤늦게나마 비과세 요건과 매각시점에 대한 상담을 받아서 다행이었다. 자칫 2021년 1월 1일에서 2021년 11월 1일 사이에 매각했다가 비과세도 못 받을 뻔 했기 때문이다. 이런 걸 불행 중 다행이라 한다.

감면주택 및 장기임대주택이 있다고 방심은 금물

비과세 판단 시 제외되는 감면주택이나 장기임대주택으로 등록한 집이 있는 상태에서 일시적 2주택 비과세가 겹치는 경우, 일시적 2주택으로 비과세 받으려는 집이 양도가액 9억 원이 넘는다면 매우 주의해야 한다.

이 경우 조건에 따라 9억 원 이하분에 대한 비과세는 받을 수 있지만, 9억 원 초과분은 중과세되기 때문이다. 중과세되면 세율이 올라갈 뿐 아니라 장기보유특별공제도 적용받을 수 없다. 다음 각 상황별로 보자.

감면주택과 일시적 2주택이 겹치는 경우

① 조특법상 감면주택과 일반주택만 있는 경우 일반주택을 양도할 때는 감면주택이 주택수에서 제외되므로 일반주택은 9억 원까지 비과세되고, 초과분은 일반세율로 과세, 보유 기간에 따라 연 8%, 최대 80%의 장기보유특별공제가 적용된다.

② 조특법상 감면주택과 종전주택, 대체취득주택의 경우 종전주택과 대체취득주택은 일시적 2주택 관계이면서 종전주택이 양도가 9억 원 이하인 경우에도 종전주택은 비과세된다.

③ 종전주택이 양도가 9억 원을 초과하는 고가주택이라면 9억 원 초과분에 대해 세율을 적용할 때, 감면주택까지 주택수에 포함시켜, 3주택 중과세율(20%p 추가)을 적용하고 장기보유특별공제를 배제한다.

장기임대주택과 일시적 2주택이 겹치는 경우

① 임대주택과 일반주택만 있으면 일반주택을 양도할 때는 비과세된다. 9억 원 초과분에 대해서도 일반세율로 과세하며, 보유 기간에 따라 연 8%, 최대 80%의 장기보유특별공제가 적용된다.

② 임대주택과 종전주택, 대체취득주택의 경우 종전주택과 대체취득주택은 일시적 2주택 관계이면서 종전주택이 양도가 9억 원 이하인 경우에도 종전주택은 비과세된다(역시 문제가 없다.).

③ 종전주택이 양도가 9억 원을 초과하는 고가주택이면 9억 원 초과분에 대해 세율을 적용할 때 임대주택까지 주택수에 포함시켜, 3주택 중과세율(20%p 추가, 2021년 6월 1일 이후에는 30%p)을 적용하고 장기보유특별공제가 배제된다.

일시적 2주택의 활용 ①
상속주택

    상속으로 2주택이 되거나 양도시점에 2주택이어도 비과세를 받을 수 있는 요건이 있다. 상속으로 주택을 취득하는 일은 그 시기를 임의로 정할 수 없고 취득이 불가피하기 때문에 이러한 특례가 인정된다. 그 요건은 아래 그림과 같다.

⋮ 상속으로 일시적 2주택 비과세 특례 ⋮

상속받은 주택과 일반주택 소유자가 일반주택을 양도하는 경우 비과세 적용

상속시점에 보유한	일반주택 먼저 양도	동일세대원 ×

단, 2013년 2월 15일 이전 취득한 일반주택은 상속시점에 보유하지 않았어도 특례 적용

아파트 한 채부터 시작하는 부동산 절세

상속에 따른 일시적 2주택 비과세 요건

① 양도하는 일반주택은 상속시점(상속개시일=피상속인의 사망일) 전에 이미 취득하여 보유한 것이어야 한다. 다시 말해 주택을 상속받은 후에 새로 산 일반주택은 이 비과세를 받을 수 없다.

② 반드시 일반주택을 먼저 양도해야 한다. 상속주택을 먼저 양도할 때는 이 비과세 특례가 인정되지 않는다. 다만 상속주택 자체는 상속개시일부터 5년간은 양도세를 중과세하지는 않고 일반세율로 과세된다.

③ 상속시점에 피상속인(사망자)과 상속인(일반주택 소유자)은 동일세대원이 아니어야 한다. 동일세대원이 아니어야 한다는 뜻을 쉽게 이야기하면, 부모님을 봉양하고 있지 않은 자식이 상속주택을 받아야 한다는 뜻이다.

마지막 조건을 다소 의아하게 생각할 수 있다. 마치 불효자가 이득을 보는 것 같은 느낌이 들기 때문이다. 그런데 이는 오해다. 양도소득세는 세대를 기준으로 하는 세금이라는 점을 이해하면 이는 당연하다.

즉 상속시점에 세대를 합가하여 부모를 봉양하는 경우 부모와 자식이 같은 세대가 된 것이고, 1주택 비과세란 기본적으로 세대당 1채의 집을 가지고 있으면 비과세해준다는 개념이다. 부모를 봉양하기 위해 세대를 합가하는 순간, 이 세대는 집이 2채가 되기 때문에 그 후에 상속이 일어나더라도 상속주택 특례를 주지 않는다.

상속주택에 대한 특례와는 별도로 부모 봉양을 위한 세대합가 시 합가일로부터 10년간은 합가로 2채가 된 집 중 어떤 것을 먼저 팔더라도 비과세를 받을 수 있다. 즉 다른 특례조항에 따라 10년간은 비과세를 받을 수 있다. 다시 말하면 합가를 하면 합가 후 집은 이제 1채만 있으면 되니까 10년 안에 팔라는 뜻이다.

비과세받으려는 일반주택은 당연히 1주택 비과세의 기본 요건, 거주자인 1세대가 국내에 1주택을 2년 이상 보유(2017년 8월 3일 이후 조정대상지역에서 취득한 경우 보유 기간 중 2년 이상 거주)의 비과세 요건을 갖추고 있어야 한다.

상속주택 특례를 이용한 절세 사례

상속주택과 일반주택이 있으면 2채의 집을 보유한 것이 된다. 다만 일정한 요건하에 1주택 비과세를 적용받을 수 있다. 그러기 위해서는 일정한 요건을 충족해야 한다. 사례를 보면서 하나씩 알아보자.

상속주택으로 특례를 받기 위한 요건

| 사례 | J 씨는 서초와 용산에 2채의 주택을 보유한 2주택자다. 서초에 있는 주택은 2009년 부친에게 물려받은 상속주택이다. 용산의 주택은 2013년 1월 이사하면서 구입한 집이다. 두 채 모두 오랫동안 보유해서 시세차익이 큰 편이다.

2020년 보유세 부담이 커지면서 J 씨는 용산의 주택을 처분하려고 한다. J 씨가 찾아본 바로는 상속주택과 일반주택이 있을 때는 비과세를 적용받을 수 있다고 한다. 그런데 상속에 따른 특례를 받으려면 상속이 있기 전부터 가지고 있던 주택이어야 한다는 말을 들었다. J 씨는 주택을 상속 이후 용산 주택을 구입했기 때문에 특례대상이 아닌지, 다른 절세 방법은 없는지 궁금하다.

첫째, 피상속인(집을 물려준 사람)과 동일세대원이 아닌 상태에서 주택을 상속받을 것

J 씨는 상속 당시 부친과 별도세대를 구성하고 있었다. 실질적으로도 각각 생계를 달리하면 따로 살았다고 본다. 따라서 별도세대 상태에서

상속받아야 한다는 첫 번째 요건을 갖췄다.

둘째, 일반주택을 먼저 양도할 것

두 번째 요건을 갖추기 위해서는 양도의 순서를 지켜야 한다. 반드시 일반주택을 먼저 팔아야 비과세를 받을 수 있다는 뜻이다. 물론 먼저 양도하는 일반주택은 비과세 요건을 갖추고 있어야 한다. 2017년 8월 2일 이전에 취득한 주택이라면 2년 이상 보유해야 한다. 2017년 8월 2일 이후에 조정대상지역에서 취득한 주택이라면 2년 이상 보유하고 2년 이상 거주도 해야 한다.

순서만 지키면 일반주택을 파는 시점은 정해져 있지 않다. 예를 들어 5년 전에 일반주택을 취득하고 3년 전에 상속주택을 상속받았다면, 10년 이나 20년 뒤에 일반주택을 양도해도 비과세를 받을 수 있다. 그리고 일반주택 양도 후 상속주택을 다시 비과세 요건을 갖춰 양도하면 상속주택도 비과세를 받을 수 있다.

결국 파는 순서가 제일 중요하다. 다만 일반주택이 9억 원 이상이라면 상속일부터 5년이 지난 후에는 9억 원 초과분에 대해서는 2주택으로 세율이 중과세된다. 즉 비과세는 받지만 초과분에 대한 중과세는 5년이 지나면 피할 수 없다.

셋째, 일반주택은 상속시점 전에 구입한 집일 것

세 번째 요건을 충족하기 위해서는 일반주택이 상속시점에 이미 보유하고 있는 주택이어야 한다. 상속시점에 먼저 보유한 일반주택이어야 한

아파트 한 채부터 시작하는 부동산 절세

다는 것은 이 특례를 이용하여 계속 반복적으로 일반주택에 대한 비과세를 받는 일을 방지하기 위한 조건이다.

즉 주택을 상속받은 상태에서 일반주택을 나중에 취득했다면 비과세 특례를 받을 수 없다. 이 조건은 2013년 2월에 개정되었다. 즉 2013년에 이 법이 개정되기 전에는 상속을 받은 다음에 일반주택을 구입했더라도 비과세를 받을 수 있었다.

이러한 맹점을 이용하여 상속주택은 안 팔고 계속 가지고 있으면서 일반주택을 팔고, 사고, 또 팔고 하는 방법으로 계속 2주택이면서 비과세를 받는 일을 방지하기 위해 법이 개정되었다.

상속주택도 매매 순서를 바꾸면 절세할 수 있다

그런데 여기에도 비밀이 있다. 2013년 2월 15일 이전에 주택상속과 일반주택 취득이 있었다면, 상속을 먼저 받고 나중에 일반주택을 취득한 경우에도 비과세를 받을 수 있다. 2013년 세법을 개정할 때 부칙으로 2013년 2월 14일 이후부터 적용되도록 했기 때문이다.

즉 만약 2013년 2월 15일 전에 상속받고 상속을 받은 후에 일반주택을 구입한 2채의 집을 지금도 계속 소유하고 있다면, 셋째 조건인 '일반주택은 상속시점 전에 먼저 보유하고 있어야 한다.'는 조건을 충족하지 못했어도(상속 후에 새로 구입한 일반주택이어도) 일반주택을 먼저 팔기만 하면 여전히 비과세를 받을 수 있다.

현행 세법상으로는 이러한 내용이 표시되어 있지 않다. 그래서 일반주택을 상속 후에 구입했으니까 특례를 받을 수 없다고 생각하기 쉽다. 결국 이런 경우 파는 순서가 매우 중요해진다.

결론적으로 J 씨는 순서만 잘 지켜서 팔면 상속 이후에 구입한 주택이어도 특례를 받을 수 있다. 현행 세법만 보면 특례대상이 된다는 사실을 놓칠 수 있다. 해당 조항은 2013년 2월 세법 개정으로 현행 세법에서는 나타나지 않기 때문이다.

J 씨는 2009년 1월에 선친에게 서초동 주택을 상속받았고, 2013년 1월에 이촌동 주택을 구입했다. 2채의 상속과 구입시점이 모두 세법 개정 이전이었기 때문에 개정 시 부칙조항에 따라 사실은 특례를 받을 수 있다. 만약 이를 모르고 상속주택을 먼저 팔았다면 비과세도 놓치고 중과세까지 받을 수 있었다. 순서를 뒤바꾸어 매각했다면 양도세를 3억 원이나 더 낼 뻔했다.

: 특례 혜택을 받기 위한 판매 순서 :

아파트 한 채부터 시작하는 부동산 절세

이처럼 양도와 관련된 세금은 곳곳에 비밀이 많이 숨어 있다. 따라서 실력 있는 전문가와의 상담을 받아 잘 살펴야 한다.

상속으로 2주택이 된 경우
상속주택을 먼저 팔면 어떻게 될까?

일반주택보다 상속주택을 먼저 팔면 비과세를 받지 못한다. 즉 2주택자로서 과세된다. 물론 상속을 받고 바로 양도한다면 차익이 없으므로 중과되더라도 세금은 없을 수 있다. 하지만 주택 상속 후 양도할 때까지 차익이 발생했다면 세금이 발생한다. 상속주택이 조정대상지역에 있다면 중과세도 적용될 수 있다.

다만 상속개시일(=사망일)부터 5년까지는 중과에서 제외하고 일반세율로 과세한다. 그리고 5년 후부터는 조정대상지역이라면 중과가 적용된다. 2주택 중과의 경우 기본세율에 각 구간별로 10%p씩 세율이 추가(16~52%)되고 장기보유특별공제 적용이 배제된다. 2021년 6월 1일 이후에는 2주택 중과의 경우 기본세율에 20%p가 추가(26~65%)되고, 역시 장기보유특별공제의 적용이 배제된다.

물려받은 집을 신축하는 경우
상속주택 특례

상속으로 받은 주택에 대해서 세법은 여러 가지 특례를 주고 있다. 상속은 납세자가 그 시기를 조정할 수 없는 불가피함을 인정하기 때문이다.

| 사례 | C 씨는 특례가 인정되는 주택을 상속받았다. 즉 일반주택을 보유한 상태에서 따로 살고 있던 선친 소유의 주택을 상속받아 2채의 주택을 보유하게 됐다. C 씨는 상속으로 받은 집은 여러 가지 혜택이 있지만 조건에 따라 다르다고 들었는데, 본인은 어떠한 혜택을 받을 수 있는지 궁금하다. 그리고 주의할 점은 무엇인지 알고 싶다.

상속주택을 허물고 새로 지어도 상속주택이다

일반주택을 먼저 양도하면 상속주택은 없다고 보고 비과세를 받을 수 있다. 즉 일반주택 양도 시 일반주택과 상속주택 각 1채씩 2주택자에 해당하지만, 중과를 적용하지 않고 양도세가 비과세된다. 그런데 B 씨가 상속주택을 보유하고 있는 동안 주택이 노후화되어 멸실하고 새로 주택을 신축하면 어떻게 될까?

상속받은 주택은 건물을 멸실하고 새로 신축해도 여전히 상속주택으로 본다. 따라서 신축된 상속주택을 두고 기존에 보유하던 일반주택을 양도하면 여전히 비과세를 받을 수 있다.

또한 신축된 상속주택을 먼저 양도하면 상속 후 5년 내에는 중과되지 않고 일반세율로 과세된다(예규, 부동산납세과-422, 2014.06.13, 재산세과-1520, 2008.7.8 참조).

이때 계속 상속주택으로 보는 신축의 범위에는 일반적인 신축(주택법, 건축법에 의한 신축)뿐만 아니라 도시 및 주거환경정비법에 따른 재개발·재건축도 전부 포함한다.

따라서 상속받은 주택을 단독으로 신축하거나 재개발·재건축으로 신축하거나 상관없이 모두 상속주택에 대한 특례(중과배제, 비과세 판단 시 주택 수 제외)를 적용받을 수 있다. 다만 재개발·재건축은 전매가 제한되어 있는 기간 중에는 처분할 수 없다. 이때는 기존의 일반주택 양도 시 비과세 특례만 받을 수 있다.

다만 이와 같은 상속주택에 대한 특례는 별도세대인 상태에서 상속받은 경우만 적용된다. 따라서 같이 모시고 살던 부모에게 상속받은 주택에 대해서는 특례가 적용되지 않는다. 따라서 별도의 절세 방안을 찾아야 한다.

만약 피상속인이 여러 채의 집을 가지고 있다가 사망하면 어떻게 될까? 그중 특례를 받을 수 있는 주택은 1채뿐이다. 먼저 여러 채의 집 중 피상속인이 소유한 기간이 가장 긴 주택을 특례받을 수 있는 상속주택으로 본다. 소유한 기간이 같다면 피상속인이 거주한 기간이 가장 긴 주택을 특례 상속주택으로 본다.

그런데 어떻게 피상속인이 소유한 여러 채의 집이 모두 소유기간이 같을까? 피상속인이 다세대 주택이나 연립주택을 직접 신축한 경우 그럴 수 있다. 거주기간도 같다면 피상속인이 상속개시(사망일) 당시 거주한 집이 특례 상속주택이다.

다세대나 연립주택을 직접 신축하고 거기서 거주한 적은 없다면 거주기간이 0으로 모두 같아진다. 그러면 그중 기준시가가 가장 큰 집을 특례 상속주택으로 본다. 세법은 이런 점에서 참 치밀하다.

여러 사람이 공동으로 상속받은 경우엔 어떨까?

⋮ 양도세에서 상속주택의 주택수 판단 ⋮

상속주택이 여러 채이면 그중 하나만	공동상속주택의 경우
01 피상속인이 소유한 기간이 가장 긴 1주택	01 상속지분이 가장 큰 상속인
02 피상속인이 거주기간이 가장 긴 1주택	02 당해 주택에 거주하는 자
03 피상속인이 상속개시 당시 거주한 1주택	03 호주승계인(2008.2.22 폐지)
04 기준시가가 가장 높은 1주택	04 최연장자

상속인이 여러 명인데 하나의 부동산, 예컨대 상속주택을 쪼개서 나눠가질 수 없다. 이럴 때는 대개 하나의 부동산을 상속인들 간에 지분으

아파트 한 채부터 시작하는 부동산 절세

로 나누어 갖게 한다.

이때 상속주택의 지분 일부를 갖고 있으면, 이 상속주택을 누구의 집으로 볼 것인지가 문제가 된다. 세법에서는 상속지분이 가장 큰 상속인의 집으로 본다.

그런데 상속은 통상 자녀들 간에는 1/N로 한다. 즉 지분비율이 같은 경우가 많다. 이렇게 지분이 같을 때에는 해당 상속주택에 거주하고 있는 상속인이 있다면, 그 사람의 집으로 본다. 그리고 지분비율도 같고 거주하는 상속인도 없다면 상속인 중 최연장자, 즉 피상속인의 배우자나 큰오빠(형), 큰언니(누나)의 집이 된다.

그러면 최연장자는 지분은 같은데 나이가 많다는 이유로 집수가 늘어나는 게 아니냐고 생각할 수 있다. 그러나 어차피 특례가 인정되는 상속주택이라면 앞에서 설명한 상속주택과 일반주택의 비과세 특례가 적용되므로 무조건 손해는 아니다.

그리고 상속자 간 지분비율에 대한 다른 합의가 없다면, 일반적으로 법정상속비율상 피상속인의 배우자 지분이 자녀들의 지분보다 50% 더 크기 때문에 피상속인의 배우자가 공동상속주택의 소유자가 된다.

여기서 또 재미있는 포인트가 생긴다. 피상속인의 배우자는 항상 피상속인과 같은 세대일 수밖에 없기 때문에 법정비율대로 배우자가 자녀들 각 1인보다 50%를 더 많이 받으면, 피상속인의 집이 여러 채인 경우 상속주택의 특례를 받을 수가 없다.

따라서 피상속인이 집수가 여러 채라면 아무 생각 없이 법정상속비율대로 재산을 안분해서 상속받으면 안 된다. 더 재미있는 사실은 본인의 일반주택이 있는 상태에서 아버님에게 상속주택을 아들이 받고, 일반주택 양도 시 비과세 특례를 받고 상속주택으로 이사하여 비과세 요건을 갖췄을 때, 이후 어머님이 새로 집을 구입하여 이사 가셨다가 후에 어머님 명의의 집을 다시 상속받으면 아버님의 상속주택은 일반주택의 요건을 다시 갖추었기에 비과세특례가 가능하다. (상속 시 지분비율에 관한 내용은 321p 참고)

복잡하지만 오히려 복잡하기 때문에 세금을 줄일 여지도 생긴다. 여러 채의 집이 상속될 경우 현재 각 주택의 가치뿐 아니라 미래가치는 물론 다양한 세법상 경우의 수까지 고려하여 상속재산을 분할해야 한다. 재산의 안분 방법에 따라 각자 특례적용과 양도세 주택수, 이에 따른 비과세 여부까지 달라질 수 있기 때문이다.

일시적 2주택의 활용 ②

동거봉양, 혼인

동거봉양이나 혼인으로 일시적 2주택이 되어도 예외적으로 양도세가
비과세된다.

: 동거봉양·혼인으로 일시적 2주택이 된 경우 :

부모를 모시거나 혼인을 해서 집이 2채가 되어 급하게 처분하면 손실을 볼 수 있다. 이를 막기 위해 합가일부터 일정한 기간(동거봉양 10년, 혼인 5년) 내에 먼저 양도하는 주택은 비과세 요건(2년 보유, 조정대상지역 2017년 8월 3일 이후 취득한 경우는 2년 거주)을 갖췄다면 2주택 상태에서 양도하더라도 비과세를 적용한다.

봉양을 위한 합가일 경우

우선 노부모 봉양을 위한 합가는 부모의 나이는 60세 이상이어야 한다. 이때 부모 둘 중 한 사람만 60세 이상이면 된다. 다만 2019.02.12 세법개정으로 암이나 희귀성 질환 등 중대한 질병이 있으면 60세 미만이더라도 동거봉양 합가로 인정한다. 양도의 기한은 10년으로 세대합가일을 기준으로 판단한다. 2018년 2월 12일까지는 5년이었으나 이후 10년으로 확대되었다.

부모나 자녀 어느 한 쪽이 2주택 이상인 상태에서 합가하는 경우 또는 양쪽 모두 2주택 이상인 경우에는 이 특례가 인정되지 않는다. 그러나 앞에서 설명한 거주이전을 위한 일시적 2주택 상태에서 합가한 때에는 인정된다. 즉 일시적으로 총 3채 소유가 되지만 비과세가 가능하다.

혼인에 따른 합가일 경우

혼인으로 합가하면 혼인일부터 5년 내에 먼저 양도하는 집은 비과세 요건을 갖췄다면 2주택이지만 비과세된다. 그리고 거주이전을 위한 일시적 2주택인 상태에서 합가하여 일시적으로 3주택이 된 경우에도 각각

의 처분 유예기간(혼인 5년, 거주이전 3년, 또는 2년, 1년) 내에 양도하면 비과세
된다.

혼인과 봉양이 겹쳐 4채가 되어도 비과세가 된다

혼인 합가와 동거봉양 합가가 겹칠 때에도 비과세 규정이 적용된다.
예를 들어 미혼인 M 씨가 본인 소유의 A 주택를 보유하던 중 이사를 위
하여 B 주택을 사서 일시적 2주택으로 3년(또는 2년, 1년) 내 처분하려던 중
에 C 주택을 보유한 T 씨와 혼인한 후 D 주택을 소유한 M 씨의 부모를
동거봉양하기 위해 합가했다면, M 씨와 T 씨 부부는 총 4채의 집을 가지
고 있더라도 비과세가 가능하다.

이때 T 씨의 부모가 사망하여 상속주택 E를 받게 되어 총 5채의 집을
가지고 있어도 마찬가지로 비과세된다. T 씨의 부모님도 일시적 2주택으
로 2채인 상태였다면, 6채지만 비과세된다. 물론 이렇게까지 겹치는 경우
는 거의 없겠지만, 이중 1~2가지가 겹치는 일은 얼마든지 발생할 수 있다.

세법에서는 양도세 중과세 계산 시 주택수에서 제외해주는 경우와 비
과세 계산 시 주택수에서 제외해주는 경우가 있는데 이때는 비과세 계산
에서 제외해준다. 이처럼 비과세가 되는 원리를 이해하는 일이 무엇보다
중요하다.

농어촌 주택 등 기타의 사유

농어촌주택 1채와 일반주택 1채로 2주택인 경우

농어촌주택과 일반주택 소유자가 일반주택을 양도할 때에도 비과세를 적용한다. 농어촌 주택이란 농어촌에 소재하는 상속·이농·귀농 주택이다. 이때 농어촌지역이란 서울시·인천시·경기도 외의 지역 중 도시지역이 아닌 읍지역과 면지역을 말한다.

상속주택은 피상속인이 5년 이상 거주한 주택이다. 이농주택은 이농인이 5년 이상 거주한 주택이며, 귀농주택은 영농·영어를 위해 취득한 대지 660㎡ 이내 취득 당시 실거래가 9억 원 이하의 주택이다. 또한 이때 농지 1,000㎡ 이상을 소유해야 하고, 주말농장은 영농으로 인정되지 않는다.

지정문화재주택 1채와 일반주택 1채로 2주택인 경우

이외에도 지정문화재주택과 일반주택을 소유했다면, 주택연금(장기저당담보주택)에 가입한 직계존속과 합가하는 경우에 역시 일반주택 양도 시 비과세가 적용된다. 이때는 일반적인 동거봉양과 달리 10년의 기간 제한이 없다.

취학 또는 근무상의 형편으로 2주택인 경우

고등학교와 대학교 취학, 직장의 변경이나 전근 등 근무상의 형편, 질병의 요양 등 부득이한 사유로 서울·인천·경기도 외의 지역에 소재하는 주택과 일반주택을 소유한 1세대가 일반주택을 양도할 때도 비과세를 적용한다. 다만 해당 사유가 해소되었다면 그날부터 3년 안에 일반주택을 양도해야 한다.

그리고 취학이나 근무상의 형편이 상대적으로 매우 엄격하게 적용되므로 주의해야 한다.

취학 · 근무상의 형편, 이렇게 까다로운 줄은 몰랐다

그런데 비과세의 거주기간을 완화해주는 특례는 매우 엄격한 요건을 갖춰야 한다. 이른바 취학·근무상의 형편이 있다면 2년 이상 보유(2017년 8월 3일 이후 조정대상지역 취득 시 2년 이상 거주) 요건을 완화하여 1년 이상만 거주했다면 비과세를 적용해준다. 이때는 비과세의 조건을 완화해서 적용해주는 것이므로 세대원 중 일부만 거주한 경우에는 극히 일부만 인정한다.

여기서 인정하는 취학·근무상의 형편은 처음의 경우와 다르다. 2019.12.16 대책으로 조정대상지역에서 일시적 2주택의 처분 유예기간이 2년(2018년 9월 14일에서 2019년 12월 16일 중 취득한 경우)에서 1년으로 줄어들고 1년 내에 세대전원이 전입도 해야 한다(2019.12.17 이후 취득한 경우). 이때도 초등학교와 중학교 취학은 인정되지 않는다.

예를 들어 자녀의 학업 때문에 부득이하게 2년의 요건을 채우지 못하고 거주 1년만에 양도해야 하는 경우를 생각해보자. 막연히 자녀의 학업 때문에 이사를 가야 하니 취학·근무상의 형편을 인정받을 수 있다고 생각하기 쉽다.

그러나 이때의 요건은 매우 까다롭다. 예외로 인정하는 취학의 범위가 생각보다 좁다. 예컨대 초등학교, 중학교는 여기서 말하는 학교에 해당하지 않는다. 예외가 인정되는 학교는 고등학교와 대학(대학교)과 특수학교 등이다. 대학교에 설치되는 평생교육기관도 인정되지 않는다.

이외에 직장의 변경이나 전근 등 근무상의 형편이나 1년 이상 치료나 요양이 필요한 치료 또는 요양도 적용 요건이 엄격하므로 주의해야 한다. 전·후의 직장과 주거지 조건은 물론 동일 시·군이 아니면서 출·퇴근이 곤란한 거리여야 한다. 직장이 아닌 자기 사업상의 형편도 근무 등의 형편으로 인정하지 않는다.

거주기간을 1년으로 단축시켜주는 때와 마찬가지로 1주택 소유자가 조합원 입주권을 취득하여 재개발·재건축된 집으로 2년 내 이사하고, 1년 이상 계속 거주하는 경우에도 세대전원이 이사해야 한다.

다만 신규주택 취득 시 기존 임차인이 거주하고 있다면(임대차 승계) 최대 2년의 범위 내에서 남은 임대차 기간까지 처분과 전입이 연기된다.

비과세에 대한 판단을 잘못하면 적게는 수천만 원에서 많게는 수억 원까지 세금이 차이 날 수 있다. 또한 잘못 신고하고 납부하면 가산세까지 무는 수도 생긴다. 이런 의미에서 1주택 비과세에 대한 판단은 역시 중요하다. 집 한 채뿐이라도 세금을 공부해야 하는 이유다.

: 취학상 이유로 인정되는 학교와 인정되지 않는 학교 :

구분	인정되는 학교	인정되지 않는 학교
초·중등교육법	고등공민학교 고등학교·고등기술학교 특수학교 각종학교	초등학교 중학교
고등교육법	대학 산업대학 교육대학 전문대학 방송대학·통신대학·사이버대학 기술대학 각종학교	평생교육원*

* 평생교육원은 통상 대학교에 설치·운영되지만, 고등교육법에 의한 학교가 아니므로 대상에서 제외

6장

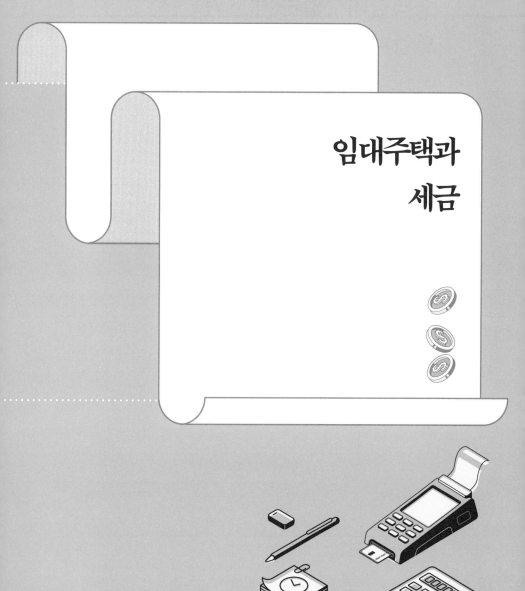

임대주택과
세금

주택임대사업자 제도의
도입과 현재

2016년 말부터 임대사업자의 폭발적인 증가

2016년 말부터 2019년 말까지 양도세 및 부동산 투자와 세금에서 가장 핫한 이슈는 단연 민간임대주택에 관한 특별법에 따른 임대주택등록이었다. 2016년 말 전국적으로 72만 호에 불과했던 임대주택수는 2017년 말 99만 호까지 늘어났고, 2018년 말에는 136만 호, 2020년 1분기 말에는 157만 호까지 증가했다.

： 급격하게 늘어나는 등록임대주택 수 ：

2016	2017	2018	2020년 1분기 말
72만 호	99만 호	136만 호	157만 호

아파트 한 채부터 시작하는 부동산 절세

조정대상지역 다주택에 대한 양도세 중과가 시행된 2018년 3월 말에 임대주택등록은 정점에 달했고, 이후 속도는 줄어들었지만 지속적으로 증가했다. 2020년 1분기 말 기준 임대주택 사업자수는 51.1만 명에 달한다.

등록임대주택이 가히 폭발적으로 증가한 데에는 여러 가지 이유가 있다. 다주택에 대한 중과세 제도 시행, 종부세 세율 인상, 임대소득에 대한 과세 강화 그리고 2016년부터 시작된 서울·수도권 지역의 급격한 주택가격 상승 때문이었다.

하지만 이 모든 원인의 핵심에는 이때부터 투자자들이 본격적으로 세금, 임대사업자의 세제혜택을 공부하기 시작했다는 데 있다고 본다. 즉 주택가격의 상승으로 투자에 나서는 사람들의 수 자체가 증가했고, 이전과는 달리 투자자들이 본격적으로 세금을 공부하기 시작한 것이다. 이 과정에서 그간 잘 알려지지 않았던 등록 임대주택에 대한 세제상의 혜택이 주목받기 시작했다.

임대사업자에 대한 혜택은 계속 줄어들고 있다

이후 임대주택에 대한 세제상의 혜택은 2018.09.13 대책 때부터 상당 부분 축소되었다. 2017년까지는 임대주택사업자를 통한 민간임대주택의 공급을 적극적으로 유도하여 안정성을 꾀하였으나 이후 임대주택 혜택이 다주택 투자 및 투기를 오히려 양산한다고 판단한 것이다. 임대주택에 대한 세제상의 혜택은 그 이후 상당 부분 축소되었다.

2020.07.10 대책에서는 결국 4년 단기임대제도를 폐지하고 장기임대료의 유형전환을 중단시키고, 아파트는 임대등록 대상에서 제외했다.

다만 단독·다가구주택과 연립·다세대 주택, 주거용 오피스텔은 여전히 등록할 수 있다. 대신 장기임대의 의무기간은 기존 8년에서 10년으로 강화되었다.

하지만 부동산 세금을 판단할 때는 이렇게 미묘하게 축소된 혜택만 아쉬워해서는 안 된다. 우리 힘으로 어쩔 수 없는 일을 걱정해서는 안 된다. 형편을 바꿀 수 있는 방법을 고민해야 한다. 어차피 바꿀 수 없는 것은 고민해봐야 의미가 없기 때문이다.

임대주택에 대한 세금혜택 축소도 마찬가지다. 축소되어 줄어든 혜택을 바라보기보다 여전히 남아 있는 혜택이 어떤 것인지 공부해서 '절세의 묘법'을 찾으면 된다.

주택임대사업자의
세금 혜택

│ 사례 │ 　은퇴한 사업가인 W 씨는 주택 3채를 소유하고 있다. W 씨는 거래하던 세무사를 통해 주택임대를 계속할 계획이라면 임대주택 등록을 서두르라는 말을 들었다. 그러나 여태까지 임대주택등록을 하지 않고도 잘 지내왔는데 번거롭게 등록해야 하는가 싶어 등록을 미뤄오고 있다. 그런데 앞으로는 임대주택 혜택도 줄어들고 미등록 시 가산세도 부과된다고 한다. W 씨는 임대주택의 혜택이 어떤 것인지, 지금이라도 등록해야 하는지 궁금하다.

　W 씨가 등록하려는 주택이 아파트라면 2020년 7월 10일 이후로는 등록할 수 없다. 2020.07.10 대책에서 아파트는 임대사업의 혜택과 등록 대상에서 제외하기로 했기 때문이다. 하지만 다가구, 연립주택과 주거용 오피스텔은 여전히 등록할 수 있다. 따라서 W 씨는 주택의 유형을 고려해야 한다.

주택임대사업자로 등록하면 어떤 혜택이 있을까?

주택임대사업자에게는 다양한 세금 혜택을 준다. 이는 민간 임대주택 공급자로서 장기간(8년 이상, 2020년 7월 10일 이후 신규 등록한 것은 10년 이상) 낮은 임대료(연 인상률 5% 이내)로 임대주택을 공급하는 조건으로 주는 혜택이다. 그렇다면 어떤 혜택이 있을까?

첫째, 취득세 감면

전용 60㎡ 이하 공동주택 및 오피스텔(준주택에 해당하는 것, 주거용 오피스텔 등)을 2021년 말까지 최초 분양으로 취득하고 60일 이내에 임대사업자로 등록하면 취득세를 면제해준다. 다만 면세액의 15%는 최저한세로 부과하며, 취득세가 200만 원 이하라면 전액 면제한다(지방세특례제한법 제31조).

둘째, 재산세 감면

2채 이상의 주택 또는 주거용 오피스텔 등을 임대하는 경우 면적에 따라 재산세와 지역자원시설세를 면제하거나 감면한다. 전용면적 40㎡ 이하의 30년 이상 공공임대주택은 재산세와 지역자원시설세를 면제한다.

전용면적 60㎡ 이하는 재산세의 50%(장기일반민간임대주택은 75%)와 지역자원시설세를 면제한다. 전용면적 85㎡ 이하는 재산세의 25%(장기일반민간임대주택은 50%)를 면제한다. 재산세의 감면은 2021년분까지이다. 이를 세금 혜택의 일몰조항이라고 하는데 연말 개정 여부에 따라 연장될 수 있다.

그리고 2019.12.16 대책으로 취득세와 재산세의 감면 요건에 가액기준이 추가된다. 기존에는 금액과 상관없이 면적 요건만 있었는데 법 개정 이후 새로 등록하는 것부터는 6억 원(수도권 밖 3억 원) 이하만 감면대상이다.

셋째, 종부세 합산배제

임대개시일 현재 공시가격 6억 원(수도권 밖 3억 원) 이하의 주택은 종부세 합산배제를 신청하면 종부세 과세에서 제외된다. 임대주택을 제외하고 남은 주택은 종부세 계산 시 9억 원을 공제받고, 세액공제(고령자공제, 장기보유공제)도 받는다. 이때 2018년 3월 31일 이전에 임대사업을 등록했다면 의무임대 기간이 5년, 이후에 등록했다면 8년이다. 종부세 과세제외를 받은 후 각각의 의무임대 기간을 채우지 못하면 해당 종부세가 추징된다.

넷째, 임대소득세 감면

국민주택규모 이하이면서 임대개시일 현재 공시가격이 6억 원 이하이면 2019년까지는 임대소득에 대한 소득세의 30%를 감면한다. 민간임대주택에 관한 특별법에 따라 공공지원민간임대주택이나 장기일반민간임대주택은 75%를 감면한다. 단 30% 감면은 4년 이상, 75% 감면은 8년 이상의 의무임대 기간을 채우지 않으면 감면세액을 추징한다.

2019년 세법 개정으로 2020년부터 2022년까지는 임대주택이 2호 이상이면 감면율이 4년 20%, 8년 50%로 다소 줄어든다.

이외에도 임대주택으로 등록하면, 금액과 면적, 취득시기 등 요건에 따라 해당 임대 기간 후 임대주택을 양도할 때 양도세 감면, 중과세 제외, 장기보유특별공제특례, 거주주택 양도 시 주택수 제외의 세법상 혜택이 있다.

임대주택 미등록, 조정대상지역의 임대주택

반대로 임대주택 미등록에 대해서는 2020년 1월 1일부터 가산세를 부과한다. 결과적으로 장기적으로 보유해야 하는 주택이라면 임대주택으로 등록하고 세법상의 혜택을 누리는 것이 절세방안이 될 수 있다.

다만 2018년 9월 13일 이후 조정대상지역에서 취득하는 주택은 혜택이 축소되었다. 따라서 조건을 따져 봐야 한다. 구체적으로 조정대상지역에서 2018년 9월 14일 이후 취득하는 주택은 임대주택으로 등록해도 양도세율이 중과되고 종부세도 합산배제 혜택을 받을 수 없다. 그리고 공시가격 6억 원(수도권 밖 3억 원) 초과 주택은 장기일반민간임대주택(8년 또는 10년)으로 등록해도 장기보유특별공제(50% 또는 70%)를 받을 수 없다.

그러나 반대로 2018년 9월 13일까지 취득(9월 13일까지 잔금을 지급하지 않았어도 계약하고 계약금 지급했다면 포함)한 것은 공시가격 6억 원(수도권 밖 3억 원) 이하라면 혜택을 받는다. 바로 이 점이 개정된 임대주택사업자를 이해하는 데 중요한 부분이다.

즉 종전부터 소유하던 주택은 면적과 금액에 따라 다르지만 여전히 임대주택사업자 등록을 하면 받을 수 있는 혜택이 남아 있다. 게다가 조정대상지역에서 새로 취득하는 주택도 공시가격 6억 원(수도권 밖 3억 원) 이하라면 여전히 혜택이 있다.

다만 신규취득 주택의 종부세는 6억 원(3억 원) 이하도 합산배제가 되지 않는다. 그리고 2020.07.10 대책으로 이제는 아파트는 임대등록이 불가능하다. 아파트는 장기로 전환등록하는 것도 중단되었고 임대등록이 8년 만에 직권 말소되면, 10년 보유 시의 장기보유특별공제 70%를 받지 못한다.

개정된 주택임대사업자의 세금혜택과 요건이 기존보다 복잡해지고 축소된 것은 사실이다. 그럼에도 주택에 투자하려는 경우나 기존 다주택자는 본인의 조건을 따져 보고 실익을 파악해야 한다. 이미 등록을 완료한 경우라면 받은 혜택을 최대한 누리는 것도 방법이다.

많은 사람들이 세금을 막연히 걱정하고 두려워한다. 하지만 소득(차익)이 있어야 세금도 낸다. 결국 세금이 아니라 세금 낼 일이 없는 상황을 걱정해야 한다.

장기임대주택에 해당하면 본인의 거주주택은 비과세된다

2011년 하반기는 주택시장이 침체되어 투기에 대한 우려가 줄어들었다. 이에 안정적으로 공공의 역할을 대신하여 주택을 사서 임대로 공급하는 사업을 촉진하는 조항이 만들어졌다. 요건을 갖춘 임대주택사업자가 본인의 거주주택을 양도할 때는 비과세를 받을 수 있도록 한 것이다.

임대주택은 임대개시일 현재 기준시가가 6억 원(수도권 밖은 3억 원) 이하여야 한다. 개시 이후에 기준시가가 그 이상으로 상승하는 것은 상관없다. 이때 임대주택은 세무서 사업자등록과 시·군·구청 주택임대사업자 등록이 모두 되어 있어야 한다.

민간임대주택에 관한 특별법에 따라 시·군·구청에 등록할 때는 4년 단기임대 또는 8년 장기임대를 선택하는데 본인 거주주택에 대한 비과세는 어느 쪽으로 등록했든 5년 이상 의무임대 하면 된다. 의무임대 기간 5년을 채우기 전이라도 먼저 본인 거주주택을 비과세받을 수도 있다. 만약 2020년 7월 10일 이후 신규 등록했다면 10년 이상 의무 임대를 해야 한다.

다만 이때 먼저 비과세를 받고 의무임대 기간 5년 안에 임대주택을 매각하여 요건을 채우지 못했다면, 당초 비과세받은 금액이 추징된다. 그리고 2019년 2월 12일 이후 새롭게 임차계약을 하거나 기존 임차 계약을 갱신할 때에는 연 5% 이하로만 인상해야 한다. 본인 거주주택은 최소 2년 이상 거주한 주택이어야 한다.

1주택 비과세의 요건에서 조정대상지역의 주택은 2018년 8월 3일 이후 취득했다면 2년 거주해야 한다. 그런데 임대주택이 있는 상태에서 본인 거주주택에 대한 비과세는 지역·취득 시기와 상관없이 2년 이상 거주해야 한다. 즉 조정대상지역이 아니어도 2년 이상 거주해야 하고, 2018년 8월 2일 이전 구입했어도 2년 이상 거주해야 한다.

아파트 한 채부터 시작하는 부동산 절세

주택임대사업자가 꼭 알아야 하는 임대료 인상 기준

혜택이 사라질 수도 있다고요?

│ 사례 │ 서울 문래동에서 소기업을 운영하는 A 씨는 살고 있는 집 외에 2채의 집이 더 있다. 한 채는 경기도, 한 채는 지방에 소재한 집이다. 비싼 집은 아니지만 장기적인 투자 목적으로 구입한 것이라 임대주택등록도 했다. 최근 주택거래량이 줄어들고, 가격도 약세를 보이고 있지만 어차피 8년 이상 임대등록을 한 것이라 크게 신경 쓰지 않았다. 마음을 놓고 있던 A 씨는 지인에게 의무임대 기간 동안 잘 관리를 하지 않으면 과태료 폭탄을 맞을 수 있고, 세금혜택도 사라진다는 말을 들었다. A 씨는 무엇을 주의해야 할까?

주택임대사업 등록이 늘어나면서 임대사업자의 조건에 대한 문의도 많아졌다. 대부분 아주 세부적인 내용이라 쉽게 판단하기 어려울 때가 많다. 면적과 금액에 따라 등록할 수 있는 임대주택의 종류도 다르고 그에 따른 혜택도 다르다. 임대주택은 민간임대주택에 관한 특별법과 세법

두 곳에서 규정하고 있는데 각각의 기간, 면적, 금액 등 요건이 다르다.

면적과 금액 등을 맞춰 어렵게 임대주택으로 등록해도 거기서 끝이 아니다. 의무적으로 정해진 임대 기간을 충족해야 한다. 뿐만 아니라 장기일반민간임대주택(준공공임대주택에서 명칭이 변경됨)은 임대 기간 동안 관리해야 할 사항도 있다. 바로 연 5% 이하로만 임대료를 인상해야 한다는 점이다.

5%의 인상제한을 어기면 민간임대주택에 관한 특별법에 따라 과태료도 나온다. 과태료는 구청에서 부과하는데 1차 위반 시 5백만 원부터 최대 1,000만 원까지 부과할 수 있다. 2019년 2월 12일 소득세법 시행령 개정으로 거주주택비과세, 임대소득세 감면 및 경비율, 공제액 우대를 받기 위해서도 5%를 지켜야 한다. 그 전에는 양도세 감면을 받을 때만 5% 제한이 적용되고, 거주주택비과세 등은 5% 제한이 없었는데 이번 개정으로 강화되었다.

연 5% 이하는 어떻게 계산하나요?

이때 연 5% 이하를 어떻게 적용하는지가 중요하다. 연 5%라고 하지만 신규 및 갱신 시에도 5% 제한은 적용된다. 게다가 주택임대차계약은 주택임대차보호법에 따라 통상 2년으로 계약한다. 그러므로 실질적으로는 2년에 5% 이내로 인상할 수 있는 셈이다.

전액 전세이거나 전액 월세인 경우

전부 전세이거나 보증금 없이 전부 월세라면 직전 금액의 105% 이내로 임대료를 인상해야 된다.

예를 들어 종전 전세가 5억 원이라면 5억 2,500만 원까지만 인상할 수 있다. 전부 월세인 경우도 마찬가지다. 연 720만 원(월 60만 원)의 월세인 경우 연 720만 원의 105%인 연 756만 원(월 63만 원)까지 인상할 수 있다.

보증부 월세인 경우

보증부 월세(일명 반전세)는 이보다 계산이 복잡하다. 먼저 전세로 환산한 금액(환산보증금)에 105%를 적용하고 다시 월세로 전환해야 한다.

예를 들어 보증금 3억 원에 월세 100만 원이면 전세로 환산해야 한다. 전월세 전환율은 2020년 6월 1일 현재 2.5%이다(민간임대주택에 대한 특별법 시행규칙 18조, 주택임대차보호법 제7조의2 참조). 따라서 환산보증금은 3억 원 + 100만 원 × 12개월 / 2.5% = 7억 8,000만 원이다. 그리고 환산보증금의 105%는 약 8억 1,900만 원이다.

즉 월세를 전세로 100% 전환하여 인상할 경우 8억 1,900만 원을 넘길 수 없다. 만약 보증금을 전과 동일하게 3억 원으로 유지하고 인상분을 전부 월세로 돌린다면, 월 1,081,250원(= 519,000,000 × 2.5% / 12) 이하로 인상할 수 있다. 즉 월 81,250원 이하로만 인상해야 한다.

① 조건: 보증금 3억 원, 월세 100만 원, 전월세전환율 2.5%

② 현재의 환산보증금

- 환산보증금 = 3억 원(보증금)+100만 원(월세액)×12개월 / 2.5%(전월세전환율) = 7.8억 원
- 인상된 환산보증금 = 7.8억 원×105% = 8.19억 원

③ 월세는 두고 보증금을 최대로 올릴 경우

- 최대 보증금 = 8.19억 원(인상된 환산보증금) − 4.8억 원(기존 월세의 환산보증금) = 3.39억 원
- 보증금 인상액 = 3.39억 원 − 3억 원 = 3,900만 원

④ 보증금은 두고 월세를 최대로 올릴 경우

- 최대 월세액 = (8.19억 원(인상된 환산보증금) − 3억 원(기존 보증금))×2.5% / 12개월 = 1,081,250원
- 월세 인상액 = 1,081,250원 − 1,000,000원 = 81,250원

임대료 만기 시 주의할 점이 있나요?

또한 임대주택 등록 전에 기존 임차인이 있는 상태에서 등록한 경우에도 그 뒤에 돌아오는 갱신 때 한 번은 시세대로 반영할 수 있다. 그때를 최초 계약으로 보기 때문이다.

그런데 2019년 4월 5일 기존임차인 갱신부분이 개정되었다. 계약 갱신 시 기존 임차인의 임대차계약을 최초로 보아서 사업자등록 후 첫 갱신 때부터 바로 5% 이내로만 인상할 수 있도록 제한한 것이다. 강화된 5% 룰은 해당 법률 공포 후 6개월(2019년 10월) 이후에 등록하는 임대주택부

터 적용된다. 따라서 현재는 최초든 갱신이든 임대료 인상 제한을 꼭 지켜야 한다.

임대주택으로 등록 후 주택임대사업자는 의무임대 기간 동안 임대료 인상 제한인 5%를 꾸준히 지켜야 한다. 만일 5%를 초과하여 임대하면 민간임대주택에 관한 특별법에 따라 최대 1,000만 원의 과태료를 내야 한다.

더 중요한 사실은 5% 룰을 지키지 않으면 세금혜택을 받을 수 없다는 점이다. 거주주택비과세와 임대소득세감면 등의 혜택도 사라진다. 6년째 잘 지키다가 마지막 2년째에 위반한다면 그 손해가 매우 클 수 있다. 주택임대사업자라면 순간의 실수로 공든탑이 무너질 수 있으므로 세심한 주의가 필요하다.

임대주택의 비과세 요건을
활용한 절세법

임대주택에 대한 거주주택 비과세는 최초 1회만

요건을 갖춘 임대주택은 중과세에서 제외되고, 해당 임대주택에 대한 양도세 감면이나 장기보유특별공제특례를 적용받을 수 있다. 게다가 2년 이상 거주한 본인 거주주택은 비과세되기 때문에 다주택자에게는 특별한 혜택이 되기도 한다. 그런데 임대주택을 두고 계속 반복적으로 본인 거주주택을 비과세받을 수 있는 점이 투기에 이용될 수 있어 2019년 2월 12일 이후 취득한 것부터는 본인 거주주택에 대한 비과세를 1회만 허용하기로 했다.

이제 등록된 임대주택을 두고 비과세를 한 번 받게 되면 그다음 거주주택은 나중에 임대주택을 팔기 전까지는 비과세를 받을 수 없다. 즉 임대주택을 가지고 있는 동안에는 거주주택 비과세를 한 번만 받을 수 있다는 점에 주의해야 한다.

물론 이때에도 역발상으로 이해하자면 특례요건을 갖추어 임대주택을 먼저 다 팔고 나면, 다시 1주택 비과세를 또 받을 수 있다. 개정 내용에 1회만 가능하다고 명시가 되어 있어 혼동할 수 있다. 모든 임대주택을 팔고 남은 1주택에 2년 이상 거주한 후 양도하면 비과세가 적용된다.

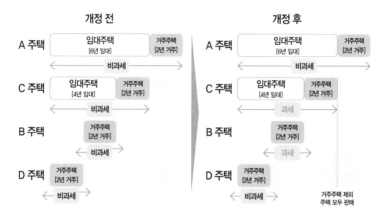

: 최초 거주주택 비과세의 이해 :

※ 최초 거주주택 1회만 비과세 허용
※ 임대기간 종료 후 거주주택 전환해도 비과세 × (단, 최종임대주택은 ○)
※ 2019년 2월 12일까지 계약하고 계약금을 치른 것까지는 비과세 적용

임대주택은 중과세 혹은 비과세다

흔히 민간임대주택에 관한 특별법에 따라 임대주택으로 등록하면 중과세에서 제외된다고 생각하고, 다른 주택을 양도할 때도 주택수에서 빼준다고 잘못 알고 있는 사람이 많다.

다음 그림처럼 서울 강서의 소형아파트를 임대주택으로 등록했다고 가정해보자. 이때 광명의 빌라 양도 시 해당 임대주택은 주택수에 포함된다. 따라서 광명 빌라는 3주택으로 기본세율＋20%p(2021년 6월 1일 이후에는 기본세율＋30%p)로 과세된다.

임대주택으로 등록한 주택은 중과세 판단 시에는 주택수에 포함된다. 다만 양도하는 다른 주택이 비과세되는 상황일 때, 일정한 요건(소득세

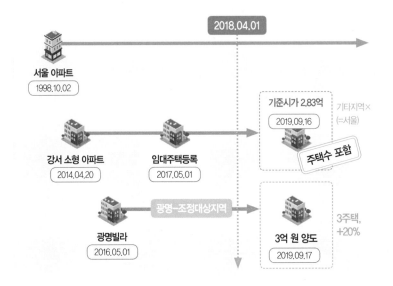

: 임대주택의 함정 :

서울 아파트
1998.10.02

2018.04.01

강서 소형 아파트
2014.04.20

임대주택등록
2017.05.01

기준시가 2.83억
2019.09.16
기타지역×
(=서울)
주택수 포함

광명빌라
2016.05.01

광명-조정대상지역

3억 원 양도
2019.09.17
3주택,
+20%

법상 장기임대주택, 임대개시일 현재 6억 원, 수도권 밖은 3억 원 이하, 임대료 인상 5% 이내 등)을 갖춘 경우에만 주택수에서 제외된다. 이 두 가지를 혼동해서는 안 된다. 잘못하면 중과세되어 큰 낭패를 볼 수 있다.

중과세에서는 제외되지 않고 비과세에서만 제외된다는 뜻을 이해하려면 다음 사례를 살펴보자. 다음은 총 4채의 주택이 있는 경우다. B, C, D 주택은 모두 수도권 조정대상지역에 있는 공시가격 6억 원 이하다.

사례 1은 이 중 C 주택과 D 주택을 임대주택으로 등록하고, B 주택을 파는 상황이다. A 주택과 B 주택 2채가 남아 있어 B 주택은 비과세 대상이 안 된다. 이때 B 주택을 양도할 경우 A 주택뿐 아니라 임대등록한 C, D 주택도 주택수에 포함된다. 비과세를 판단하는 상황이 아니라 중과세를

아파트 한 채부터 시작하는 부동산 절세

⋮ 임대주택이 주택수에서 제외되는 경우와 제외되지 않는 경우 ⋮

사례 1

양도

임대주택

A
2년
거주주택

B
공시가격
6억 이하

C
공시가격
6억 이하

D
공시가격
6억이하

4주택으로 + 20% 중과세율 **= 임대주택 택수** 포함

사례 2

양도

임대주택

A
2년
거주주택

B
공시가격
6억 이하

C
공시가격
6억 이하

D
공시가격
6억이하

1주택 본인 거주주택 비과세 **= 임대주택 주택수** 제외

판단하는 상황이기 때문에 임대주택도 모두 주택수에 포함되는 것이다.

비슷한 상황에서 사례 2는 B 주택까지 임대주택으로 등록한 것이다. 양도하는 A 주택은 2년 이상 거주했기 때문에 비과세 요건을 갖췄다. 따라서 이 경우에는 중과세를 판단하는 상황이 아니라 비과세를 판단하는 상황이 되면서 임대개시일 현재 6억 원을 넘지 않은 B, C, D 주택은 최소 5년간 계속 임대한다는 조건하에 주택수에서 제외된다. 따라서 A 주택은 비과세된다. 중과세 판단 시에는 빼주지 않지만 비과세 판단 시에는 빼준다는 것은 바로 이런 의미이다.

다주택자를 위한
임대주택 활용법

주택에 대한 세금이 강화되면서 다주택자의 고민이 커지고 있다. 다주택자는 세율이 중과되고 장기보유특별공제도 받을 수 없다. 그리고 종부세 세율도 인상되고, 세부담상한도 올랐다. 다주택자가 만약 거주 중인 주택을 양도하면 양도세가 중과된다. 예를 들어 서울에 3채를 가진 사람이 10년간 7억 원의 차익이 생겼다면 약 4억 3,000만 원의 세금을 내야 한다.

임대주택을 활용해서 주택수를 줄여라

그런데 양도세 중과를 피하고 비과세까지 받는 방법이 있다. 아파트가 아니라면 두 번째 주택을 임대주택으로 등록하는 것이다. 이때 임대주택의 공시가격이 6억 원(지방 3억 원) 이하하면 된다. 그리고 임대주택은

아파트 한 채부터 시작하는 부동산 절세

향후 5년간 임대해야 한다. 임대개시일(임대주택 등록) 이후에 공시가격이 6억 원(지방 3억 원) 이상으로 올라가도 상관없다.

임대주택으로 등록하면 본인의 거주주택 양도 시 임대주택은 없다고 본다. 그리고 임대주택을 제외한 나머지 2채가 일시적 2주택 조건에 맞으면 된다. 구체적으로 만 1년이 지나 나중 주택을 취득하고, 나중 주택을 취득한 지 3년 안에 본인이 2년 이상 거주한 주택을 팔면 된다.

비과세되면 세금은 1,000만 원 이하다. 중과될 경우보다 4억 원 넘게 줄어든다. 다만 이때 본인 거주주택이 9억 원을 초과하는 고가주택이면서 일시적 2주택으로 비과세되면, 임대주택이 주택수에 포함되어 9억 원 초과분은 다주택으로 중과세되니 주의해야 한다.

임대주택으로 등록하면 종부세도 줄어든다. 역시 임대개시일 현재 6억 원(지방 3억 원)이 넘지 않아야 한다. 그리고 8년 이상 임대해야 한다. 만약 2018년 3월 31일 이전에 등록했다면 5년만 임대해도 된다. 종부세 계산 시 임대주택이 과세에서 제외되면 3주택자는 종부세를 줄일 수 있다.

임대주택의 장기보유에 따른 특례

또한 임대주택으로 등록하면 장기보유특별공제 70%(8년은 50%) 특례도 받을 수 있다. 장기일반민간임대주택(구 준공공임대주택)은 공시가격이 6억 원(지방 3억 원)이 넘어도 등록할 수 있다.

다만 장기일반민간임대주택은 면적이 전용 85㎡ 이하만 혜택이 있다. 그리고 공제 특례나 감면을 위해서는 임대 기간 8년을 채워야 한다. 만약 2018년 12월 31일까지 등록했다면 양도세 100% 감면도 받을 수 있다.

해당 임대주택에 대한 공제와 감면과는 별개로 위의 본인 거주주택 비과세는 임대개시일의 공시가격이 6억 원(지방 3억 원) 이하에만 적용된다. 만약 임대개시일의 공시가격이 6억 원이 넘으면 8년 이상 임대 후 임대주택을 먼저 양도하고, 본인 거주주택 1채만 남긴 상태가 되어야 A주택의 비과세를 받을 수 있다.

축소되는 임대주택의 양도세 혜택

그런데 임대주택에 대한 양도세 혜택이 2018.09.13 대책으로 상당 부분 축소되었다. 조정대상지역에서 2018.09.13 대책 이후 신규로 취득하는 주택은 공시가격 6억 원(수도권 밖은 3억 원) 이하여도 양도세 세율이 중과된다. 또한 공시가격 6억 원(3억 원)을 초과하는 주택은 8년 이상 임대에 따른 장기보유특별공제 특례(50% 또는 70%, 아파트의 경우 50%)도 받을 수 없게 되었다. 그리고 종부세는 공시가격과 상관없이 무조건 합산과세 하도록 했다.

게다가 2019.02.12 세법 시행령 개정 시 임대주택의 요건에 임대료 인상률 제한(5%)도 포함되었다. 다주택자의 최종 1주택 비과세 요건도 강화(최종 1주택 상태에서 2년 더 보유)되고, 주택임대사업자의 본인 거주주택 비과세도 1회로 제한되었다.

또한 2020년 7월 10일 이후로는 아파트에 대한 신규 임대등록이 중단되었으며 기존 등록 임대주택도 기간 만료 시 사업자 자격이 종료될 예정이다. 여러 규제로 임대주택 관련 세법은 더욱 복잡해졌다.

남아 있는 임대주택의 절세법

그러나 여전히 틈은 있다. 지금도 합법적인 범위 내에서 절세하는 방법은 존재한다. 2018.09.13 대책에서 혜택이 축소되었지만 반대로 2018년 9월 13일 이전에 취득해서 아직 가지고 있는 주택은 조건에 따라 축소되기 전의 혜택을 받을 수 있다. 규제는 대책 발표 이후에 새로 취득한 것들에 집중되었기 때문이다.

임대주택 등록은 세법이 허용하는 절세의 방법 중 하나이다. 주택에 대한 과세 강화를 막연히 두려워할 필요는 없다. 계속 보유할 주택이라면 임대주택 활용을 검토해야 한다. 망설이는 동안에도 임대주택으로 등록할 시간은 계속 흘러가고 있다.

7장

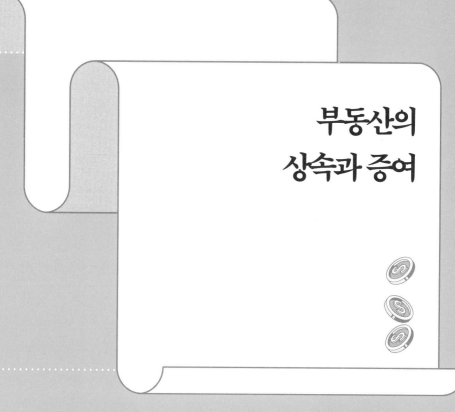

부동산의
상속과 증여

상속·증여세의
계산구조와 절세법

상속세와 증여세의 절세법

상속세란 피상속인의 사망으로 상속인에게 재산이 무상 이전될 때 부과되는 세금이다. 그리고 증여세란 행위나 거래의 명칭이나 형식이 무엇이든, 타인으로부터 무상으로 재산을 이전 받았을 때 내야 하는 세금이다.

상속세와 증여세는 대상이 되는 재산이나 종류, 제외되는 재산, 계산하는 방식이 복잡하다. 무엇보다 상속과 증여에 있어서 절세란 다른 세금처럼 단기간에 걸친 준비나 의사결정으로 가능한 것이 아니고, 수년에서 수십년에 걸친 장기계획으로 이뤄진다. 따라서 한번으로 끝나지 않고 계속 수정하고 검토하며 계획을 바꾸어야 한다.

하나의 장에서 상속세와 증여세의 모든 항목을 다루기에는 지면이 모자라다. 따라서 이번 장에서는 전반적인 계산구조만 살펴본 후, 주로 문

아파트 한 채부터 시작하는 부동산 절세

의하는 내용과 그와 관련된 중요한 내용만 설명하고자 한다.

상속·증여세 계산구조의 해석

: 상속·증여세의 계산구조 :

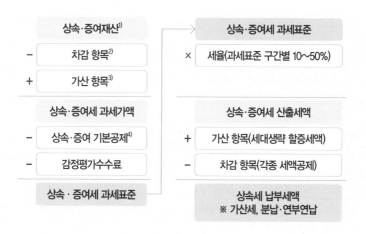

1) 상속: 본래의 상속재산, 의제 상속재산, 추정 상속재산, 증여: 증여하려는 재산의 시가
2) 상속: 금양임야, 문화재 공익법인 출연재산, 공과금, 채무, 장례비, 증여: 피부양자 생활비, 교육비 등, 공익법인 출연재산, 인수 채무(보증금, 대출)
3) 상속: 10년(5년) 내 사전증여재산, 증여: 10년 내 1,000만 원 이상의 동일인 증여재산
4) 상속: 인적공제, 금융재산·동거주택 상속공제, 재해손실공제에 따른 공제, 증여: 인적공제, 재해손실공제

먼저 상속세와 증여세를 계산하기 위한 상속재산과 증여재산을 확인한다. 상속·증여된 재산에서 여러 비용, 채무 등이 제외되고, 사전 증여한 금액이 있으면 가산된다. 위의 과정으로 과세가액이 결정되면 세액 결정을 위한 공제가 들어간다. 그 중 상속세의 인적공제의 계산식은 다음과 같다.

상속세의 인적공제액 = ①+②
① MAX[기초공제+인적공제, 5억]
② 배우자공제 5억(최대 30억)

증여세에서는 배우자 6억 원, 직계존비속 5,000만 원(미성년자 2,000만 원), 기타친족(6촌 혈족, 4촌 인척) 1,000만 원이 기본 공제된다. 공제액과 감정평가수수료까지 제외하면 상속세 과세표준이 나온다. 과세표준에 적용되는 세율은 과세표준 구간별 10~50%가 적용된다.

:: 상속 · 증여세의 세율 ::

과세표준	1억 원 이하	5억 원 이하	10억 원 이하	30억 원 이하	30억 원 초과
세율	10%	20%	30%	40%	50%
누진공제액	없음	1천만 원	6천만 원	1억 6천만 원	4억 6천만 원

다시 한번 말하지만, 상속·증여세는 경우의 수가 아주 많다. 한 가지라도 내용이 빠졌을 경우 이후의 리스크가 크기 때문에, 해당 내용은 참고하도록 하고 정확한 계산과 절세법은 반드시 세무사와 상담을 하는 것이 좋다.

따라서 이 책에서는 상속세에 대한 전반적인 설명은 생략한다. 대신에 상속과 증여 시 주의해야 할 점과 각 단계마다 필요한 시사점을 부동산 재산을 중심으로 설명하고자 한다. 상속세와 증여세는 이론보다는 각자 상황을 더 살펴야 한다.

아파트 한 채부터 시작하는 부동산 절세

상속과 증여는
10년은 두고 보자

    이제 상속·증여세는 예전처럼 '부자들만의 일'로만 치부할 수 없다. 상속과 증여세의 공제 등 기본적인 내용은 크게 달라지지 않았는데 그 사이 부동산 가격, 특히 집값이 많이 올랐기 때문이다. 그래서 스스로 부자가 아니라고 생각하더라도 상속세와 증여세의 대상이 되는 수가 많아졌다. 부모가 주요 지역에 집 한 채만 가지고 있어도 상속세를 걱정해야 하는 상황이다.

    이런 점에서 부동산과 세금 그리고 부동산을 통한 자산관리의 궁극적인 도달점은 상속·증여에 있다. 그러나 거기까지 가기에는 아직 갈 길이 멀다. 일단은 상속·증여는 개별 건으로 판단할 수 없다. 단일 건으로만 보면 절세가 되는 것 같아도 장기적으로는 그렇지 않은 경우도 많다. 또한 어떤 이에게는 맞지만 다른 사람에게는 맞지 않는 일도 많다.

    따라서 상속·증여는 장기적·종합적으로 판단해야 하고, 가족 전체가 같이 고민해야 한다. 적어도 10년은 두고 보고 판단할 문제이다. 우선은 부동산의 거래 단계별로 절세의 기본 포인트만 숙달하고, 절세의 테두리 내에서 자산을 불려나가자.

상속부동산, 성급히 처분하면 문제 생긴다

상속세는 누군가의 사망으로 그가 남긴 유산을 물려받을 때 그 재산에 대해 과세하는 세금이다. 이때 사망한 자를 피상속인이라 하고, 유산을 물려받는 자를 상속인이라 한다. 우리나라의 상속세는 피상속인이 남긴 유산의 총액을 기준으로 과세하는 유산과세 방식을 택하고 있다.

상속세는 결과적으로 유산을 물려받은 상속인이 내며, 받거나 받을 재산에서 빚을 제외한 순재산에 대해 상속세를 낸다. 그 신고는 상속개시일(=피상속인의 사망일)부터 6개월 내에 해야 한다. 다만 피상속인이나 상속인이 모두 외국에 있다면 9개월로 연장된다.

흔히 세금 걱정이 지나친 때가 있다. 상속세도 마찬가지다. 상속세가 많이 나올 것을 지나치게 염려하여 서둘러 재산을 처분하는 일이 있다. 그러나 득실을 따져볼 겨를도 없이 매각을 진행하면 손해가 클 수 있다.

서둘러 재산을 처분하는 이유는 무엇일까? 부모 입장에서는 자녀들에게 세금부담을 덜어주고 싶었을 것이다. 그리고 본인 사후에 자녀들끼리 재산분배 문제로 생기는 다툼을 걱정했을 수도 있다. 그런데 이 과정에서 부동산을 성급하게 처분하면 손해가 발생한다.

아파트 한 채부터 시작하는 부동산 절세

첫째는 부동산 처분 후 6개월 내에 상속이 개시되는 경우다. 상속에서 재산을 평가할 때는 시가로 평가하는 것이 원칙이다. 시가란 불특정 다수 사이에 자유롭게 거래가 이뤄질 때 통상 성립하는 금액을 말한다. 이때 재산의 평가시점은 상속개시일이다.

그런데 상속개시일 전·후 6개월 이내에 매매했다면 그 금액이 시가가 된다. 부동산은 유사한 매매사례 등이 없으면 시세보다 낮은 공시가격으로 계산한다. 즉 처분하지 않았더라면 상대적으로 더 낮은 금액으로 평가될 수 있었다. 그런데 상속전에 급하게 매각할 경우 공시가격보다 높은 시가로 평가되어 상속세가 많아질 수 있다.

둘째는 부동산 처분 후 2년(또는 5년) 내에 상속이 개시되는 경우다. 상속세가 사망 당시의 재산에 대해서만 부과된다고 아는 사람도 많다. 그런데 처분 후 2년(또는 5년) 내 상속이 일어났다면 부동산의 처분금액을 사용한 용도가 명백하지 않으면 상속인이 상속받은 것으로 추정한다. 구체적으로 처분한 금액이 상속개시일 전 1년 이내에 2억 원 이상(또는 2년 이내에 5억 원 이상)이면서 용도가 객관적으로 입증되지 않으면 상속했다고 본다.

만약 부동산 처분금액이 앞에 나온 기간별로 2억 원(또는 5억 원) 미만이라면 용도를 밝히지 않아도 된다. 다만 이때 세금이 없다는 뜻은 아니다. 처분금액이 어디로 갔는지 입증할 책임이 납세자에게서 과세당국으로 전환된다는 뜻이다. 즉 2억 원(또는 5억 원) 미만이라도 부동산 처분대금이 상속인에게 사전에 증여된 사실이 명백하면 증여세는 부과된다.

부동산의 처분자금 사용처를 정확히 모르는 상속인들도 있다. 이럴 때 억울하게 세금이 부과된다고 느낄 수 있다.

사람은 자기가 죽을 날을 미리 알지 못한다. 부동산을 처분하고 상당 기간 건강할 거라고 생각해도 세상일은 누구도 장담할 수 없다. 하물며 지병이 있거나 고령·병환으로 치료를 받고 있다면 더욱 그렇다.

따라서 부동산을 처분할 때는 좋은 가격으로 잘 파는 것만으로는 부족하다. 반드시 세금 득실을 따져보고 신중하게 처분해야 한다.

이제 상속세는 부자만의 얘기가 아니다

우리나라 상속세는 피상속인의 재산 전부에 대해 과세되는 유산과세 방식을 따른다. 10~50%의 누진세율로 되어 있기 때문에 사망 당시의 재산이 많을수록 상속재산 단위당 세금이 커진다. 즉 미리 장기간에 걸쳐 상속세에 대비하지 않으면 같은 규모의 재산에 대해 더 많은 세금을 내게 된다. 상속세를 대비해 충분한 준비가 필요한 이유다.

물론 상속세는 상속 시 일정한 공제금액을 두고 있기 때문에 일정 재산 이하에는 과세하지 않는다. 예를 들어 피상속인의 배우자와 자녀가 있으면 상속세 공제액은 최소 10억 원이다. 배우자만 있으면 7억 원이고, 자녀만 있으면 5억 원이다. 그리고 배우자가 있으면 배우자에게 상속재산을 안분하는 정도에 따라 최대 30억 원까지도 공제된다.

다만 부동산 가격의 급격한 상승으로 이제 서울·수도권과 광역시 등의 집 한 채 가격만 하더라도 상속세 공제금액을 넘는 경우가 많다. 상속세 공제금액이 높아지지 않는 한 이제 과거보다 더 많은 사람들이 상속세의 대상이 된다.

상속부동산의 협의분할을 등기 전에 해야 하는 이유

부동산을 상속받으면 상속등기를 해야 한다. 상속재산은 유언에 따라 분배된다. 유언이 없으면 상속인 간에 협의해서 나눈다. 이때 협의가 이뤄지지 않으면 법정상속분에 따라 나눈다. 즉 상속인들은 언제든지 전원 합의로 상속재산을 분할할 수 있고, 협의가 안 될 때는 법정상속을 따른다.

상속인 간 협의에 따라 상속재산을 분할하면 법정상속분과 다르게 상속하더라도 증여문제가 생기지 않는다. 즉 상속등기를 하기 전에 협의분할을 하면 상속인 중 한 명이 본인의 법정상속분을 초과해서 받더라도 공동상속인들에게 증여받았다고 보지 않는다.

예를 들어 홀어머니에게 15억 원의 부동산을 상속받는데, 자녀가 3명이라면 자녀의 법정상속분은 각각 1/3씩 5억 원이다. 이때 협의분할을 해서 자녀 2명이 본인의 상속지분을 포기하고 다른 1명 앞으로 상속등기를 하면 증여에 해당되지 않으므로 증여세는 없다. 물론 그 1명이 상속공제를 초과하는 금액에 대해서는 상속세를 납부해야 한다.

그런데 주의해야 할 점이 있다. 법정상속지분대로 등기를 했다가 이후 협의분할로 명의(또는 지분)를 다르게 하면 이는 증여에 해당한다. 이때 자녀 2명은 본인들 각자 앞으로 상속등기를 했다가 경정등기*로 다른 1명 앞으로 지분을 이전했다면 증여한 것이 된다. 자녀 2명의 지분 전부를 다른 1명 앞으로 이전했다면 각자 5억 원을 증여했다고 본다.

경정등기
등기에 착오가 있을 때 시정하는 등기

따라서 명의(또는 지분)를 이전받은 자녀는 세법상 기타친족인 형제자매에게 공제액 1,000만 원을 제외하고 1억 5,000만 원이 넘는 증여세를 내야 한다.

다만 최초의 상속등기와 명의(또는 지분)를 변경한 경정등기가 모두 상속세 신고기한까지 이뤄졌다면 증여로 보지 않는다. 상속세의 신고기한은 사망일이 속하는 달의 말일부터 6개월이다. 따라서 상속등기를 마친 후 불가피하게 협의분할로 명의(또는 지분)를 변경해야 한다면 날짜를 잘 살펴야 한다.

불필요한 세금을 내지 않기 위해서는 반드시 신고기한 내에 협의를 마치고, 상속등기와 경정등기를 해야 한다. 경정등기를 완료한 때가 신고기한 내라면 그 전에 상속등기를 했더라도 증여세는 나오지 않는다. 반대로 경정등기를 신고기한 이후에 했다면 증여세 폭탄을 맞을 수 있다.

주택을 상속받을 때는 지분 비율이 중요하다

주택을 상속받을 때 지분을 어떻게 할지에 따라 세금문제가 크게 달라진다. 예금과 주택 이외의 부동산 등 다른 재산을 같이 고려해야 하겠지만, 적어도 주택은 상속주택의 특례를 활용하면 좋다.

배우자와 형제자매의 상속지분비율은 다르다

| 사례 | D 씨는 얼마 전 부친상을 치렀다. 가족과 지인들의 위로 속에 상을 마무리하고 나니 아버지 명의의 재산 정리가 큰 일이었다. 현금과 예금, 연금은 그대로 어머님이 관리하며 쓰면 되지만 집이 문제였다. 아버지와 어머니는 경기도에 있는 어머니 명의의 집에서 거주했는데, 아버지 명의로 서울에 작은 아파트 하나가 있었다. 어머니는 원래의 집에서 한동안 더 거주하시다 천천히 과천의 여동생네와 합가하기로 했다.

문제는 아버님 명의로 된 서울 아파트의 상속등기를 어떻게 해야 할지 고민이다. D 씨와 여동생은 모두 각자의 집이 1채씩 있는 상태였다. 어머니와 D 씨, 그리고 여동생의 법정지분에 따라 등기만 하면 되는지, 다른 고려사항은 없는지 궁금하다.

법정 상속지분 비율은 배우자(어머니) 1.5, D 씨 1, 여동생 1이 된다. 따라서 법정지분대로 상속등기하면 어머니의 지분이 가장 크다. 그런데 세법상 유념해야 하는 점이 있다. 상속으로 여러 사람이 지분으로 소유하게 되면 소수지분자가 다른 주택(일반주택)을 양도할 때, 상속주택은 소수지분자의 집으로 보지 않는다. 즉 지분상속주택은 지분이 가장 큰 상속인의 집으로 본다.

만약 지분을 동일하게 나누었다면 해당 주택에 거주하는 자의 집으로 본다. 해당 집에 거주하는 상속인이 없으면 최연장자의 집으로 본다.

이와는 별도로 최대지분자 입장에서도 상속주택과 그밖의 주택(일반주택)을 각각 1채씩 소유한 1세대가 일반주택을 먼저 양도하면 1채의 주택을 소유했다고 보아 비과세를 적용한다. 즉 상속주택은 주택수에서 제외된다. 다만 이때 주택의 상속인이 피상속인과 동일세대원이 아니어야 한다. 그리고 해당 일반주택은 상속개시일 시점에 이미 보유한 집이어야 한다.

따라서 어머님의 상속지분이 가장 크면 향후 어머님 명의의 경기도 집을 팔 때 아버님의 서울 집은 상속주택의 특례를 받을 수 없다. 어머님과 아버님은 동일세대원이었기 때문이다.

결과적으로 아버님의 서울 집을 등기할 때 D 씨나 여동생의 지분을 가장 크게 협의 분할하면 더 유리할 수 있다.

예를 들어 D 씨의 지분을 34%로 하고 어머님과 여동생이 33%씩으로 등기할 경우, 해당 상속주택은 지분이 가장 큰 D 씨의 집이 된다. 따라서 D 씨는 원칙적으로 2주택이 된다. 다만 D 씨는 선친과 별도세대원이었고, 상속개시일 전에 본인의 일반주택이 이미 있는 상태였으므로 일반주택을 양도할 때 비과세를 받을 수 있다. 그리고 어머님과 여동생은 각자의 일반주택을 양도할 때 지분 33%의 상속주택이 있지만, 소수지분자가 되어 역시 일반주택에 대해 비과세를 받을 수 있다.

참고로 양도와는 달리 종부세는 지분으로 소유해도 주택수에 포함한다. 예외적으로 상속주택으로 소유 지분률이 20% 이하이면서 지분에 해당하는 공시가격이 3억 원 이하일 때만 주택수에서 제외된다. 임대소득세의 계산 시에도 지분으로 소유했다면 해당 주택의 임대소득이 연 600만 원을 넘거나 기준시가 9억 원 초과이면서 공유지분 30% 초과하면 주택수에 포함된다. 다만 종부세와 임대소득세는 양도세보다 세액의 크기가 작기 때문에 무엇보다 양도세 판단 시에 주택수 여부가 중요하다.

부자가 아니어도
상속세 신고를
해야 하는 이유

상속세를 납부하는 납세자의 수가 증가하는 추세다. 2015년 약 5,452명이었던 상속세 신고자수는 2019년 9,555명으로 두 배 가까이 늘어났다. 상속세 대상이 되는 부자의 수가 늘어났다고 볼 수 있다. 그런데 상속세 신고가 늘어난 이유가 더 있다. 똑똑한 납세자가 늘었기 때문이다.

| 사례 | 중견기업 부장인 E 씨는 직장인이었다. 그런데 최근 아버지가 작고하여 서울아파트를 상속받으면서 고민이 생겼다. 어머니의 연세가 높은 편이라 E 씨가 모시기로 했고, 아버지 명의의 아파트는 E 씨 앞으로 상속등기를 할 계획이다. 여건상 상속받은 아파트는 몇 년 더 보유하다가 매각하고, 본인 명의의 원래 아파트에 계속 거주하려고 한다.

주변 지인들 말로는 상속재산이 10억 원이 넘지 않으면 상속세 신고대상이 아니며, 신고할 필요가 없다고 한다. 아버지 명의의 재산은 약간의 예금과 해당 아파트가 전부이다. E 씨가 아버지의 주택 상속과 관련하여 주의할 내용은 없는지, 정말로 신고하지 않는 편이 유리한지 궁금하다.

아파트 한 채부터 시작하는 부동산 절세

E 씨가 만약 상속 아파트를 먼저 팔지 않고, 기존에 거주하던 본인 주택을 먼저 양도할 수 있다면 상속주택이 있더라도 본인 주택에 대해 비과세(독립된 세대인 부친에게 상속을 받고, 1주택 양도세 비과세 요건을 갖춘 본인 주택을 먼저 양도한다면)를 받을 수 있다.

따라서 본인 거주 주택을 먼저 팔면서 비과세를 받고 상속받은 주택으로 이사하여 2년 이상 거주하면, 이후 상속주택 양도 시에도 비과세를 받을 수 있다.

신고는 일단 해두는 게 유리하다

그런데 여건상 상속주택을 몇 년 안에 먼저 팔아야 한다면 상속세 대상이 아니어도 상속신고를 하는 편이 유리하다. 통상 상속세는 돌아가신 분의 배우자와 자녀가 있을 때 공제액은 최소 10억 원이다. 배우자 없이 자녀만 있다면 공제액은 5억 원이다. 따라서 상속재산이 상속세 공제금액을 넘지 않으면 별도로 신고하지 않는다. 이때 상속세 신고를 하든, 하지 않든 상속세는 없다.

그러나 상속재산이 부동산이라면 상속세 발생 여부와 상관없이 신고를 검토해야 한다. 상속재산을 부과할 때 해당 부동산의 시가를 산정하기 어렵다면 기준시가로 상속재산을 평가한다. 기준시가는 시세보다 통상 낮게 책정되어 있다. 따라서 당장은 상속재산의 크기를 줄이기 위해 기준시가로 신고하는 것이 유리해 보인다.

하지만 향후 상속받은 부동산을 양도할 때를 생각해야 한다. 양도세는 매각금액과 취득금액의 차이에 따라 부과된다. 상속세 대상이 아니어서 신고를 하지 않으면 통상 기준시가로 상속재산이 평가된다. 결국 시세보다 낮은 기준시가가 취득금액이 되어 양도차익이 커지고 양도세가 늘어난다.

반대로 시세대로 상속신고를 해놓으면 취득가액이 높아지고 향후 양도세가 줄어든다. 이때 아파트라면 시세를 기준으로 신고하면 된다. 시세가 확인되지 않으면 감정평가를 받을 수도 있다. 감정평가는 두 군데 이상의 기관에서 받는 것이 원칙이다.

그런데 2018년 2월 시행령이 개정되어 기준시가 10억 원 이하는 한 곳에서만 받아도 된다. 감정평가에 따른 수수료를 걱정하는 사람이 있는데, 이를 지불하더라도 양도세 감소분이 더 클 수 있다.

예를 들어 시세가 8억 원이고 기준시가가 5억 원이라면 시세 8억 원으로 상속신고를 한다. 어차피 상속재산이 공제금액 10억 원(배우자 없이 자녀만 있는 경우 5억 원)을 넘지 않으므로 신고해도 내야 할 상속세는 없다.

물론 취득금액이 커진 만큼 취득세는 늘어난다. 하지만 취득세는 상대적으로 양도세보다 작다. 결과적으로 상속신고를 하면 전체 세금을 줄일 수 있다. 만약 기본세율이 적용된다면 약 1억 3,000만 원의 세금이 줄어든다(향후 10억 원에 양도, 2년 보유일 때).

똑똑한 납세자라면 적극적이어야 한다. 상속세 신고는 부자들만 하는 거라고 생각해서는 안 된다. 부자가 아니기 때문에 오히려 더 세법을 살펴보고 활용해야 한다.

참고로 E 씨가 상속주택을 먼저 양도하려면 기본세율을 적용받기 위해선 상속일부터 5년 내에 양도해야 한다. 5년 이후에 양도하면 조정대상지역에 있는 경우 2주택으로 세율이 중과되고 장기보유특별공제도 받을 수 없기 때문이다.

상속세와 증여세는 과세 방식이 다르다

상속세와는 달리 증여세는 취득과세 방식을 취하고 있다. 즉 증여를 해준 사람의 전체 재산이 아니라 증여받은 사람을 기준으로 증여받은 재산에 대해서만 세금을 매긴다. 증여세의 세율도 상속세와 마찬가지로 10~50%의 누진세율로 되어 있다.

따라서 증여세는 재산을 쪼개서 여러 번에 걸쳐 나눠서 줄수록 세금이 줄어든다. 다만 동일인에게 받은 증여재산은 10년 동안 합산한다. 즉 부분적인 취득과세 방식을 취하고 있다. 상속세도 상속개시일부터 소급하여 10년(상속인 외의 자에게 사전 증여한 것은 5년) 전에 준 것을 합산한다.

지나치게 짧은 기간 동안 재산을 나누어 줌으로써 누진세율을 회피하고 증여세나 상속세를 완전히 내지 않는 일을 방지하기 위한 방법이다.

아파트 한 채만 있어도
상속세가 발생한다

상속세는 더 이상 남의 이야기가 아니다

아직도 상속세 하면 자신과 상관없는 일로 여기는 사람이 많다. 부모님이 큰 자산가도 아닌데 무슨 상속세가 나올까 생각한다. 그러나 스스로 부자가 아닌 것 같아도 상속세 대상이 될 수 있다.

도대체 상속세 대상의 기준은 무얼까? 부모님 두 분 모두 생존해 계시다 한 분이 돌아가신 경우에는 10억, 두 분 중 한 분만 계시다 돌아가신 경우에는 5억 원이 넘으면 상속세가 발생한다.

물론 돌아가신 분의 배우자에게 많이 상속하면 최대 30억 원까지 공제받을 수 있다. 배우자의 법정상속지분과 30억 원 중 작은 금액만큼 공제되기 때문이다. 하지만 결국 다시 다음 세대에 상속할 때 상속세가 발생한다.

아파트 한 채부터 시작하는 부동산 절세

2019년 7월 기준 수도권 아파트의 중간 가격은 5억 원이고, 서울은 8억 원이다. 강남구는 15억 원이다(한국감정원 통계 참조). 결국 부자가 아니라도 아파트 한 채만 소유하고 있으면 상속세를 내야 할 수 있다. 평범한 사람들도 상속세를 미리 준비해야 하는 이유다.

돌아가신 아버지가 처분한 부동산 대금의 행방

| 사례 | 직장인 F 씨는 2년 전 부친상을 치렀다. 장례 후 가족들과 함께 예금 등 재산을 분배하고 상속신고도 마쳤다. 부친 명의의 아파트는 F 씨가 물려받고, 다른 재산들은 형제들 명의로 안분했다.

재산 정리가 일단락되고 원래의 생활로 돌아온 F 씨는 2년 후 세무서에서 상속세 조사결과와 과세전예고통지를 받았다. 돌아가신 지 2년이나 되었는데, 상속재산 신고에 누락된 부분이 있으니 소명하라는 내용이었다.

확인해 보니 부친 명의의 동대문 상가를 부친이 돌아가시기 전에 처분했다는 것이다. 처분한 부동산에 대해서 F 씨는 들은 적이 없었다. 세무서의 안내에 따르면 부친은 상가 2건을 각각 돌아가시기 6개월 전과 1년 6개월 전에 3억 원, 4억 원에 처분했다고 한다.

상속 재산의 종류

① 현금·예금 및 유가증권 인출

② 부동산 및 부동산에 관한 권리 처분

③ 그 외의 재산처분

④ 채무부담액

세법에서는 이 항목에 들어가는 재산 중에 돌아가시기 전 1년 이내에 각 금액이 2억 원 이상이거나 2년 이내에 5억 원 이상인 인출·처분한 사용처가 불분명한 재산은 상속되었다고 본다. 이 규정을 상속재산의 추정이라고 한다. 추정이라는 말에서 알 수 있듯이 납세자가 해당 자금의 사용처를 상속인들이 입증하면 과세 대상에서 제외될 수 있다. F 씨의 부친은 2년 이내 총 7억 원의 재산을 처분했으므로 상속인들은 이 처분된 자금의 사용처를 입증해야 한다.

결국 F 씨는 통장에 남아 있는 자금 2억 원과 양도세 납부액 등을 제외한 총 2억 6,000만 원의 사용처를 알 수가 없었다. 다만 인출·처분 금액 7억 원의 20%(1억 4,000만 원)와 2억 원 중 작은 금액은 기본적으로 빼준다. 따라서 F 씨 등 상속인들은 1억 2,000만 원(2억 6,000만 원 - 1억 4,000만 원)을 더 상속받은 것으로 추정되어 상속세를 추가로 납부했다.

이와 같은 상속추정규정은 일반인들로서는 미처 알기 어렵다. 사실 상속에 대하여 우리나라에서는 부모 자식 간에 허심탄회하게 얘기하기 어려운 정서가 있다. 보통의 자녀들은 평소 부모님의 재산 내역을 자세히 여쭤보기가 조심스럽다. 자칫 상속재산에 대한 욕심으로 비칠 것 같기 때문이다. 그런데 건강하던 부모님이 갑작스럽게 돌아가실 수 있다.

결국 가장 좋은 방법은 자녀들보다 부모가 먼저 말년의 재산 정리와 상속에 대한 준비를 하는 것이다. 그리고 수시로 자녀들에게 이를 공유하면 좋다. 잘 물려주는 일도 중요하기 때문이다.

⋮ 추정상속재산의 범위 ⋮

구분	내용
재산처분· 인출의 경우	피상속인이 재산을 처분하거나 피상속인의 재산에서 인출한 금액이 다음 중 하나에 해당하는 경우로서 용도가 객관적으로 명백하지 않은 경우 ① 상속개시일 전 1년 이내에 재산 종류별로 계산하여 2억 원 이상인 경우 ② 상속개시일 전 2년 이내에 재산 종류별로 계산하여 5억 원 이상인 경우
채무부담의 경우	부담한 채무의 합계액이 다음 중 어느 하나에 해당하는 경우로서 용도가 객관적으로 명백하지 않은 경우 ① 상속개시일 전 1년 이내에 2억 원 이상인 경우 ② 상속개시일 전 2년 이내에 5억 원 이상인 경우

⋮ 재산처분 · 인출 · 채무부담의 경우 추정상속재산의 계산 ⋮

과세가액에 산입한 금액 = 용도불분명금액 − 기준금액

① 용도불분명금액 = 재산처분 · 인출 · 채무부담으로 얻은 금액 − 용도가 입증된 금액

② 기준금액 = Min [⎡ 재산처분 등으로 받은 금액 ⎤ × 20%, 2억 원]
　　　　　　　　　⎢ 재산에서 인출한 금액 ⎥
　　　　　　　　　⎣ 채무부담금액 ⎦

　증여세와 상속세를 제도의 범위 내에서 효율적으로 절세하려면 오랜 계획과 준비가 필요하다. 특히 한 사람에게 재산 명의가 집중되어 있다면 누진세율 때문에 세금이 커질 수 있으니 주의해야 한다.

감면주택은
물려주지 말고
팔아야 한다

무엇이 감면주택일까?

세법은 특정 부동산에 양도세를 감면해 주기도 한다. 미분양 주택 등
에 대한 양도세 감면이 대표적이다. 구체적으로 2000년 12월 31일 이전
에 5채 이상 임대개시한 주택이나 1995년 11월 1일부터 2015년 12월
31일 중 신축·임대하거나 미분양주택을 취득한 경우 등 19가지나 된다.

즉 많은 수의 주택이 양도세 감면대상 주택이다. 그런데 그 종류가 너
무 다양하고 많기 때문에 감면의 요건 등을 명확히 모르는 경우가 많다.

통상 감면주택은 주택이나 건설경기가 침체된 특정 시기에 취득 또는
일정 기간 임대가 요건이다. 취득 및 임대 기간, 취득 조건 등이 전부 다
르기 때문에 구체적인 조건은 물건별로 판단해야 한다.

감면주택에 적용하는 공통적인 기준

다만 공통적으로 적용하는 기준도 있다. 개별적인 조건에 앞서 이 공통적인 기준부터 파악하는 것이 중요하다. 공통적인 기준은 무엇일까?

첫째, 거주자 여부

19가지의 감면주택 중 13개가 거주자에게만 적용된다. 장기일반민간임대주택에 대한 장기보유특별공제 10% 추가 특례와 2009년 3월 16일 이후 적용된 미분양주택에 대한 양도세 감면 등 6개만이 비거주자에게도 적용되는 특례이다. 다시 말해 비거주자는 감면혜택이 좁게 적용된다.

둘째, 감면주택의 상속에 대한 처리

만약에 감면대상주택을 취득·보유한 자가 사망하여 이를 물려받은 상속인이 양도하면 동일하게 감면을 적용해줄까? 이에 관한 법령의 명시적인 규정이 없어 해석에 따라 판단해야 한다.

이에 대해 대법원은 조세특례제한법에 따른 특례(감면)는 신축주택 등을 직접 취득한 자로 봐야 한다고 판시하고 있다. 따라서 감면주택이 상속되어도 상속인은 향후 양도 시 감면혜택을 받을 수 없다(대법원 2014두35126 참조).

감면주택이 상속되면 혜택을 잃을 수도 있다

조세특례제한법에 따라 양도세 감면주택에 해당하면 양도세 감면, 중과 제외, 다른 주택 비과세 판단 시 주택수 제외 등의 다양한 혜택을 받을 수 있다. 그러나 같은 시기에 취득했더라도 비거주자는 대상에서 제외될 수 있으니 주의해야 한다.

또한 해당 기간 중 매입으로 취득한 경우에만 감면받을 수 있다. 감면주택이 상속되면 혜택은 사라진다. 따라서 감면주택을 소유하고 있다면 물려주지 말고 팔아야 감면받을 수 있다. 다만 예외적으로 임대주택은 의무임대 기간(장기일반임대주택의 경우 10년) 중에 상속될 때 임대 기간이 상속인에게 상속된다. 즉 이어서 남은 임대 기간을 채우면 감면 등을 받을 수 있다.

부동산으로 상속하면
정말 세금이 줄어들까요?

| 사례 |　G 씨는 요즘 상속세에 관심이 많다. 자산이 10억 원만 넘어도 상속세 대상이 된다는 말을 들었기 때문이다. 그동안은 열심히 일해서 돈을 벌기만 하면 된다고 생각했다. 세금도 장사하면서 필요한 소득세나 부가가치세 정도만 알고 있었다. 그런데 이제는 서울에 집 한 채만 있어도 상속세에 대비하는 것이 좋다고 한다. 재산을 상속할 땐 부동산으로 해야 세금이 줄어든다고도 들었다. G 씨는 왜 부동산으로 상속해야 세금이 줄어드는지 궁금하다.

상속세에는 금융재산상속공제(20%, 최대 2억 원)가 있다. 즉 부동산은 추가로 공제받을 수 있다. 왜 금융재산이 아닌 부동산에 세금공제를 해줄까?

재산에 대한 평가방법에 비밀이 있다

부동산 등 재산을 상속받으면 그 가격에 따라 상속세의 크기가 달라진다. 따라서 재산을 얼마로 평가하는지가 중요하다. 이는 증여할 때도 마찬가지다. 만약에 현금이나 예금을 상속(증여)받으면 상속(증여)받은 재산의 가치가 간단하게 정해진다. 정확히 상속개시일까지의 금액 그대로를 상속(증여)재산으로 본다. 예금은 가입시점부터 발생한 이자금액도 그대로 합산된다. 어쨌든 금액 산정에 큰 어려움이 없다.

하지만 부동산은 가격을 산정해야 한다. 원칙적으로 상속(증여)받은 부동산의 평가는 시가로 한다. 시가란 '불특정 다수인 사이에 자유롭게 거래가 이루어지는 경우에 통상적으로 성립된다고 인정되는 가액'이다. 그리고 매매·수용·공매·감정가격은 시가로 인정한다.

즉 상속세 또는 증여의 재산가액은 남과 거래한다면 받았을 만한 가격 또는 실제로 그 물건이 거래된 가격을 말한다. 그런데 가격을 판단할 때는 시점이 필요하다. 상속개시일 또는 증여일 '현재'의 시가를 따져야 한다. 시가판단의 기준이 되는 시점인 '현재'는 상속이라면 상속개시일 전·후 6개월을 말한다. 증여라면 증여일 전·후 3개월까지다.

따라서 이 기간 중에 해당 물건의 매매, 감정, 수용, 경·공매 가격이 있다면 그 금액을 시가로 본다. 만일 평가대상 재산과 면적·위치·용도·기준시가가 동일하거나 유사한 다른 재산이 있으면 역시 시가로 인정한다. 그러나 이와 같은 거래가 없으면 시가를 파악할 수 없다. 그래서 시가를 산정하기 어려운 때에는 종류별로 평가하는 방법을 두고 있다. 바로 보충적 평가 방법이다. 구체적으로 그 방법은 다음 순서에 따라 적용한다.

상속재산의 보충적 평가 방법

: 부동산의 보충적 평가 방법 :

1순위	시가 및 해당 물건의 평가기준일 전후 일정기간 매매, 수용, 경매, 공매 가격
2순위	면적, 위치, 용도 및 종목이 동일하거나 유사한 다른 재산의 매매, 수용, 경매, 공매 가격
3순위	보충적 평가방법 (공시가격: 개별공시지가, 개별주택가격, 공동주택가격, 건물 기준시가)

토지, 임야 등 토지는 1순위 또는 2순위로 평가할 확률이 높지 않다. 같은 지역 내에 거래사례가 있더라도 개별성이 강하기 때문이다. 따라서 이 경우엔 3순위인 보충적 평가방법에 따라 평가한다.

보충적 평가방법이란 「부동산 가격공시에 관한 법률」에 따른 공시가격을 말한다(상속세 및 증여세법 제60조, 61조, 동 시행령 제49조 제1항, 시행규칙 제15조 참조). 부동산의 종류에 따라 아파트와 연립주택 등은 공동주택가격, 단독·다가구주택은 표준주택가격과 개별주택가격, 토지는 개별공시지가가 바로 공시가격이다.

오피스텔 및 상업용 건물은 공시된 가격이 있으면 그 금액이고, 공시가 없는 물건과 일반건물은 국세청장이 고시하는 산정방법으로 계산한 금액으로 신축 시의 금액에서 감가상각한 금액이다. 다만 임대차계약이 체결되거나, 임차권이 등기된 부동산은 토지의 개별공시지가 및 건물 기준시가와 1년 임대료를 환산율(12%)로 나눈 금액에 임대보증금을 합산한 금액 중 큰 금액으로 한다.

지역에 따라 물건별로 편차가 있지만 통상 공시가격은 시가보다 낮다. 국토교통부 발표에 따르면 2020년 공시가격은 시가대비 토지 65.5%, 단독주택은 53.6% 수준이다.

특히 부동산 중에서도 토지나 단독주택 등은 물건별로 개별성이 강하다. 따라서 그 물건 자체가 직접 거래된 게 아니라면 시가를 산정하기 어렵다. 이때 토지와 단독주택 등의 평가가격은 공시가격이 된다.

결국 부동산은 금융재산에 비해 금액의 산정에서 유리한(낮은) 가격으로 평가될 수 있다. 다만 아파트와 같이 거래가 빈번하고 유사 거래가격이 명확한 것은 조금 다르다. 따라서 아파트를 상속·증여 받는 경우에는 주의해야 한다.

상속·증여받은 아파트의 시가는 어떻게 판단할까?

상속·증여 받은 아파트의 시가 판단방법과 절차는 다른 부동산과 동일하다. 원칙적으로 평가기준일(상속개시일=돌아가신 날, 증여일) 현재의 시가에 따른다.

아파트의 경우 1순위는 해당 아파트의 시가가 있다면 그 가격이다. 하지만 이때 해당 아파트란 상속·증여 받은 그 아파트를 말하는 것으로 상속일 전후 6개월(증여는 전 6개월·후 3개월) 내에 샀거나 판 것이 아니라면 시가는 아니다. 2순위는 6개월(증여는 전 6개월·후 3개월) 전후의 매매·수용·공매·감정가격인데 유사한 매매사례 등이 있으면 이를 시가로 본다. 3순위는 공동주택가격, 즉 공시가격이다.

그런데 아파트는 전후 6개월(증여는 전 6개월·후 3개월) 내에 유사한 거래 사례가 있을 확률이 높다. 유사 거래사례 존재 여부에 따라 부동산의 평가금액과 세금이 달라진다. 2017년 3월 10일부터 유사한 거래사례의 기준을 명확히 하고 있다.

시가를 판단하는 유사 거래사례의 기준

① 공동주택관리법에 의한 공동주택단지일 것
② 주거전용면적의 차이가 5% 이내일 것
③ 공시가격의 차이가 5% 이내일 것

　　같은 공동주택단지인지의 여부는 한국 감정원이 운영하는 공동주택관리정보시스템에서 확인할 수 있다. 그리고 주거전용면적과 공시가격은 국토교통부 실거래가 시스템과 부동산공시가격알리미를 통해 확인할 수 있다.

　　다만 매매사례에 따른 위 규정은 2017년 3월 10일 이후에 상속·증여가 개시된 것부터 적용된다. 그 전에는 이보다 더 엄격하게 적용되었다. 즉 면적·위치·기준시가가 동일하거나 더 유사한 매매사례인 경우에만 유사거래가 시가로 적용되었다.

　　조세심판원은 2016년 10월 26일 상속된 개포우성 1차 아파트에 대해 개포우성 2차 아파트의 5% 이내에서 면적과 공시가격이 차이가 나던 매매 사례를 시가로 인정하지 않은 바 있다. 그러나 2017년 3월 10일 이후 세법개정으로 언제든지 위 기준에 따른 유사한 매매사례가액이 적용될 수 있으므로 주의해야 한다. 결국 아파트는 위 기준에 따라 같은 단지 내 유사한 매매사례가 있는지 더 꼼꼼히 살펴봐야 한다.

무엇보다 아파트 중에서도 유사거래사례가 빈번한 대단지 아파트라면 더 주의해야 한다. 정형화된 구조로 되어 있는 아파트 단지의 경우 해당 물건이 직접 거래된 경우가 아니라도, 상속 전후 6개월 이내에 유사한 거래가 있다면 그 금액을 시가로 볼 수 있다. 따라서 거래가 빈번한 대단지 아파트는 다른 부동산과 같이 기준시가로 평가하여 상속재산의 규모를 줄이기는 어렵다.

상속과 증여, 멀리 보고 타이밍을 노려라

상속재산의 평가방법으로 따져보면, 부동산으로 상속할 때 유리한 경우란 대개 유사거래사례가 없는 토지 및 건물 등의 상속이다. 최근 국토교통부에서는 공시가격과 실거래 가격과의 격차를 해소하기 위하여 공시가격 현실화를 추진하고 있다.

2020년 4월 발표된 내용에 따르면 단독주택 현실화율은 53.6%였다. 공시가격이 점차 시세에 근접하는 추세다. 앞으로 현실화율이 더 높아질수록 부동산으로 상속해서 세금을 줄일 기회는 줄어든다.

참고로 2020년부터 고가의 비주거용 부동산은 상속이나 증여 평가 시 감정평가를 할 계획이다. 역시나 절세의 기회가 점점 줄어든다. 그러나 아파트를 제외하면 여전히 부동산으로 상속하는 것이 아직은 평가상 유리한 측면이 있다.

논어에 인무원려 필유근우(人無遠慮 必有近憂)라는 말이 있다. 멀리 생각하지 않으면 반드시 가까운 걱정거리가 생긴다는 뜻이다. 부동산 세금에서도 멀리 보고 상속세를 준비하면 이득이다. 세금에 대한 준비는 항상 멀리 보는 데에 답이 있다.

한때 분양권을 증여하면
세금을 줄일 수 있었다

분양에 대한 사람들의 관심이 점점 커지고 있다. 새 아파트에 대한 선호도와 시세차익을 얻을 수 있다는 기대감도 예전에 비해 높아졌다. 분양권은 전매제한이 있지만, 조건을 충족한 분양권은 전매가 가능하다. 다만 조정대상지역에서는 준공 전 분양권 양도 시 55%의 중과세율(지방소득세 포함)이 적용(무주택 또는 1개의 분양권만 가지고 있고 30세 이상이거나 배우자가 있는 경우는 제외)된다.

2021년 6월 1일부터는 77%(지방소득세 포함)로 중과세율이 더 올라간다. 결과적으로 전매제한이 풀려도 고율의 양도세로 분양권 거래는 쉽지 않을 전망이다.

그런데 불과 얼마 전까지 분양권을 증여함으로써 양도세를 줄일 수 있었다. 분양권을 증여하면 증여세가 과세된다. 이때 증여받은 분양권 가액은 시가에 따라 정해진다. 분양권의 시가는 '계약금과 중도금 불입액

아파트 한 채부터 시작하는 부동산 절세

에 프리미엄을 더한 금액'이다.

예를 들어 계약금 1억 원, 중도금 2회차 2억 원에 프리미엄이 2억 원이라면 분양권의 시가는 5억 원이 된다. 만약 이 상태에서 그냥 분양권을 양도하면 프리미엄 2억 원에 대해 55%의 세금인 1억 1,000만 원을 내야 한다.

만약 분양권을 배우자에게 증여하면 증여재산은 5억 원이다. 배우자에게는 10년 동안 6억 원까지는 증여세 없이 증여가 가능하다. 따라서 이때 내야 하는 증여세는 없다. 반면에 분양권을 증여받은 배우자의 분양권 취득금액은 시가인 5억 원이 된다. 증여받은 배우자가 이 분양권을 바로 제3자에게 양도하면 양도가액 5억 원, 취득가액 5억 원이 되어 양도세도 없다.

뿐만 아니라 분양권은 아직 부동산이 아니므로 취득세의 과세 대상도 아니다. 따라서 배우자가 분양권을 취득할 때 별도의 취득세도 발생하지 않는다. 다만 분양권 증여금액이 곧 양도 시 시가로 인정되기 위해서는 3개월 내에 양도해야 한다.

본래 배우자에게 증여받은 자산을 5년 내에 제3자에게 양도하게 되면 이월과세된다. 이월과세된다는 것은 취득가액을 증여받은 재산가액이 아니라 당초 배우자의 취득가액(3억 원)으로 보고 과세한다는 뜻이다.

당초 취득가액으로 양도세를 계산하면 프리미엄 2억 원에 대해 양도세가 발생할 수 있다. 하지만 분양권은 이월과세의 대상이 되지 않는다. 이월과세 규정은 대통령령으로 정하는 자산, 즉 토지·건물과 회원권 등에만 적용되기 때문이다.

분양권은 전매제한이 풀렸다면 증여를 통해 합법적으로 양도세를 줄일 수 있었다. 게다가 전매제한 기간 중에도 부부 간에는 증여할 수 있었다. 참고로 조합원분양권(=입주권)도 전매가 가능하면 동일한 방법으로 양도세를 절감할 수 있었다.

분양권에 대한 이 부분 법의 맹점으로 분양권 증여가 늘어나자 법이 개정되어 현재는 분양권도 이월과세 대상으로 보도록 시행령이 개정되었다. 따라서 이제 이 방법은 더 이상 쓸 수 없다. 개정되기 전 이렇게 했던 사람들은 이득을 보았다. 그들은 끊임없이 절세의 방법을 찾아서 공부했기 때문이다.

절세란 탈세와 달리 법의 테두리 내에서 하는 방식이다. 전반적으로 주택에 대한 과세가 강화되는 추세이지만 잘 살펴보면 여전히 절세할 수 있는 포인트가 숨어 있다.

부담부증여,
정말 괜찮은가요?

양도세와 보유세에 대한 고민 때문에 많은 납세자들이 증여를 검토한다. 이와 함께 부담부증여를 문의하는 경우도 늘었다. 부동산을 증여하면서 전세보증금 반환의무를 함께 넘기는 것을 부담부증여라 한다. 부담부증여는 일반적으로 단순증여나 단순양도보다 세금이 줄어들기도 한다.

| 사례 | H 씨는 현재 2003년에 구입한 서울의 아파트에 거주하고 있다. 그리고 2013년에 아파트를 한 채 더 구입했다. 취득 당시 가격은 3억 5,000만 원이었고, 전세 2억 5,000만 원을 안고 샀다. 현재 매매시세는 약 8억 원이고 전세 시세는 4억 5,000만 원이다. 최근 H 씨는 다주택자의 보유세 부담이 커진다는 말을 듣고 양도를 검토했으나 양도세가 클 것 같아 걱정이다. 게다가 최근에는 주택거래가 줄어든 상태라 매각하려면 가격을 시세보다 낮춰야 할 수도 있다. 고민하던 H 씨는 부동산을 팔기 어려울 경우에는 자녀에게 전세를 안고 증여하면 세금도 줄어들고 급하게 팔 필요도 없다고 한다. 정말 전세를 안고 증여하면 세금이 줄어드는지, 다른 문제는 없는지 궁금하다.

양도세의 기본세율은 6~42%이고 증여세는 10~50%이다. 만약 H 씨가 시가 8억 원의 부동산을 성년 자녀에게 단순증여하게 되면 1억 6,005만 원의 증여세를 내야 한다. 일반적인 경우 증여세가 양도세보다 세율이 높다. 그런데 전세를 안고 증여하면 자녀의 입장에서 증여받은 재산의 금액이 8억 원에서 전세금액(4억 5,000만 원)만큼 줄어든다.

그렇게 하면 증여받은 재산은 3억 5,000만 원으로 줄어들고 증여세는 4,851만 원으로 줄어든다. 그러나 증여와 함께 자녀가 인수한 전세금만큼 증여자인 H 씨 입장에서는 갚아야 할 돈이 줄어든 것과 같다. 전세금은 향후 임차인에게 갚아야 하는 채무이기 때문이다.

이 채무를 자녀가 인수했으므로 H 씨는 전세금만큼 자녀에게 대가를 받은 셈이다. 따라서 이런 경우 H 씨는 해당 부동산을 전세금만큼의 대가를 받고 양도한 것과 같다고 본다. 따라서 H 씨는 부분적으로 양도세를 부담해야 한다.

결과적으로 부담부증여란 일부증여와 일부양도가 섞여 있다고 간주한다. 이때 부분증여의 증여세와 부분양도의 양도세를 합친 세금이 단순증여 시의 증여세보다 작다면 절세가 될 수 있다.

양도세나 증여세 모두 누진세율 체계로 되어 있기 때문에 차익 등 금액이 커질수록 더 높은 세율이 적용되는데, 부담부증여를 하면 각각의 세율을 낮춤으로써 세금이 줄어든다. 이것이 일반적으로 부담부증여가 절세의 방법이 되는 이유이다. 전세금 대신 증여자(재산을 준 사람)의 대출금을 수증자(재산을 받은 사람)가 인수하는 일도 마찬가지다.

부담부증여를 할 때도 주의할 점이 있다

그런데 이때 주의할 점이 있다. 부담부증여가 성립하기 위해서는 증여가 일어나기 전에 해당 전세나 대출이 먼저 존재해야 한다. 예를 들어 증여와 동시에 전세를 놓거나 증여를 받은 후에 대출을 내면 부담부증여로 인정하지 않는다.

해당 부동산이 비어 있는 상태에서 먼저 증여를 하고, 직후에 세입자가 들어오는 경우도 마찬가지로 인정하지 않는다. 또한 해당 전세금은 향후에 반드시 자녀가 상환해야 한다. 대출금도 마찬가지다. 전세금과 대출금의 상환과정에서 증여자인 부모가 대신 갚지는 않는지를 사후 관리한다는 뜻이다.

대출금은 금융기관 등의 대출이 아니라면 원칙적으로 대출이 인수되지 않은 것으로 추정한다. 즉 금융기관이나 정부기관 등의 대출이 아니면 대출의 발생과 자녀의 대출 인수 사실을 납세자가 직접 증명해야 한다.

주택의 부담부증여는 더 신중하게

게다가 더 중요한 문제가 남아 있다. 부담부로 증여한 부동산이 주택이면 주의해야 한다. 2018년 4월 1일부터 다주택자의 조정대상지역 주택 양도에 대해 중과세 제도가 시행되면서 다주택의 경우 장기보유특별공제가 배제되고 더 높은 세율이 적용된다. 2주택자의 경우 16~55%, 3주택자는 26~65%의 세율이다. 2021년 6월 1일이후부터는 2주택자가

26~65%, 3주택자는 36~75%의 세율로 인상된다. 따라서 중과대상 주택은 증여세 세율보다 양도세 세율이 더 높을 수 있다. 따라서 부담부증여의 세금 부담이 단순증여보다 오히려 더 커질 수 있다.

다만 2019.12.16 대책으로 조정대상지역에서 10년 이상 보유한 주택을 다주택자가 양도하는 경우, 2020년 6월 말까지는 양도세를 중과하지 않고 기본세율로 과세되도록 했다. 양도세 중과세의 한시적 유예다. 그래서 이 시기를 활용하여 부담부증여가 늘어났다. 물론 10년 이상 보유라는 제한이 있어서 절대량이 많지는 않았다. 하지만 조건만 갖췄다면, 그리고 향후 집값이 더 올라갈 것으로 예상하고 장기보유계획이 있었다면 그야말로 천우신조와 같은 기회였다. 역설적으로 이 규정은 다주택자가 매물을 내놓도록 유도하기 위함이었으나 오히려 부담부증여를 늘리는 결과가 되었다.

어쨌든 중과유예가 더 연장되지 않은 이상 이제 부담부증여의 판단은 다시 원래 상태로 돌아가서 중과를 염두에 두어야 한다. 따라서 주택이 아닌 상가·토지라면 여전히 부담부증여가 단순증여나 양도의 대안이 될 수 있다. 세율이 중과되지 않고 부분양도에 대해 장기보유특별공제도 적용되기 때문이다.

그러나 중과 대상인 주택은 반드시 득실을 따져봐야 한다. 양도세 중과로 부담부증여의 세금이 오히려 더 커질 수 있다. H 씨도 2주택자로 중과 대상이므로 부담부증여가 더 유리할지 여부는 향후의 상속재산 규모, 양도의 계획 등을 종합적으로 판단해야 한다. 자녀에 대한 부담부증여가 실익이 없다고 판단되면 임대주택과 같은 다른 대안을 검토하면 좋다.

부모님의 농지를
상속받았는데 세금이
얼마나 나올까요?

평생 농사를 지어보지 않은 사람도 농지를 팔 일이 생길 수 있다. 부모에게 농지를 상속받은 경우다. 이때 애초에 본인이 농사를 짓지 않다 보니 농지를 양도할 때 세금이 어떻게 되는지 자세히 모른다.

그런데 부모가 농사를 짓던 농업인일 수도 있고 아닐 수도 있다. 각각의 경우 양도 시 세금이 달라진다. 그리고 상속받은 시기와 양도 경위에 따라서도 달라진다.

상속받은 농지를 양도하는 경우 우선 자경농지(자가 경작농지)에 대한 양도소득세 감면대상인지 확인해봐야 한다. 본인이 직접 농사를 짓지 않았어도 부모가 농사를 짓던 땅을 상속받았다면 일정한 요건하에 감면의 대상이 될 수 있다.

다만 이때 내야 할 양도세를 특례에 따라 감면해주기 때문에 요건이 매우 엄격하다. 원칙적으로 자경농지에 대한 감면은 자가경작기간이

8년 이상이어야 한다. 상속받은 농지는 상속인(자녀)이 농업인이고 1년 이상 자경했다면 피상속인(부모)의 자경기간을 더해준다. 그러나 상속인이 농사를 짓지 않는다면 상속일부터 3년 이내에 양도해야만 자경감면을 받을 수 있다.

다만 부모가 8년 이상 농사를 짓던 농지를 상속받고 3년이 되기 전에 『공익사업을 위한 토지 등의 취득 및 보상에 관한 법률』및 그밖의 법률에 따라 협의매수 또는 수용되어 택지개발예정지구나 산업단지 등으로 지정된 경우에는 양도기한의 제한 없이 부모의 경작기간을 자녀에게 인정해준다.

공익사업이 지연된다 하더라도 일단 3년 안에 지정되었다면 정해진 절차에 따라 양도될 것이기 때문에 이때는 3년이 지나서 협의매수, 수용 등이 진행되더라도 자경기간의 합산을 인정해준다.

이때 피상속인이 경작했다면 피상속인의 배우자가 경작한 기간도 합산한다. 예컨대 부친이 농사를 짓던 땅을 사망 시 자녀가 상속받고 부친의 배우자(일반적으로 모친)가 경작을 계속한 경우 부친과 모친의 경작기간을 합산하여 인정한다.

부모가 농사를 짓지 않았고 본인도 농사를 짓지 않다가 양도하는 상속 농지라면 어떻게 될까? 양도세 감면은 받을 수 없다. 양도세 감면을 받을 수 없다면 해당 토지는 일반적인 양도세로 납부한다. 이때 자경하지 않은 농지는 원칙적으로 비사업용 토지가 된다. 비사업용 토지는 양도세 세율이 10%p 중과된다.

다만 토지보상법 등 공익사업법에 따라 양도할 때 사업인정고시일에서 2년 이전에 상속받으면 사업용으로 인정한다. 또한 시 이상의 도시지역 중 주거·상업·공업지역에 소재하는 농지를 상속받았다면 상속개시일부터 5년 내에 양도하면 사업용으로 인정한다.

1960년 산업화 이후 농어촌지역 인구수는 급격하게 감소해왔다. 산업화가 정착된 2000년대 이후에도 인구주택총조사(센서스)에 따르면 농촌인구는 감소추세에 있다(행정구역 기준 농촌인구 비율 2005년 10.94%, 2018년 9.03%). 또한 농어촌 지역의 고령화율(65세 이상 노인 44.7%, 통계청)도 높아지고 있다. 결과적으로 도시지역의 상속인이 농어촌지역의 잠재적 피상속인에게 농지를 상속받는 일이 앞으로 늘어날 것이다.

농지를 상속받으면 일부는 귀촌하여 직접 경작하겠지만, 대개 일정기간 보유하다 양도하는 일이 많다. 농지를 상속받는다면 피상속인의 경작여부와 기간, 본인이 자경계획 등 조건을 살펴보아야 한다. 양도세 감면 또는 사업용 토지의 해당 여부가 일정 기간 동안만 인정되기 때문이다.

다소 축소되긴 했지만 헌법상 경자유전*

> **경자유전**
> 농사짓는 사람이 땅을 소유함

의 원칙이 남아 있다. 여기에 따르면서 합리적으로 상속농지의 양도세를 줄이려면 농지의 상속과 양도 시의 규정을 알아두어야 한다.

: 찾아보기 :